Wolfram Kircher
Wasserpflanzen für den Garten

Wolfram Kircher

Wasserpflanzen für den Garten

Die besten Sumpf- und Wasserpflanzen für den Gartenteich

120 Farbfotos
34 Zeichnungen und Pflanzpläne
8 Tabellen zur Pflanzenauswahl

E.U.
VERLAG
EUGEN
ULMER

Umschlag:
links oben: *Iris pseudacorus,*
rechts oben: *Eichhornia crassipes,*
links unten: *Pontederia cordata,*
rechts unten: *Nymphaea alba.*

Die Deutsche Bibliothek – CIP-Einheitsaufnahme

Kircher, Wolfram
Wasserpflanzen für den
Garten / Wolfram Kircher – Stuttgart : Ulmer, 1996
(Kennen & Pflegen)
ISBN 3-8001-6587-2
NE: HST

Wollgrasweg 41, 70599 Stuttgart (Hohenheim)
Einbandgestaltung: A. Krugmann, Freiberg am Neckar
Herstellung: Jürgen Sprenzel
Lektorat: Agnes Pahler, Gerhard Bley
Satz: Steffen Hahn GmbH, Kornwestheim
Druck und Bindung: Manfrini R. Arti Grafiche Vallagarina S.p.A.
Printed in Italy

Vorwort

Das vorliegende Buch behandelt eine Thematik, über die in den letzten Jahren sehr viel geschrieben wurde. Es ist mir daher ein Anliegen, den Schwerpunkt auf solche Punkte zu legen, die bisher in der Literatur eher zu kurz kamen. In der Einleitung werden einige Grundlagen der Vegetationskunde vermittelt. Zum Verständnis der Pflanzenzusammenstellungen und deren Entwicklung ist es wichtig, sich die Verhältnisse in der Natur zu vergegenwärtigen.

Der „Kennen"-Teil stellt in alphabetischer Reihenfolge 120 Sumpf- und Wasserpflanzen in Wort und Bild vor. Dabei geht es weniger um detaillierte Pflanzenbeschreibungen als um Hinweise zur Verwendung. Die ausgewählten Beispiele umfassen neben dem Standardsortiment auch eine Reihe noch wenig bekannter, schwachwüchsiger Arten. Sie sollten vor allem im Hinblick auf unsere immer kleiner werdenden Gärten stärkere Beachtung finden.

Im Anschluß an die Pflanzenporträts folgen nach Tiefenzonen und Lebensformen gegliederte Tabellen, die als Planungshilfen eingesetzt werden können. Wesentliche Themen des weiteren Textteiles bilden Fragen zum Ausbreitungsdrang von Sumpfpflanzen, Substrate und Düngung, die Problematik der Veralgung, Krankheiten und Schädlinge. Diese Punkte bereiten nach meiner Erfahrung im Hausgarten die größten Probleme.

Details zum Bau von Wassergärten konzentrieren sich auf Folien- und Fertigteiche, also die für den Privatbereich wichtigsten Formen. Als Vater von drei Kindern sind mir die Hinweise zur Kindersicherheit von Gartenteichen ein besonderes Anliegen.

Bisher unübliche Gestaltungsansätze sollen die vorgestellten Pflanzpläne aufzeigen. In den kleinen Anlagen werden darin überwiegend horstförmige Arten eingesetzt. Neu ist dabei besonders die intensive Verwendung von Zwerggräsern, insbesondere kleinbleibenden Seggen-Arten. Das ausführliche Register im Anhang ermöglicht eine Verwendung des Buches auch als Nachschlagewerk.

Die botanische Nomenklatur wurde auf die aktuellen Richtlinien der Internationalen Staudenunion (ISU) abgestimmt, die 1991 in dem Nachschlagewerk „Namen der Stauden" veröffentlicht wurden. Es dient den im Bund deutscher Staudengärtner (BdS) organisierten Gärtnereien als Grundlage ihrer Kataloge und Pflanzenlisten. Nur im Falle von *Saururus cernuus* wird von den ISU-Festsetzungen Abstand genommen, da hier offensichtlich eine Autorenverwechslung vorlag. Die Nomenklatur von in der ISU-Liste nicht genannten Arten richtet sich nach dem „Zander – Handwörterbuch der Pflanzennamen" (Encke, Buchheim & Seybold, 1994) bzw. aktuellen Florenwerken.

Mein Dank für mancherlei Anregungen geht an die ehemaligen Kollegen der Staatlichen Lehr- und Versuchsanstalt für Wein- und Gartenbau in Würzburg-Veitshöchheim, an die „Praktiker" aus dem Arbeitskreis Wasserpflanzen des Bundes deutscher Staudengärtner und an Herrn Prof. Dr. Peter Poschlod, Marburg, sowie ganz besonders an meine Ehefrau Angela, deren Unterstützung dieses Büchlein überhaupt erst ermöglicht hat.

Hohenerxleben,
im Sommer 1995 Prof. Dr. Wolfram Kircher

Inhaltsverzeichnis

Einführung

Es ist erstaunlich, welche Lebensräume Pflanzen besiedeln können: Von der Wüste bis zum Regenwald – sogar auf Schotterhalden im Hochgebirge und in schattigen Steinfugen – gedeihen Blütenschönheiten, die Sammlerherzen höher schlagen lassen. Ganz besondere Erscheinungsformen sind bei den Sumpf- und Wasserpflanzen zu finden.

Pflanzen im Lebensraum Wasser

Lebensformen

In bezug auf ihre Bindung an den Lebensraum Wasser lassen sich drei Hauptgruppen unterscheiden:

Unterwasserpflanzen leben völlig untergetaucht (submers). Einige, wie die Wasserpest *(Elodea)* oder das Tausendblatt *(Myriophyllum)*, sind am Grunde verwurzelt (Hydrophyten) Andere, etwa das Hornkraut *(Ceratophyllum)* oder der insektenfangende Wasserschlauch *(Utricularia)*, bleiben völlig wurzellos und schwimmen frei im Wasser (Pleustophyten).

Schwimmblattpflanzen besitzen meist Wurzeln, verankern sich aber damit nicht immer am Grund. Während Seerosen *(Nymphaea)* als Hydrophyten im Substrat verwurzelt sind und ihre Blätter an langen Stielen bis zur Wasseroberfläche hochschieben, schwimmt der Froschbiß *(Hydrocharis)* als Pleustophyt frei umher und läßt seine Wurzeln ins Wasser hängen.

Sumpfpflanzen (Helophyten) stehen nur mit der Basis im Wasser, Stroßachse und Blätter ragen zumindest teilweise deutlich über die Wasseroberfläche empor. Sumpfpflanzen gedeihen bei sehr unterschiedlichen Wasserständen: Bis zu 3 m tief kann die Teichsimse *(Scirpus lacustris)* stehen, wobei immer noch Halme aus dem Wasser herausragen. Viele andere Arten kommen lediglich in staunassen Böden vor und werden höchstens zeitweise leicht überflutet. Hierzu zählen Arten der Feuchtwiesen, wie Sibirische Schwertlilie, Pfeifengras *(Molinia)* und viele *Carex*-Arten.

Biologische Besonderheiten

Die meisten in unseren Gärten verwendeten Pflanzen wurzeln in Böden, die neben Wasser und Nährstoffen auch genügend Sauerstoff für die Atmung der Pflanzenzellen enthalten. Die oberirdischen Pflanzenteile können aus der Luft über die Spaltöffnungen der Blätter neben dem Sauerstoff auch das für das Wachstum wichtige Kohlendioxid aufnehmen.

Bei Sumpf- und Wasserpflanzen ist dagegen das umgebende Milieu der Wurzel, bei submersen und Schwimmblattpflanzen auch das des Sprosses, von der Luft abgeschlossen und somit nur mit geringen Mengen an gelöstem Sauerstoff und Kohlendioxid versorgt. Um in dieser ungünstigen Umgebung gedeihen zu können, sind die Sumpf- und Wasserpflanzen mit einer Reihe anatomischer und morphologischer Besonderheiten ausgerüstet:

Durchlüftungsgewebe (Aerenchym). Viele Arten besitzen ein schwammartiges Zellgewebe mit vielen luftgefüllten Zwischenräumen für den Gastransport. Man erkennt dies an den dicken Sproßachsen von Seerosen, Fieberklee *(Menyanthes)* oder Sumpf-Calla. Bei einigen Schwimmblattpflanzen, z. B. Wasserhyazinthe *(Eichhornia)* oder Wassernuß *(Trapa)*, sorgt ein Aerenchym in den verdickten Blattstielen für die Schwimmfähigkeit.

Spaltöffnungen. Zum Schutz vor Regenwasser befinden sich die Spaltöffnungen der meisten Landpflanzen bevorzugt auf den Blattunterseiten. Bei Schwimmblattpflanzen liegen sie dagegen auf der Oberseite.

Sproßoberfläche. Unterwasserpflanzen nehmen im Wasser gelöste Nährstoffe nicht oder nur in geringem Maße über die Wurzeln, sondern vor allem über den Sproß auf. Daher ist die Oberfläche durch feine Verästelungen stark vergrößert. Anhand der feinfiedrigen Blätter von Hornkraut, Tausendblatt und Wasserschlauch läßt sich dies schön studieren.

CO_2-Stoffwechsel. Ist im Wasser zuwenig Kohlendioxid (CO_2) gelöst, so sind viele Unterwasserpflanzen in der Lage, den für das Wachstum nötigen Kohlenstoff aus Hydrogencarbonat

(HCO_3^-) zu entnehmen. Dies geschieht vor allem in hartem Wasser, das entsprechend viel HCO_3^--Ionen enthält. Diesen Reaktionsweg nutzen besonders die im Gartenteich unerwünschten Fadenalgen aus. Die sich ergebenden Konsequenzen werden im Abschnitt „Das Algenproblem" beschrieben.

Gewässer in der Landschaft

In der Landschaft begegnet uns eine Fülle von verschiedenartigen Feuchtgebieten. Von kleinsten Tümpeln bis zu riesigen Seen, von Quellfluren bis zu Auenwäldern, von nährstoffreichen Schilfverlandungszonen bis zu Hochmooren sind jeweils ganz unterschiedliche Pflanzengesellschaften ausgeprägt. Die Unterscheidung der Vegetation von Gewässern und Feuchtgebieten kann nach verschiedenen Kriterien erfolgen. Die wesentlichsten ökologischen Grundlagen, die für die Entwicklung von Pflanzengesellschaften Bedeutung haben, insbesondere Tiefenzonierungen und Feuchtgebietstypen, werden im folgenden erläutert. Diese Grundlagen bilden die Voraussetzung für das Verständnis vieler Zusammenhänge im künstlich angelegten Wassergarten, sie fließen ein in die Pflanzenauswahl, die Wahl von Wassertiefen und Substraten, bis hin zu Pflegekonzepten.

Still- und Fließgewässer

Für Stillgewässer sind Bezeichnungen wie Tümpel, Teich, Weiher und See gebräuchlich. Nach den Definitionen der Gewässerkundler (Limnologen) weisen Seen Tiefenzonen auf, die nicht von Höheren Pflanzen besiedelt werden können. Weiher dagegen beherbergen in allen Zonen Höhere Pflanzen. Ein Teich ist ein künstlich geschaffener Weiher mit einem regulierbaren Zu- und Abfluß. Die Bezeichnung Tümpel wird als Oberbegriff für Weiher und Teiche, aber auch als Bezeichnung für periodisch austrocknende Kleingewässer gebraucht. Oft setzen sich regionale Sprachgewohnheiten über die Definitionen der Limnologen hinweg, so daß man die begrifflichen Unterscheidungen nicht zu akademisch genau nehmen sollte.

Bei den Fließgewässern unterscheidet man Quellfluren, Bachläufe und Flüsse. Sie sind neben den chemischen Eigenschaften des Wassers stark durch die Fließgeschwindigkeit gekennzeichnet. In den Randbereichen der Altwasserzonen größerer Flußsysteme können nahezu stillgewässerähnliche Verhältnisse eintreten.

In bewegtem Wasser herrschen ganz andere Lebensbedingungen als in stehendem. Dies läßt sich anhand verschiedener Faktoren aufzeigen:

Mechanische Belastung. Zum einen wird in Bach- oder Flußläufen die Zugfestigkeit der Pflanzen wesentlich stärker beansprucht. Typische Fließgewässerpflanzen bilden daher oft keine großflächigen Blattspreiten aus, sondern entwickeln nur band- oder fadenförmiges Laub, das wenig Strömungswiderstand leistet. Als Beispiel sei *Sparganium emersum*, der Einfache Igelkolben, genannt. Er säumt gerne die Ufer von Bachläufen; wachsen seine Ausläufer ins Wasser hinein, so entstehen lange, dünne Blätter, die sich in der Strömung wiegen.

In Still- und sehr langsam fließenden Gewässern sind dagegen eher auch Arten mit großen Blattspreiten oder Schwimmblättern zu finden, wie etwa Teichrosen *(Nuphar lutea)* oder Wasserknöterich *(Polygonum amphibium)*. Auch gibt es hier völlig wurzellose Unterwasserpflanzen, wie das Hornkraut, während sich bei höherer Fließgeschwindigkeit nur Arten ansiedeln, die sich mit Hilfe von Wurzeln im Substrat verankern können, wie etwa die Wasserpest.

Temperaturverhältnisse. Im Fluß oder Bach wird das erwärmte Wasser kontinuierlich durch nachfließendes, kühleres ersetzt. Die Erwärmung läuft daher in Stillgewässern schneller ab als in fließenden. Die Temperaturdurchmischung ist dagegen im Fließgewässer höher. Quellfluren bleiben auch im Sommer gleichmäßig kühl. Im sommerwarmen Wasser des Gartenteiches sind typische Arten quelliger Standorte, z. B. der Stern-Steinbrech *(Saxifraga stellaris)*, daher kaum zu kultivieren.

Gelöste Gase. In fließendem Wasser wird leichter Sauerstoff und Kohlendioxid eingemischt, da durch Turbulenzen und Wellen an der Oberfläche eine bessere Verbindung zur Luft entsteht. Für Fließgewässer typische Unterwasserpflanzen gedeihen daher im stehenden Wasser eines Teiches schlecht.

Nährstoffverfügbarkeit. Die Versorgung mit Nährstoffen ist in fließendem Wasser besser als in stehendem, wo sich durch Entzug von Ionen eine Verarmungszone um die Wurzeln ausbildet. Bei Wasserbewegung dagegen werden ständig neue Nährstoffionen an die Wurzeln herangeführt. Will man im Gartenteich Arten pflanzen, die in der Natur vor allem in Fließgewässern vorkommen, so sollte man ihnen einen besonders nährstoffreichen Standort zuweisen. Die Bachbunge *(Veronica beccabunga)* leidet zum Beispiel bei stehendem Wasser schnell unter Chlorosen und Wachstumsdepressionen, wenn keine genügend hohe Nährstoffnachlieferung erfolgt.

Zur Chemie der Gewässer

Unterschiedliche Eigenschaften der chemischen Wasserqualität ergeben sich hinsichtlich des Gehaltes an gelösten Salzen, organischen Stoffen oder Gasen. Im wesentlichen sind zwei Faktoren für die Vegetation von Bedeutung: der Nährstoffgehalt und die Wasserhärte.

Wasserhärte. Sie hängt vor allem ab von den gelösten Hydrogencarbonaten (HCO_3^-) und Sulfaten (SO_4^{2-}), daneben auch von Nitraten, Chloriden und anderen Salzen. Der Gehalt an Hydrogencarbonaten wird als temporäre Härte bezeichnet. Durch Säureeintrag wird eine Umwandlung der Carbonate in Kohlendioxid und Wasser möglich, was zur Senkung der Härte führt. Die anderen Kationen dagegen bilden die permanente Härte. Gleichzeitig sind entsprechende Mengen positiv geladener Elektrolyte, insbesondere Calcium (Ca^{2+}) oder Magnesium (Mg^{2+}) gelöst. Bedeutsam für den Pflanzenwuchs ist besonders die temporäre oder Carbonathärte. Liegt sie sehr hoch, so ist oft wenig CO_2 gelöst vorhanden. Viele submerse Hartwasserpflanzen sind dafür in der Lage, nicht nur das spärlich verfügbare CO_2, sondern auch das gelöste Hydrogencarbonat als Kohlenstofflieferant für ihre Photosynthese zu verwerten. Bei vielen Grünalgen ist diese Eigenschaft sehr ausgeprägt, weshalb sie sich in hartem Wasser besonders üppig entwickeln können. Näheres dazu im Abschnitt „Das Algenproblem".

Nährstoffgehalt (Trophiegrad). Von Bedeutung sind vor allem die im Wasser gelösten Mengen an Stickstoff, Phosphat und Kalium. Sind sehr geringe Mengen hiervon vorhanden, so spricht man von oligotrophen, bei mittleren Gehalten von mesotrophen und bei hoher Konzentration von eutrophen Gewässern.

Oligotrophes Wasser ist frei von Grünalgen und sonstigen Trübungen. Oft siedeln sich in Stillgewässern Unterwasserrasen mit Armleuchteralgen (Characeen) an, die im Gegensatz zu Fadenalgen sehr dekorativ aussehen. Am Ufer wachsen niedrigbleibende Pflanzen, wie Strandling *(Littorella uniflora)* oder die kaum kultivierbare Wasser-Lobelie *(Lobelia dortmanna)*. Nährstoffarmes Weichwasser in Tümpeln und Schlenken von Hochmooren ist oft von Huminsäuren getrübt. Es wird dann als dystroph bezeichnet. Typische Vertreter dystropher Gewässer sind Torfmoose *(Sphagnum*-Arten), Wasserschlauch *(Utricularia)* oder Sonnentau *(Drosera)*.

Charakteristisch für mittlere Nährstoffgehalte, also für mesotrophe Verhältnisse, sind zum Beispiel Schnabel-Segge *(Carex rostrata)* oder Fieberklee *(Menyanthes trifoliata)*. Letzterer breitet seine Sproßachsen auf der Wasseroberfläche aus und bildet dadurch sogenannte Schwingrasen aus: ein festes Geflecht von schwimmenden Trieben, auf dem sich schließlich auch andere Sumpfpflanzen ansiedeln können.

In eutrophen Gewässern finden sich starkwüchsige Pflanzen. Etliche Arten aus oligo- oder mesotrophen Bereichen können hier zwar noch gedeihen, werden aber durch den Konkurrenzdruck dieser wuchernden Gewächse verdrängt.

Gliederung nach **Trophiegrad (Nährstoffgehalt)**

	Oligotroph Dystroph	Mesotroph	Eutroph	Hypertroph
NO_3^- :	1 mg/l	5 mg/l	10 mg/l	> 20 mg/l
NH_4^+ :	< 0,5 mg/l	2 mg/l	5 mg/l	> 10 mg/l
PO_4^{--} :	< 0,1 mg/l	1 mg/l	2.5 mg/l	> 5 mg/l

Gliederung nach **Härte und Elektrolytgehalt**

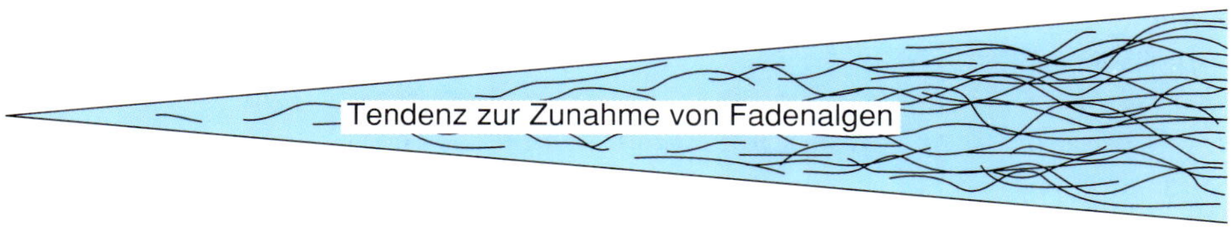

	Weich	Mittelhart	Hart
Carbonathärte :	1 °dH	10 °dH	20 °dH
HCO_3^- :	10 mg/l	100 mg/l	200 mg/l
pH :	ca. 3 – 7	ca. 6 – 9	ca. 7 – 11

Unter den Höheren Pflanzen fühlen sich Wasserpest *(Elodea)*, Hornkraut *(Ceratophyllum)* und viele Schwimmblattarten wohl. Besonders bei hohen Härtegraden kommen auch Fadenalgen zu starker Entwicklung. Im Randbereich finden sich dichte Röhrichtgürtel aus Schilf *(Phragmites)* und Rohrkolben *(Typha)*, zum Teil kommen auch seltenere Arten wie Schwanenblume *(Butomus)* vor.

Durch Einleitung von Abwässern, Oberflächenwasser aus gedüngten Nutzflächen und aufgrund ähnlicher menschlicher Einwirkungen sind heute viele Gewässer mit Nährstoffen überversorgt. Diese sogenannten hypertrophen Gewässer beherbergen nur noch wenige, extrem wuchernde Arten, die kaum andere Konkurrenten gedeihen lassen. Die Oberfläche ist oft von Wasserlinsen überzogen, die die Belichtung und Erwärmung des Wassers verhindern und das Gedeihen submerser Pflanzen hemmen.

Tiefenzonen von Stillgewässern

In der Abbildung sind Beispiele für die Vegetationsabfolge im Verlauf der Tiefenzonierung bei fünf verschiedenen Stillgewässertypen dargestellt. Die wesentlichen Zonen werden im folgenden genauer beschrieben.

Unterwasserzone. In relativ flachem Wasser bis hinein in die tiefsten besiedelbaren Zonen sind submerse Pflanzen anzutreffen. Dies können freischwimmende, oder am Grund verwurzelte Arten sein. Einige Laichkräuter *(Potamogeton-*Arten) kommen in besonders tiefen Bereichen

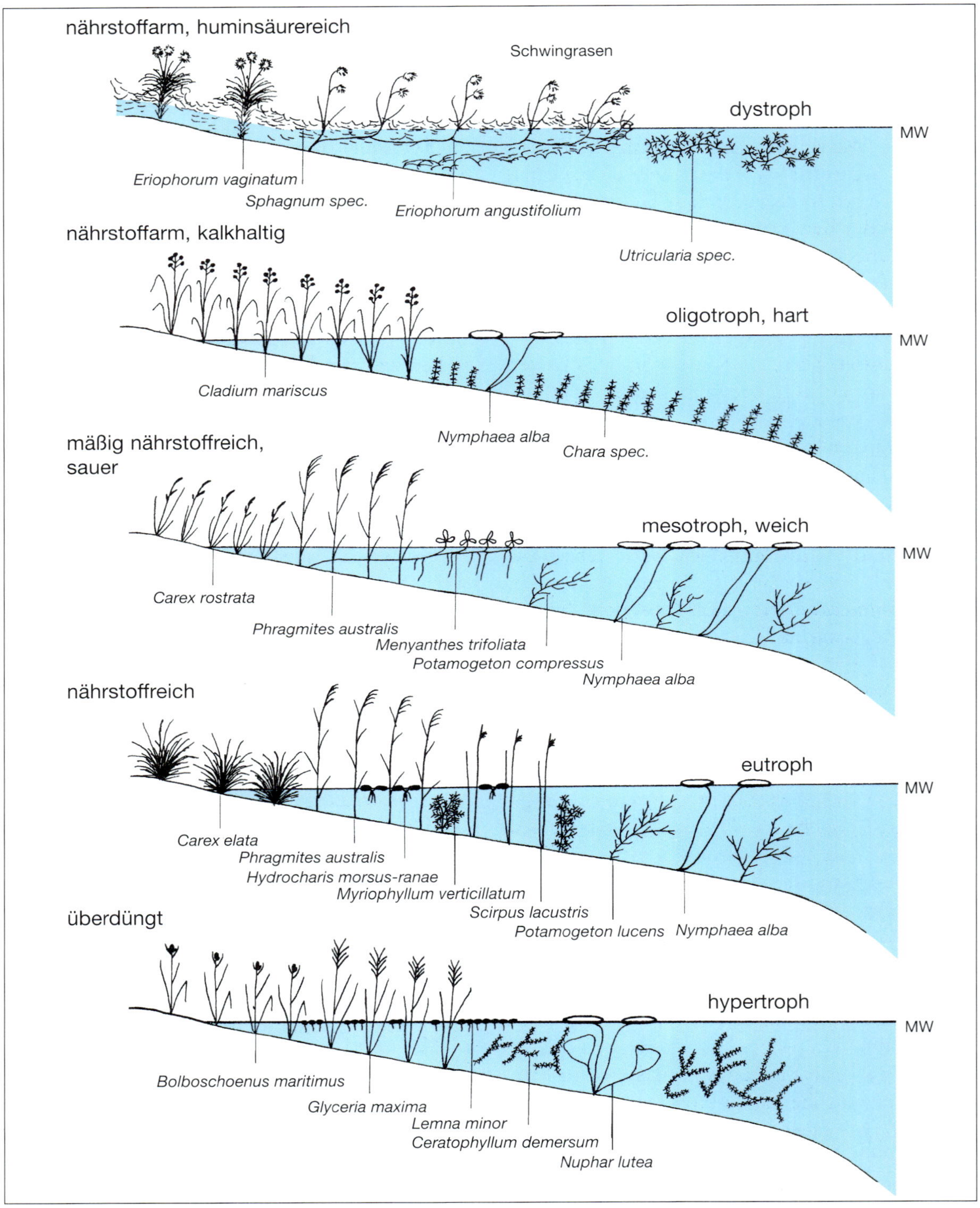

Vegetationsabfolge im Verlauf der Tiefenzonierung bei fünf verschiedenen Stillgewässertypen (MW = Mittelwasserlinie).

vor. *Potamogeton perfoliatus* kann bis in 6 m Tiefe vordringen! Bei nährstoffarmem Wasser sind die oben genannten Characeen-Rasen, bei eutrophen Verhältnissen Bestände von Tausendblatt *(Myriophyllum)*, Hornkraut *(Ceratophyllum)* oder Wasserpest *(Elodea)* typisch. Bis zu welchen Wassertiefen Pflanzenwuchs möglich ist, hängt vom hydrostatischen Druck und vor allem von der Belichtung ab. Oligotrophes Wasser ist weniger von einzelligen Algen durchsetzt und damit klarer als eutrophes. Somit können Unterwasserpflanzen hier in größere Tiefen vordringen als bei höherem Nährstoffgehalt.

Schwimmblattzone. Schwimmblattpflanzen können am Grunde verwurzelt sein oder frei umherschwimmen und ihre Wurzeln frei ins Wasser hängen lassen. Zu den bekanntesten der ersten Gruppe zählen See- und Teichrosen *(Nymphaea-* und *Nuphar-*Arten). Daneben gehören Seekanne *(Nymphoides peltata)*, Wassernuß *(Trapa natans)* und Schwimm-Knöterich *(Polygonum amphibium)* zu dieser Gruppe. Nicht verwurzelte, freischwimmende Arten sind Froschbiß *(Hydrocharis morsus-ranae)*, Krebsschere *(Stratiotes aloides)* und Wasserlinsen *(Lemna-*Arten).

Röhrichtzone. Typische Röhrichtpflanzen besiedeln überstaute Bereiche, ihre Sproßachsen und Blätter ragen aber deutlich über die Wasseroberfläche hinaus. Am üppigsten sind Röhrichte in nährstoffreicheren Gewässern ausgebildet. In Bereiche von über 1 m Wassertiefe dringt die Teichsimse *(Scirpus lacustris)* vor. Die übrigen Röhrichtarten stehen in seichterem Wasser. Am verbreitesten ist das Schilf *(Phragmites australis)*, das mit seinen unterirdischen Ausläufern in sehr flachen Seen mitunter kilometerbreite Bestände entwickelt. Weitere Röhrichtpflanzen sind im oligo- bis mesotrophen Bereich das Schneidried *(Cladium mariscus)*, in eutrophem Wasser Blumenbinse *(Butomus)*, Sumpf-Schwertlilie *(Iris pseudacorus)* und Rohrkolben *(Typha angustifolia)*, zu den typischen Vertretern überdüngter Gewässer gehören Wasserschwaden *(Glyceria maxima)* oder Strandsimse *(Bolboschoenus maritimus)*. Im Schwankungsbereich des Wasserstandes schiebt sich vor die eigentliche Röhrichtzone oftmals ein Steifseggenried mit *Carex elata*. Dieses Gras entwickelt bultartig in die Höhe wachsende Blattschöpfe mit bis zu 1 m Durchmesser.

Seenverlandung und Moorbildung

Als eine Folge des Pflanzenwachstums im See reichert sich periodisch absterbende Phytomasse am Gewässergrund an. Gleichzeitig setzen sich Schwebstoffe und von außen eingetragene organische Substanz ab. Wegen des im Wasser herrschenden Sauerstoffmangels wird dieses Material nur unvollständig mineralisiert, es kommt zur Bildung eines Halbfaulschlammes, der zusammen mit mineralischen Sinkstoffen als Mudde bezeichnet wird. Weniger stark zersetztes Material, bei dem noch pflanzliche Fasern zu erkennen sind, wird als Torf bezeichnet. Durch Ablagerung von Torf bzw. Mudde tritt im Lauf der Zeit eine Verlandung von außen her ein. Die Vegetation der Randzonen entwickelt sich zu Bruchwäldern oder Mooren.

Bruchwälder. Die periodisch überfluteten, staunassen Randbereiche werden von feuchtigkeitsliebenden Gehölzen, insbesondere Erlen, diversen Weiden oder Trauben-Kirschen, besiedelt. Auch Moor-Birken, Fichten oder Kiefern können hier in bestimmten Klimaräumen dominant werden. Diese Bäume und Sträucher wachsen aufgrund der Bodenvernässung eher verkrüppelt und sind kurzlebig. Die so entstehenden Bruchwälder beherbergen eine interessante Krautschicht mit schattenverträglichen Sumpfpflanzen, wie Schachtelhalm *(Equisetum hyemale)*, Sumpffarn *(Thelypteris palustris)*, Sumpfdotterblume *(Caltha palustris* – sie gedeiht auch in der Sonne), oder – auf sauren Substraten – Kammfarn *(Dryopteris cristata)* und Sumpf-Calla *(Calla palustris)*.

Niedermoore und Streuwiesen. Die Entwicklung von Verlandungszonen hin zu baumfreien Feuchtwiesen und Mooren geschieht nur unter sehr nährstoffarmen Bedingungen von selbst. In Mitteleuropa sind die meisten derartigen Pflanzengesellschaften als Folgevegetation nach Rodung von Bruchwäldern entstanden. Sie können langfristig nur durch regelmäßige Mahd erhalten bleiben. Durch die Tätigkeit von Mikroorganismen unter Sauerstoffmangel auf staunassen Substraten wird Stickstoff dem Boden entzogen und in die Atmosphäre abgegeben (Denitrifikation). Für zusätzlichen Nährstoffentzug sorgte auf vielen gerodeten Freiflächen die seit dem Mittelalter gebräuchliche Streunutzung. Dabei wurde einmal jährlich im Spätherbst, wenn die Wiesen nach den ersten Frösten passierbar waren, gemäht und das Mähgut als Stalleinstreu verwendet. Die Vegetation nährstoffarmer Flächen liefert sehr verrottungsbeständige Phytomasse, die sich für diese Nutzung hervorragend eignet.

Typische Pflanzengemeinschaften nährstoffarmer Niedermoore bzw. nasser Streuwiesen sind Kleinseggenrieder, die vor allem aus niedrigen *Carex*-Arten, wie *Carex davalliana, C. flava, C. nigra* oder anderen, auch für die Verwendung im Garten interessanten Arten aufgebaut werden. (Näheres dazu findet sich bei den Pflanzenbeschreibungen.) Weiterhin kommen attraktive Gräser, wie Großes Wollgras *(Eriophorum latifolium)* und Kopfbinse *(Schoenus ferrugineus)*, sowie seltene Blütenschönheiten, wie Sumpf-Herzblatt *(Parnassia palustris)* oder Lungen-Enzian *(Gentiana pneumonanthe)*, hinzu.

Nach der Entwässerung führte die Streunutzung zu wechselfeuchten Pfeifengras-Streuwiesen mit der dominanten Art *Molinia caerulea*. Auch dieser Streuwiesentyp zeichnet sich durch eine Fülle interessanter Raritäten aus, wie Mehl-Primel *(Primula farinosa)*, Sumpf-Tarant *(Swertia perennis)* oder diversen Orchideen (z. B. *Dactylorhiza majalis)*. Die genannten Arten eignen sich auch für bestimmte Gartensituationen, auch wenn einige nicht ganz leicht zu kultivieren sind. Näheres hierzu auf Seite 122–124.

Leider wird heute im Zuge der modernen Viehhaltung im Stall mit Schwemmentmistung kaum noch Streu benötigt, so daß viele aus regelmäßiger, einschüriger Mahd hervorgegangene Niedermoore in ihrer derzeitigen Ausprägung bedroht sind. Viele der oben genannten Arten sind heute bereits in ihrem Bestand gefährdet und stehen auf der Roten Liste. Durch besondere Förderungsprogramme oder ehrenamtliche Pflege versucht man, wenigstens einige wertvolle Streuwiesenreste zu erhalten.

Hochmoore. Die oben besprochenen Bruchwälder und Niedermoore sind von Mineralbodenwasser durchnäßt. Bei hohen Niederschlägen und geringer Verdunstung können solche Moore auf dem von der Vegetation gebildeten Torf in Bereiche „hochwachsen", in denen sie den Anschluß ans Grundwasser verlieren und nur noch von dem extrem nährstoffarmen Regenwasser gespeist werden. Gleichzeitig zu einer rapiden Verarmung an Mineralstoffen kommt es zu einer starken Versauerung (Regenwasser reagiert durch gelöstes Kohlendioxid aus der Luft sauer, auch ohne Berücksichtigung heutiger zusätzlicher Verunreinigungen durch Abgase). Die Vegetation verarmt allmählich, und es können sich nur noch einige „Spezialisten" behaupten.

Die Hochmoorbildung wird durch das Aufkommen bestimmter Torfmoose *(Sphagnum-*Arten) eingeleitet. Diese saugen das Wasser wie ein Schwamm auf. Dank besonderer Zellen (Hyalocyten) sind sie in der Lage, die wenigen vorhandenen Nährstoffionen (Kationen) gegen Hydronium-Ionen auszutauschen. Dadurch kommt es zu einer zusätzlichen Versauerung. Torfmoose bilden geschlossene Teppiche aus und wachsen ständig nach oben weiter, während die unteren Bereiche absterben und Hochmoortorf bilden. Ausschließlich regenwassergespeiste Stadien weisen oft eine charakteristische, uhrglasförmige Wölbung auf. Der schematische Querschnitt in der Abbildung zeigt diese Wölbung in überhöhter Darstellung. Die besonders stark durchnäßte Zentralregion besteht aus wenigen Blütenpflanzen, wie Scheidiges Wollgras *(Eriophorum vaginatum)*, Sonnentau *(Drosera-*Arten) oder Moosbeere *(Vaccinium oxycoccos)*. Im Randbereich nimmt die Vernässung ab, und es siedeln sich im Alpenvorland die Spirke, eine Abart der Bergkiefer, in anderen Klimaräumen Waldkiefer oder Fichte an. Das besser entwässerte Randgehänge trägt einen

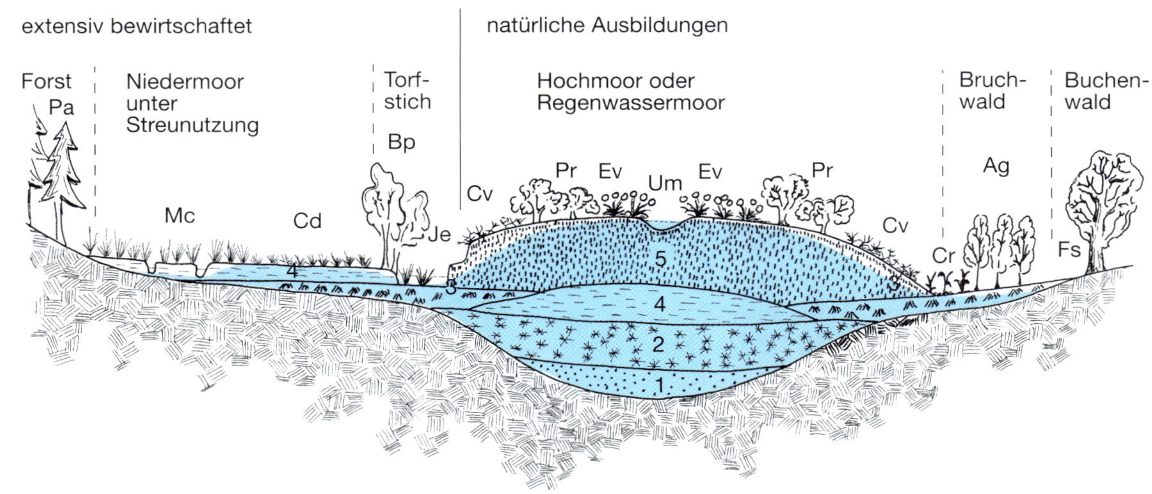

1 = Mudde
2 = Schilftorf
3 = Bruchwaldtorf
4 = Seggentorf
5 = Hochmoortorf aus *Sphagnum*

Charakteristische Pflanzenarten:
Pa = Fichte *(Picea abies)*, gepflanzt
Mc = Pfeifengras *(Molinia caerulea)* auf entwässerter Streuwiese
Cd = Kleinsegge *(z. B. Carex davalliana)* auf nicht entwässerter Streuwiese
Bp = Moor-Birke *(Betula pubescens)* am Rand des Torfstichs
Je = Binse *(Juncus effusus)* als Pionier im Torfstich
Cv = Besenheide *(Calluna vulgaris)* am Hochmoor-Randgehänge
Pr = Spirke *(Pinus rotundata)*
Ev = Scheidiges Wollgras *(Eriophorum vaginatum)* auf dem Hochmoor-Plateau
Um = Wasserschlauch *(Utricularia minor)* im Moorauge (Kolk)
Cr = *Carex rostrata* in Randsumpf (Lagg)
Ag = Erle *(Alnus glutinosa)* im Bruchwald
Fs = Buche *(Fagus sylvatica)*

Moortypen über einem verlandeten See im Alpenvorland (idealisiert und stark überhöht dargestellt).

Bewuchs aus Besenheide. Am Fuß des „Uhrglases“ herrscht eine als Randlage bezeichnete Vernässungszone mit nährstoffreicherem Wasser, in der unter anderem verschiedene Seggen gedeihen.

Die riesigen Hochmoorgebiete Norddeutschlands sind durch großflächige Versumpfung entstanden, wobei sie – begünstigt durch das atlantische Klima – in kurzer Zeit zu regenwasserbeeinflußten Mooren aufwuchsen. Durch Entwässerung, Inkulturnahme und Abtorfung sind sie heute jedoch fast vollständig zerstört.

Mehrschürige Feuchtwiesen und Weiden. Viele ehemals nährstoffarme Niedermoore wurden durch Entwässerung und Düngung so ertragreich, daß sie mehr als einmal im Jahr gemäht werden konnten oder auch als Weideland zur Verfügung standen. Weniger intensiv bewirtschaftete Wiesen können auch bei gewisser Nährstoffanreicherung noch mit einer stattlichen Artenvielfalt aufwarten. Einige der hier anzutreffenden Arten sind Wiesen-Knöterich *(Polygonum bistorta)*, Trollblume *(Trollius europaeus)*, Wiesen-Schaumkraut *(Cardamine pratensis)* oder die seltene Schachbrettblume *(Fritillaria meleagris)*. Je höher die Nährstoffbelastung und die Anzahl der jährlichen Schnitte, desto artenärmer werden die Flächen. Eine sehr intensive Weidewirtschaft führt neben dem ständigen Abfressen zu einer besonderen Belastung durch den Tritt des Viehs, unter dem besonders Orchideen zu leiden haben.

Feuchtebrachen. Bei fehlender Bewirtschaftung von Feuchtwiesen werden Arten dominant, die sich bei regelmäßiger Mahd oder Beweidung nicht halten konnten. Im wesentlichen sind drei Entwicklungsrichtungen möglich: Entweder wandern Weiden und andere Pioniergehölze ein, oder es entwickeln sich Hochstaudenfluren, bei denen meist das Mädesüß *(Filipendula ulmaria)* bestimmend ist, oder die Fläche verschilft. Mädesüß-Bestände können jahrzehntelang stabil bleiben, ohne daß Gehölze aufwachsen, da sie den am Boden liegenden Samen das Licht wegnehmen und gegenüber aufkommenden Keimlingen zu konkurrenzstark sind.

Erstbesiedelung von Schlammböden. Werden Teiche abgelassen, so entstehen auf den Schlammböden zunächst Zwergbinsen-Gesellschaften aus meist einjährigen *Juncus*-Arten. Dazu können sich andere kurzlebige Sumpfpflanzen, wie Zweizahn *(Bidens*-Arten) oder Knick-Fuchsschwanz *(Alopecurus aequalis)* gesellen. Bevor die ersten Weidensämlinge die Verbuschung einleiten, kommen ausdauerndere Stauden hinzu. Dabei sind diverse horstige Seggen (z. B. *Carex canescens)*, Brennender Hahnenfuß *(Ranunculus flammula)* und vor allem mehrjährige Binsen *(Juncus effusus* auf sauren, *J. inflexus* auf kalkhaltigen Böden) von Bedeutung. Ähnliche Entwicklungen lassen sich auch nach Oberbodenabtragungen in staunassen Bereichen oder an gestörten Uferzonen beobachten. Alle genannten Pionierpflanzen haben gemeinsam, daß sie immense Samenmengen produzieren, die im Boden lange keimfähig bleiben und sich unter günstigen Bedingungen sehr rasch entwickeln. Werden sie im Garten angesiedelt oder auch unbewußt eingeschleppt, so können sie sich schnell unkrautartig ausbreiten, da sie hier meist genügend offene Bodenpartien vorfinden.

Geographische Verbreitungszonen

In der Kombination der genannten Faktoren ist die ganze Vielfalt verschiedenster Pflanzengesellschaften allein im mitteleuropäischen Raum zu erahnen. Da gibt es z. B. kalkreiche Quellfluren, bodensaure Zwergbinsenrasen, nährstoffreiche Bruchwälder, Unterwasserflora von kalkarm-oligotrophen Bachfluren oder kalkreiche, einschürig bewirtschaftete Kleinseggenrieder. Zusätzlich sind klimatische Gegebenheiten von Bedeutung, wie Höhenstufen, Kontinentalität oder Nord-Süd-Gradient. Eine Seenverlandung läuft beispielsweise im vom atlantischen Klima beeinflußten Norddeutschland anders ab als im Alpenvorland.

Bei weltweiter Betrachtung kommen auch Regionen, deren großklimatische Verhältnisse mit Mitteleuropa weitgehend übereinstimmen, als Heimat von bei uns winterharten Pflanzen in Frage. Als Herkunftsländer der exotischen Sumpf- und Wasserpflanzen unserer Staudensortimente sind in erster Linie die USA und Kanada, ferner Japan und andere südostasiatische Länder sowie Südafrika zu nennen.

Die Spezialisierung einzelner Arten für bestimmte Standorte kann mehr oder weniger ausgeprägt sein. So kommt etwa die Rosmarinheide *(Andromeda polifolia)* nur auf saurem Hochmoortorf oder zwischen *Sphagnum*-Moosen bei nassem Substrat vor. Das Schilf kann dagegen verschiedenste Boden- und Wasserqualitäten sowie Feuchtflächen genauso wie überstaute Röhrichte besiedeln. Schilf ist zudem, wie auch etliche andere Feuchtgebietspflanzen, als Kosmopolit weltweit verbreitet.

Die Tiefenzonen im Gartenteich

Die oben geschilderte Zonierung von Pflanzengesellschaften nach der Wassertiefe läßt sich analog auf künstlich angelegte Gartenteiche übertragen. Allerdings sind dort die Platzverhältnisse fast immer wesentlich beengter als beim natürlichen Vorbild. Fließende Übergänge

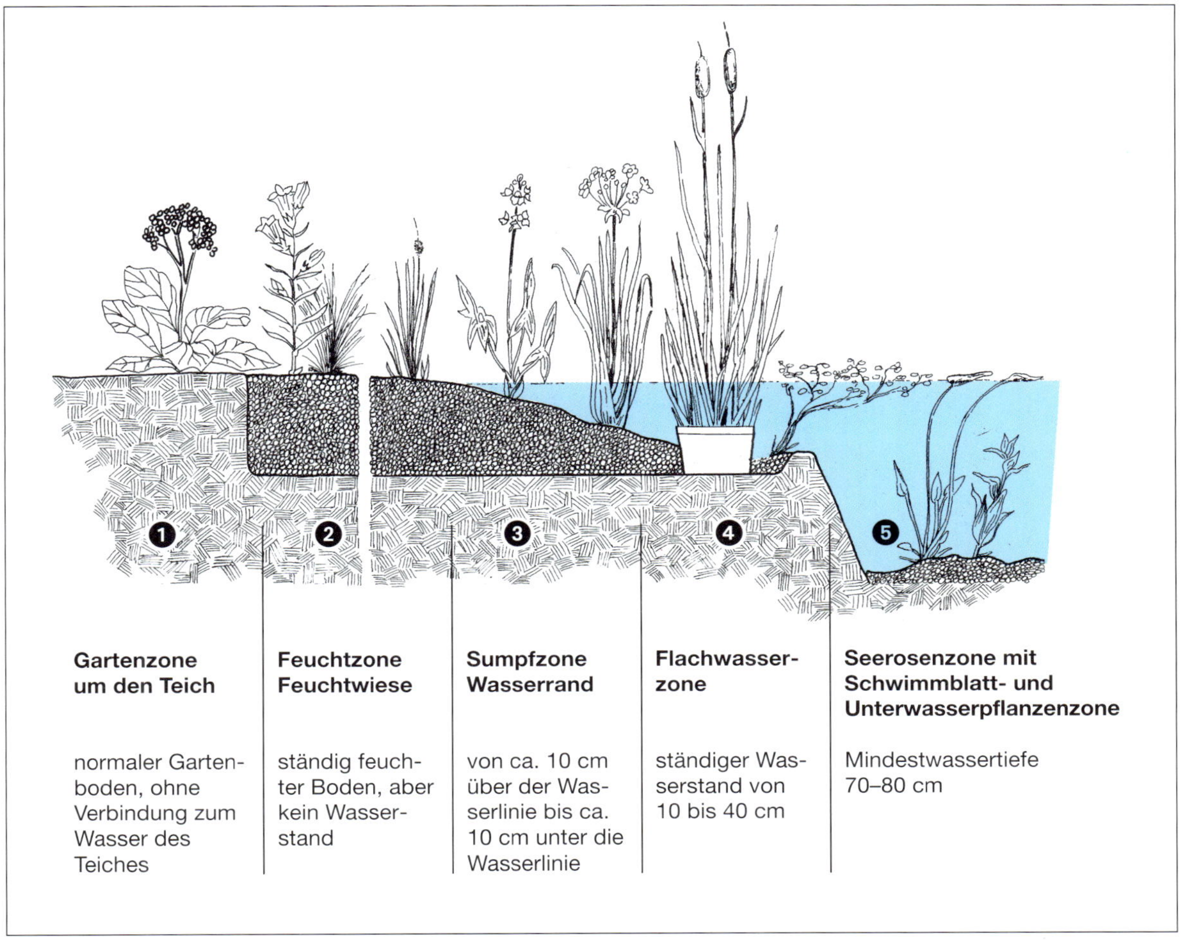

Tiefenzonen des Gartenteiches nach der Einteilung des Bundes deutscher Staudengärtner (BdS, Darstellung verändert).

zwischen Röhricht- und Schwimmblattzone sind im künstlichen „Biotop“ oft nicht möglich, dazu wäre eine Böschungsneigung von maximal 2:1 (auf 2 m horizontal erfolgt eine Absenkung um 1 m vertikal) oder flacher nötig. Bei künstlichen Teichen wird oft zwischen der Flachwasser- und der Tiefenzone steil abgeböscht, so daß dieser Übergangsbereich nicht bepflanzbar ist.

Für Gartenteiche empfiehlt der Bund deutscher Staudengärtner die Einteilung in folgende Zonen:

Die Gartenzone um den Teich (Zone 1): Hier steht normaler Gartenboden an, zum Wasser des Teiches besteht keine Verbindung mehr. Für diese Zone sind Pflanzen auszuwählen, die dem Charakter nach zum Wasser passen, ökologisch jedoch den jeweiligen Gartenverhältnissen entsprechen.

Die Feuchtzone (Zone 2): Der Bereich mit ständig feuchtem Boden, aber ohne Wasserüberstau, ist überwiegend Feuchtwiesenpflanzen vorbehalten.

Die Sumpfzone (Zone 3): In dem Bereich von 10 cm über bis 10 cm unter der Wasserlinie sind klassische Sumpfpflanzen anzusiedeln, wie sie in der Röhrichtzone vorkommen.

Die Flachwasserzone (Zone 4): Bei ständigem Wasserstand von 10 bis 40 cm können noch etliche Röhrichtpflanzen, aber auch bereits sehr kleinbleibende Seerosen gedeihen. In über 40 cm Tiefe ist in strengen Wintern kaum mit einem Vordringen der Eisschicht zu rechnen.
Die Seerosenzone (Zone 5): Im tieferen Wasser (ab 70 cm) sind die meisten Schwimmblatt- und Unterwasserpflanzen zu Hause. Eine genauere Tiefenunterteilung ist jeweils den Artbeschreibungen bzw. den Tabellen ab Seite 62 zu entnehmen.
Die Abbildung zeigt einen Überblick über die fünf Zonen des Gartenteiches. Diese Darstellung ist der Empfehlung des Bundes deutscher Staudengärtner angelehnt, die sich heute in vielen Gärtnereien und Katalogen wiederfindet. Für Zone 5 wird dabei eine Tiefe von mindestens 70 cm angenommen. Der Bereich zwischen 40 und 70 cm ist nicht erfaßt, weil die meisten Teiche hier eine Steilzone ohne Bepflanzung aufweisen.
Die Tabellen ab Seite 62 lehnen sich im wesentlichen an dieses System an, berücksichtigten aber auch einige teichbegleitende Gehölze. Außerdem wurde eine Differenzierung in Röhricht-, Schwimmblatt- und Unterwasserpflanzen vorgenommen.

Sumpf- und Wasserpflanzen von A bis Z

Acorus calamus 'Variegatus', Bunter Kalmus. Obwohl der Kalmus nicht ursprünglich in Mitteleuropa heimisch war, ist er in seiner grünlaubigen Form am Ufer vieler Dorfweiher anzutreffen. In der Volksmedizin wird er gegen Magenverstimmung verwendet. Ab Ende Juni erscheinen kleine, weiße Blütenkolben, die später verbräunen, aber bei uns keine keimfähigen Samen ausbilden. Die Schwertilien-ähnlichen Blätter ragen 70 bis 100 cm über den Wasserspiegel hinaus. Die Pflanze kann bis 30 cm tief im Wasser stehen und neigt zum Wuchern. Neben der weiß gestreiften Sorte 'Variegata' ist auch die kleinwüchsige, etwas winterschutzbedürftige Art *Acorus gramineus* von Bedeutung.

Alisma lanceolatum, Schmalblättriger Froschlöffel. Die lockeren Blütenstände der Froschlöffel-Arten schweben im Juli und August wie zarte Wolken über dem Wasser. Bei der Verwendung dieser rosettenbildenden, dekorativen Pflanzen für Wasserstände bis 30 cm sind zwei Nachteile zu beachten: Zum einen kann, wenn die Samenstände nicht rechtzeitig entfernt werden, eine massenhafte Versamung eintreten, zum anderen werden sie oft von einem Brandpilz befallen, der die Pflanzen sehr verunstalten kann. Als widerstandsfähigste Art hat sich *Alisma lanceolatum* erwiesen. *Alisma plantago-aquatica* und besonders die amerikanische Art *Alisma subcordatum* werden stärker geschädigt.

Andromeda polifolia, Rosmarinheide. Wie eine Sumpfpflanze sieht die Rosmarinheide nicht gerade aus. Die ledrigen, schmalen Blätter des Zwergstrauches sind aber weniger auf minimierte Verdunstung als vielmehr auf nährstoffarme Verhältnisse ausgelegt: *Andromeda* wächst in Hochmooren, allerdings bevorzugt auf Torfmoosbulten, die etwas trockener sind als Schlenkenbereiche. Dementsprechend benötigt sie in Kultur saure Torfböden, die feucht, aber nicht überstaut sein sollen. In entsprechend angelegten Moorbeeten sollte man nicht auf sie verzichten, da sie im Mai attraktiv mit weißen Glöckchen blüht und nahezu wintergrün ist. Mit Ausläufern breitet sie sich langsam aus.

Aponogeton distachyos, Südafrikanische Wasserähre. Diese Schwimmblattpflanze stammt aus Südafrika und ist bei uns nur bei einem Wasserstand von mindestens 50 cm sicher und ohne zusätzlichen Schutz über den Winter zu bringen. Der Wachstumsrhythmus dieser Art aus der südlichem Hemisphäre läßt sich kaum auf unsere Breitengrade umstellen, so daß sie im Hochsommer meist eine Blüh- und Wachstumspause einlegt. Ansonsten zeichnet sich die Wasserähre durch einen reichen Blütenflor ab Juni aus. Ihr exotisches Gepräge macht sie für architektonische Anlagen interessant. Leider werden die zarten Blätter und Blüten gern von Wasserschnecken geschädigt.

Asclepias incarnata, Seidenpflanze. In der Fernwirkung erinnert diese nordamerikanische Sumpfpflanze an den heimischen Wasserdost *(Eupatorium cannabinum)*. Sie verhält sich jedoch wesentlich „zahmer" und eignet sich somit auch für kleine Anlagen bestens. Die horstig wachsende Art wird bis zu 1,2 m hoch und blüht ab Juni bis in den Spätsommer hinein. Die interessanten Balgfrüchte entlassen seidig behaarte Samen, die für den deutschen Namen dieser attraktiven Pflanze verantwortlich sind. Beim Kauf sollte beachtet werden, daß es eine Reihe weiterer Seidenpflanzen-Arten gibt, die ganz andere Standorte benötigen und zum Teil sogar extrem nässeempfindlich reagieren.

Azolla caroliniana, Feenmoos. Dieser Schwimmfarn sieht besonders im Spätsommer dekorativ aus, wenn er sich rot färbt. Die Schwimmfähigkeit verdankt das Feenmoos der samtigen Behaarung, die wasserabstoßend wirkt. Kleinste Bruchstücke sind in der Lage, sich zu neuen Pflanzen auszuwachsen. Durch das rasche Wachstum und die Regenerationsfreudigkeit kann *Azolla* im Lauf des Sommers große Wasserflächen völlig überziehen und ähnlich lästig werden wie Wasserlinsen. Die frostempfindliche Art überwintert jedoch an sehr geschützten Stellen. Durch mit *Azolla* in Symbiose lebende Blaualgen wird Luftstickstoff fixiert und der Pflanze zugänglich gemacht.

Baldellia ranunculoides, Igelschlauch. Bei flachem Wasserstand von maximal 5 cm bildet der Igelschlauch 10 cm hohe Blattrosetten mit Dauerblüte von Juni bis September. Daneben zieren die sternförmigen Fruchtbällchen. Baldellien sind im atlantischen Klima mit milden Wintern beheimatet. Im südlicheren Deutschland erfrieren die Pflanzen in der Regel, regenerieren sich aber jedes Jahr wieder aus den reichlich gebildeten Samen zu blühenden Beständen. In tieferem Wasser (bis 40 cm) blühen die Pflanzen nicht mehr, können aber, sofern die Rosettenbasis eisfrei bleibt, überwintern. Neben dem rein horstig wachsenden Typ existiert auch eine ausläufertreibende, winterhärtere Unterart.

Butomus umbellatus, Blumenbinse. Unter den nährstoffbedürftigen Röhrichtpflanzen gehört die Blumenbinse zu den dekorativsten Arten. Sie kann bis zu 40 cm tief im Wasser stehen und entwickelt im Juni und Juli 60 bis 80 cm hohe rosa Blütendolden. Die Sorte 'Schneeweißchen' besitzt fast reinweiße, 'Rosenrot' kräftig dunkelrose Blüten. Bei Stickstoffmangel kommt das Wachstum schnell ins Stocken, und auch die Blüte bleibt dann oft aus. Eine gezielte Nachdüngung mit ins Substrat gedrückten Hornspänen, kann Abhilfe schaffen. Im Vergleich zu anderen Röhrichtarten ist die Blumenbinse schwachwüchsiger und kann gut im Hintergrund kleinerer Teiche verwendet werden.

Calla palustris, Sumpf-Calla. Die niederliegenden Triebe der Sumpf-Calla sind schwimmfähig und wachsen vom flachen Ufer her auf die Wasserfläche hinaus. Da ältere Triebteile immer wieder absterben, kommt es jedoch nie zu übermäßigem Wuchern. Im Frühjahr zieren die weißen Hochblätter, die den Blütenkolben umhüllen. Später entwickeln sich rote Beeren an den Kolben, die zwar giftig, aber sehr dekorativ anzusehen sind. Die Sumpf-Calla ist in der Natur selten geworden. Sie wächst in sauren Torfschlammböden, verträgt jedoch auch mittelhartes Wasser. Leichte Schattierung durch umgebende höhere Röhrichtarten oder Gehölze bekommt ihr gut.

Callitriche palustris, Wasserstern. Im zeitigen Frühjahr bietet der Gartenteich oft ein wenig „lebendiges“ Bild, da die meisten Arten erst ab Mai deutlich zu wachsen beginnen. Nicht so der Wasserstern: Er fühlt sich in kühlem Wasser, auch in Bachläufen, am wohlsten. Oft sind schon im März seine dichten, grünen Polster unter Wasser zu sehen, die bald bis zur Oberfläche hochwachsen und dort kleine, sternförmige Schwimmrosettchen ausbilden. In über 50 cm Tiefe bleibt der Wasserstern meist unter Wasser, am nassen Ufer entwickelt er bodendeckende Matten. Im Sommer bricht der Bestand meist zusammen, kann sich bei kühleren Temperaturen jedoch schnell regenerieren.

Caltha palustris, Sumpfdotterblume. Wer bereits im April einen blühenden Wassergarten besitzen möchte, kommt um die Sumpfdotterblume nicht herum. Sie wächst in feuchten Böden genauso wie am 5 cm überstauten Wasserrand. Die Wildform wird durchschnittlich 40 cm hoch. Im Sommer wird das Laub oft durch Mehltaubefall unansehnlich. Die beste Gegenmaßnahme bei starkem Befall ist ein Rückschnitt des Laubes. Bei Pflanzung zwischen höheren Röhrichtarten fallen geschädigte Blätter im Sommer nicht mehr störend auf. Die leuchtend gelben Blüten werden dagegen von Rohrkolben, Hechtkraut und ähnlichen nicht verdeckt, da sich diese erst viel später entwickeln.

Caltha palustris ‘Multiplex’, Gefüllte Sumpfdotterblume. Während sich die Normalform der Sumpfdotterblume im Garten versamen kann, ist die gefüllte Variante steril und wird außerdem nur etwa 20 cm hoch. Sie eignet sich somit für Randzonen kleinster Teichanlagen und für Tröge. Einen Wasserüberstau erträgt sie nur kurzzeitig. Ähnliches gilt für die weißblühende, leider etwas frostempfindliche *Caltha palustris* var. *alba.* Saatgut setzt sie nur in geringen Mengen an, die Sämlinge blühen wieder weiß. Starkwüchsig (bis 80 cm hoch) und im Hintergrund verwendbar sind *Caltha palustris* ‘Auenwald’ und *Caltha polypetala.* Letztere ist leider selten echt in Kultur.

Carex davalliana, Torf-Segge. Diese nur 20 cm hohe, horstförmige Segge mit fadenförmig dünnen Blättern ist ein idealer Unterwuchs für Niedermoorpflanzen wie Sumpf-Gladiole, Mehlprimel oder Lungenenzian. In älteren Horsten siedeln sich gerne Sämlinge dieser empfindlichen Arten an. Die Torf-Segge ist zweihäusig; im April erscheinen an männlichen Pflanzen gelbe, an weiblichen weiße Blütenähren. Gelingt es, nur männliche Exemplare zu verwenden, so kann es zu keiner Versamung kommen. Aber auch gemischt-geschlechtliche Bestände sind für kleinste Anlagen und Tröge geeignet. Bei zu starker Laubentwicklung kann im Sommer ein tiefer Rückschnitt erfolgen.

Carex elata 'Bowles Golden', Gelblaubige Steif-Segge. Während die meisten Seggen der Feuchtgebiete nasse, aber kaum überstaute Böden wünschen, gedeiht die Steif-Segge auch noch in 20 cm tiefem Wasser. Die grüne Ursprungsform wird bis zu 1 m hoch. Sie bildet zwar keine Ausläufer, kann jedoch durch Versamung lästig werden. Am besten schneidet man die Blütenstände bereits im Mai ab, da schon Anfang Juni die reifen Samen herabfallen und sofort keimfähig sind. Als sehr genügsame Art ist die Steif-Segge ein wertvoller Bestandteil der Röhrichtzone. Die gelb-grün gestreifte Form wird nur 60 cm hoch und sollte leicht schattig und trockener stehen. Sämlinge fallen nur zum Teil echt.

Carex flava, Gelb-Segge. Als eine gute Ergänzung zur Torf-Segge (*Carex davalliana*) kann man auch die 30 bis 40 cm hohe Gelb-Segge in Sumpf- und Moorbeeten einstreuen. Sie sieht aus wie eine Kleinausgabe der nordamerikanischen Morgenstern-Segge *(Carex grayi)*, kommt aber als Bewohner unserer Kleinseggenriede mit wesentlich geringerem Nährstoffangebot aus. Von Juni bis Anfang August zieren die stachelig wirkenden Fruchtstände. Die sehr ähnliche Art *Carex serotina (C. flava* ssp. *oederi)* wird nur 10 cm hoch und ist annähernd wintergrün. Weitere kulturwürdige Kleinseggen sind *Carex hostiana, C. nigra* (ausläufertreibend!), *C. capillaris, C. echinata* und *C. pulicaris.*

Carex paniculata, Rispen-Segge. Breite Horste und etwa 1 m hohe, dekorative Fruchtstände entwickelt die Rispen-Segge. Sie gehört in den nassen Uferbereich mittlerer und großer Teiche. Lichter Schatten wird gut vertragen. Der Wasserstand sollte 10 cm nicht überschreiten. Wie bei den meisten horstig wachsenden *Carex*-Arten ist mit einer gewissen Versamung zu rechnen, wenn nicht rechtzeitig die Fruchtstände entfernt werden. Kleinerwüchsig ist die sonst ähnliche Draht-Segge *(Carex diandra)*. Zu den oft angebotenen stark ausläufertreibenden Seggen *Carex acuta (C. gracilis), C. acutiformis* und *C. riparia* bieten diese und die vorher genannten Arten bessere Alternativen.

Carex pseudocyperus, Zyperngras-Segge. Die Eigenschaft der meisten horstigwachsenden Seggen, sich stark zu versamen, findet bei dieser Art ihre extremste Ausprägung. Gleichzeitig ist *Carex pseudocyperus* oft recht kurzlebig. Nur in sehr nährstoffreichem Sumpfboden bei einem Wasserstand von 0 bis etwa 10 cm sieht sie wirklich dekorativ aus. Die Blätter sind dann dunkelgrün und bleiben es auch im Winter. Die übergeneigten Fruchtstände zieren die Pflanze. Bei Nährstoffmangel tritt ein Rostpilz auf, der das Laub schwer schädigen kann und unansehnlich macht. Aufgrund der genannten Nachteile ist bei der Verwendung dieser häufig angebotenen Art Vorsicht geboten.

Ceratophyllum demersum, Hornkraut. Die wichtigste und empfehlenswerteste Unterwasserpflanze ist das Hornkraut in den beiden Arten *Ceratophyllum demersum* und *C. submersum* mit noch etwas stärker gegabelten Blättern. Beide Arten wachsen schnell, entziehen dem Wasser überschüssige Nährstoffe und reichern es mit Sauerstoff an. Die hierfür oft empfohlene Wasserpest *(Elodea)* sollte besser nicht verwendet werden, da sie extrem wuchert, am Teichboden verwurzelt und sich nicht wieder entfernen läßt. *Ceratophyllum* dagegen besitzt keine Wurzeln und kann bei Überhandnehmen leicht abgefischt werden. In nährstoffarmem Wasser bildet das Hornkraut nur Kümmerformen aus.

Chara-Arten, Armleuchteralgen. Neben den unerwünscht auftretenden, unansehnlichen Fadenalgen können sich in tieferen Zonen mit sehr klarem Wasser ganze Rasen der hübschen Armleuchteralgen ansiedeln. Die vielen verschiedenen Arten sind schwer zu unterscheiden. Einige *Chara*-Arten sind mit dicken Kalkkrusten überzogen. Ein gezieltes Einsetzen führt selten zum Erfolg, da die einzelnen Arten oft auf ganz bestimmte Wasserqualitäten angewiesen sind. In älteren Teichen mit klarem, kalkreichem Wasser kommen häufig von selbst *Chara*-Rasen auf. Bei eher kalkarmem Wasser werden *Chara*-Arten durch Armleuchteralgen der Gattung *Nitella*, vornehmlich *N. flexilis*, ersetzt.

Cladium mariscus, Schwertried, Schneidbinse. *Cladium* ist eine kalkliebende, attraktive Röhrichtpflanze mit immergrünen Blättern und dekorativen Fruchtständen von Spätsommer bis Spätherbst. Allerdings machen die mit kleinen Zähnen besetzten Blattränder ihrem Namen alle Ehre und können bei unvorsichtigem Umgang erhebliche Schnittverletzungen an der Haut bewirken. Auch ist das Wuchern der Rhizome nicht zu unterschätzen. Die scharfen Spitzen der Ausläufer können sogar Teichfolien gefährlich werden. Eine Verwendung dieses heimischen, in der Natur selten gewordenen Grases kann also nur für große, naturnahe Anlagen empfohlen werden.

Crassula recurva, Nadelkraut. In karbonatarmem Wasser läßt sich mit dem australischen Nadelkraut eine Bodenbedeckung im Sumpf und bis in Wassertiefen von mehr als 50 cm erzielen. Unter Wasser wachsen die Triebe über 30 cm in die Höhe. Flach stehende Teppiche von *Crassula recurva* erfrieren eventuell im Winter. Eine Neubesiedlung von tieferen Bereichen her, in denen eine problemlose Überwinterung möglich ist, findet im Sommer jedoch recht schnell statt. Als Unterwasserpflanze sorgt das Nadelkraut für Sauerstoffanreicherung. Aufgrund des schnellen Wachstums ist es jedoch nicht für sehr kleine Anlagen zu empfehlen. Die weißen Blütchen sind unscheinbar.

Cyperus longus, Langes Zyperngras. Unter den ausläufertreibenden Gräsern verhält sich dieses winterharte Zyperngras noch relativ zahm, so daß es gut im Hintergrund mittelgroßer Teichanlagen verwendet werden kann. Optimal ist ein Einsatz in 20 cm Wassertiefe. Der Austrieb erfolgt spät, dafür halten die dekorativen, über 1 m hohen Blütenstände von Juli bis in den Oktober hinein. Sie lassen sich gut als Schnittgrün in Blumensträußen verarbeiten. Leider wird *Cyperus longus* bisweilen mit der stark wuchernden Art *Bolboschoenus maritimus* verwechselt, die weniger Zierwert besitzt. In der Bundesrepublik kommt das Lange Zyperngras nur noch an wenigen Standorten am Bodensee wild vor.

Dactylorhiza majalis, Breitblättriges Knabenkraut. Dieses Knabenkraut ist eine relativ pflegeleichte heimische Orchidee für frische und feuchte Standorte. Die knollenbildende Pflanze wird bis zu 50 cm hoch und blüht von Mai bis Juni. Zwischen Kleinseggen im Sumpfbeet ist sie am besten standortgerecht untergebracht, sie hält hier auch am längsten aus. Nach der Blüte werden Millionen von staubfeinen Samen entlassen; in naturnahen Anlagen können auch Sämlinge aufkommen, die allerdings erst nach etlichen Jahren zur Blüte gelangen. Im Handel häufiger ist die westeuropäische *Dactylorhiza praetermissa* zu finden, die etwas später blüht und ähnliche Pflegeansprüche stellt.

Darlingtonia californica, Kobralilie. In sauren Sümpfen Nordamerikas ist diese interessante Art beheimatet. Mit bis zu 40 cm hohen, als Kesselfallen ausgebildeten Blättern fängt sie Insekten, die sich an den mit Wachs ausgekleideten Innenwänden nicht festhalten können und in die mit Verdauungsenzymen angereicherte Kesselfüllung abrutschen. Die übergewölbte Blattspitze trägt eine zweizipfelige Fahne, die an eine gespaltene Schlangenzunge erinnert. Dekorativ sind auch die rötlichen Blütenbälle. Für eine sichere Überwinterung sollten die Pflanzen geschützt werden. Die Standortansprüche ähneln denen von *Drosera. Darlingtonia* verbreitet sich durch Ausläufer.

Drosera anglica, Großer Sonnentau. Neben dem Mittleren Sonnentau *(Drosera intermedia)* ist *D. anglica* die pflegeleichteste heimische Sonnentau-Art. Die seltene, kleinwüchsige, „fleischfressende“ Rosettenpflanze wächst in Hoch- und Zwischenmoorschlenken. An den klebrigen Drüsenhaaren auf der Blattspreite bleiben kleinere Insekten hängen und werden mit Sekreten verdaut. Im Sommer erscheinen bis 20 cm hohe, weiße Blütenstände. Die Pflanze sollte mit Regenwasser versorgt werden. Ideale Standorte sind nasse Sumpfbeete oder Tröge mit saurem Substrat. Als Begleiter kommen *Sphagnum*-Moose, Rosmarinheide, Alpen-Haargras, Wollgräser und Schnabelried in Frage.

Eichhornia crassipes, Wasserhyazinthe. Obwohl nicht winterhart, ist die tropische Wasserhyazinthe eine begehrte Schwimmpflanze für den Gartenteich. Die Schwimmfähigkeit wird durch die luftgefüllten, kugelig ausgeblasenen Blattstiele erreicht. Nach den Eisheiligen können die Rosetten ins Wasser gesetzt werden. Durch die Bildung von Tochterrosetten können sich in nährstoffreichem Wasser schnell größere Bestände entwickeln, die in warmen Sommern immer wieder mit ihren hellvioletten Blütenkerzen erfreuen. Die Überwinterung hat nur in einem warmen, hellen Gewächshaus Aussicht auf Erfolg. Sonst muß die Wasserhyazinthe, sozusagen als Sommerflor jährlich neu gekauft werden.

Eleocharis acicularis, Nadel-Sumpfsimse. Als Bodendecker unter Wasser und am schlammigen Ufer bei nährstoffreichen Verhältnissen ist die etwa 15 cm hohe Nadel-Sumpfsimse verwendbar. Unter Wasser bildet sie einen immergrünen Rasen, während sie am Ufer im Winter braun wird. Ihr Verbreitungsdrang sollte trotz der harmlos erscheinenden, feinen Halme nicht unterschätzt werden. Für Miniaturteiche ist sie daher ungeeignet. Die unscheinbaren, braunen Blüten- bzw. Fruchtstände an den Triebspitzen sorgen zusätzlich zur vegetativen Ausbreitung für eine gewisse Versamung. Noch stärker wuchert die 30 cm hohe *Eleocharis palustris*.

Epipactis palustris, Sumpf-Stendelwurz. Unter den heimischen Orchideen dürfte die Sumpf-Stendelwurz die pflegeleichteste sein. Sie gedeiht auf frischen bis feuchten, möglichst etwas humosen Böden, am besten im Halbschatten. Wichtig ist ein Verzicht auf schnell wirkende Dünger und auf Störungen im Wurzelbereich. An günstigen Standorten bildet die ausläufertreibende Art nach wenigen Jahren stattliche Gruppen und wird bis zu 80 cm hoch. Die von braunroten Kelchblättern umgebenen, sonst weißen Blüten erscheinen von Juni bis Juli. Etwas trockener darf die häufiger angebotene *Epipactis gigantea* aus Nordamerika stehen. Sie blüht rötlich und erweist sich als noch wüchsiger.

Equisetum variegatum, Bunter Schachtelhalm. Eine Verwendung von Schachtelhalmen in Teichanlagen ist im allgemeinen mit Risiken verbunden, da die meisten Arten mit tiefgehenden Rhizomen zu starkem Wuchern neigen. *Equisetum variegatum* bildet eine Ausnahme. Zwar werden reichlich unterirdische Ausläufer gebildet, diese sitzen jedoch flach und wachsen nicht allzu schnell. Der Hauptzierwert des Bunten Schachtelhalmes liegt in den zuverlässig immergrünen Sprossen. Sporenlager befinden sich in endständigen, schwärzlichen Kölbchen. Im Vordergrund nicht zu kleiner Teichanlagen, in Sumpfböden und in sehr flachem Wasser liegen die optimalen Verwendungsbereiche.

Eriophorum latifolium, Breitblättriges Wollgras. Wollgräser sind bestimmende Elemente der Moorwiesen. *Eriophorum latifolium* wünscht nasse, bis 5 cm überstaute Substrate und verträgt kalkhaltiges Milieu besser als andere Wollgräser. Die von Mai bis Juni zierenden, wolligen Fruchtstände sitzen büschelweise auf 40 bis über 60 cm hohen Stielen. Ideal ist die Verwendung mit anderen Niedermoorarten, wie Kleinseggen, Lungen-Enzian, Mehl-Primel und Sumpf-Gladiole. In diesen konkurrenzschwachen Gemeinschaften ist der horstförmige Wuchs von Vorteil. Das in Blatt und Blüte ähnliche *Eriophorum angustifolium* ist dagegen blühfaul und wuchert mit Ausläufern.

Eriophorum russeolum, Sibirisches Wollgras. Auch wenn diese Art nicht heimisch ist, sollte sie doch in Hochmooranlagen berücksichtigt werden. Die großen Fruchtbälle sind kupferfarben und stehen einzeln an 30 bis 40 cm hohen Stielen. Neben der Hauptblütezeit im Mai-Juni kann ab Ende Juli eine Nachblüte einsetzen. Voraussetzung für gutes Gedeihen ist ein saurer, nicht zu nährstoffarmer, nasser Torfboden, der bis zu 5 cm überstaut sein darf. Die vegetative Ausbreitung durch Ausläufer geschieht zwar relativ rasch, doch wirken die nadelartig dünnen Blätter wenig verdrängend auf die Begleitflora. Leider ist diese hübsche Art noch selten im Angebot der Staudengärtnereien zu finden.

Eriophorum vaginatum, Scheidiges Wollgras. Dieses für Hochmoore charakteristische, heimische Gras bildet dichte Horste mit fadenförmigen Blättern. Die Blüte setzt oft schon im März ein. Von Ende April bis in den Juni hinein stehen dann die weißen, watteartigen Fruchtbälle 40 bis 50 cm hoch über den Blattschöpfen. Als Hintergrundpflanze für saure, nasse bis leicht überstaute Moorbeete ist *Eriophorum vaginatum* nahezu unverzichtbar, zumal die Art nicht wuchert und die Versamung sich in Grenzen hält. Die Auslese 'Heidelicht' gilt als besonders blühfreudig. Mit orangegelben Fruchtbällchen, die an das oben beschriebene Sibirische Wollgras erinnern, überrascht die neue Sorte 'Goldrausch'.

Eupatorium cannabinum, Wasserdost. Als bis 1,5 m hohe, heimische Wildstaude mit breitbuschigem Wuchs und Tendenz zu starker Versamung kommt der im Spätsommer blühende Wasserdost nur für sehr große Anlagen in Frage. Er sollte auf feuchten bis nassen, nicht überstauten, nährstoffreichen Böden in voller Sonne stehen. Ein Rückschnitt gleich nach der Blüte verhindert die lästige Versamung. Weniger aggressiv verhält sich die gefüllte Sorte 'Plenum'. Dekorativer wirkt die nordamerikanische Art *Eupatorium fistulosum (E. purpureum)*. Sie wird bis 2 m hoch; Besonders die weinrote Auslese 'Atropurpureum' verdient als Solitär im Hintergrund architektonischer Teiche Beachtung.

Euphorbia palustris, Sumpf-Wolfsmilch. Von dieser seltenen heimischen Pflanze sind verschiedene Typen in Kultur. Man findet neben etwa 50 cm hohen auch bis zu 1,5 m hoch wachsende Exemplare. Allen gemeinsam ist der horstige Wuchs und die frühe Blütezeit von April bis Mai. Lästige Versamung kommt nicht vor, zumal oft vegetativ vermehrte Pflanzen in Kultur sind und die Art selbst steril zu sein scheint. Die Sumpf-Wolfsmilch gehört auf feuchte bis nasse, kaum überstaute Böden. Sie sollte nährstoffreiche, aber möglichst kalkarme Verhältnisse vorfinden. Im Herbst sorgt eine leuchtend orangerote Laubfärbung für einen zweiten farblichen Höhepunkt.

Filipendula ulmaria, Mädesüß. Das heimische Mädesüß ist als Hochstaude auf Feuchtebrachen weit verbreitet. Extreme Nässe erträgt es auf Dauer nicht. Dafür entwickelt es sich auf feuchten oder frischen, nährstoffreichen Gartenböden recht massiv und wird bis 1,6 m hoch. In größeren Anlagen ist der Einsatz im Hintergrund möglich. Die weißen Blütenrispen erscheinen von Ende Juni bis August. Etwas kleiner bleiben die sterilen Sorten 'Plena' mit gefüllten Blüten und 'Aurea' mit gelb panaschierten Blättern. Aus den USA stammt die rot- bis rosablühende *Filipendula rubra*, aus Japan die nur etwa 1 m hohe *Filipendula purpurea* mit ihrer Hauptsorte 'Elegans'.

Fontinalis antipyretica, Quellmoos. Mit Sproßlängen von bis zu 70 cm ist das Quellmoos das größte heimische Laubmoos. Die dreikantigen Triebe sind dunkelgrün gefärbt. *Fontinalis* kommt in leicht fließendem, kühlem Wasser vor, es ist daher vor allem in Teichen mit Springbrunnen und ähnlichen, Bewegung verursachenden Installationen angebracht. Besonders wertvoll ist diese Art als wintergrüner Sauerstoffspender. Ab 30 cm Wassertiefe ist es möglich, sie anzusiedeln. Am Boden hält sie sich durch wurzelähnliche Haare (Rhizoide) fest. Sporenkapseln entwickeln sich selten; sie sind unauffällig. Gelegentlich wird auch *Riccia fluitans* angeboten, die zu den Lebermoosen zählt.

Fritillaria meleagris, Schachbrettblume. Die kurze Blütezeit dieses Frühjahrsgeophyten unserer Feuchtwiesen erstreckt sich von Mitte April bis Anfang Mai. In 20 bis 40 cm Höhe hängen die glockigen, weißen oder schmutzig violetten Blüten meist einzeln an den Sproßachsen. Das charakteristischste Merkmal ist das für den deutschen Namen verantwortliche Karomuster. Nach der Blüte krümmen sich die Stiele wieder nach oben, und es entwickeln sich Kapselfrüchte. Im Sommer sterben dann die oberirdischen Organe ab; es überdauern nur die kugeligen Zwiebeln. Verwendungsbereiche sind Sumpfbeete und Feuchtwiesen mit niedrigwüchsigen Begleitern.

Gentiana pneumonanthe, Lungen-Enzian. Als seltene Art unserer Streuwiesen und Niedermoore steht der Lungen-Enzian unter Naturschutz. In Kultur benötigt er humose, feuchte, und nicht zu kalkhaltige Substrate bei sonniger Lage. Als Herbstblüher ist er in Sumpfbeeten ohne Wasserüberstau ein wertvoller Partner zu Kleinseggen, Mehl-Primel, Sumpf-Gladiole und ähnlichen. Etwa 30 bis 40 cm hoch werden die Blütenstiele mit den strahlend blauen Enzianglocken. Auf leicht schattigen Flächen gedeiht der breithorstigwachsende, bis 60 cm hohe Schwalbenwurz-Enzian *(Gentiana asclepiadea)*. Leider sind oft die Stiele sehr schwach entwickelt und biegen sich unter der Last der Blüten um.

Geum rivale, Bach-Nelkenwurz. Man ordnet die Bach-Nelkenwurz am besten einem Bachlauf als Element der Ufergestaltung zu. Diese horstig wachsende Art erreicht etwa 50 cm Höhe und ziert von Mai bis Juli mit nickenden, orangeroten Blütenglöckchen. Bei der Sorte 'Leonard' sind diese besonders großblumig. Später entwickeln sich haarige Fruchtköpfchen. Will man die Versamung verhindern, so sollte man diese rechtzeitig vor dem Auseinanderfallen entfernen. *Geum rivale* erträgt auch leichten Schatten und kann, neben dem Teich- und Bachrand, auch in Sumpfbeeten verwendet werden. Geeignete Partner sollten nicht zu konkurrenzschwach sein.

Gladiolus palustris, Sumpf-Gladiole. Diese seltene, heimische Knollenpflanze wird etwa 40 bis 50 cm hoch und blüht im Juni mit rosa, einseitswendigen Blütentrichtern. Nach der Aussamung im Juli zieht die Pflanze ein. Die Knollen werden etwa im September gesteckt. Sie können in dichte, aber niedrigwüchsige Bepflanzungen der Sumpfzone eingebracht werden, da die schlanken Austriebe keinen relevanten Flächenbedarf aufweisen. Auch empfiehlt es sich, immer mehrere Knollen in Tuffs zusammenzusetzen. Eine Ansiedlung ist auf frischen bis feuchten Böden ohne Überstau zu empfehlen. Partner sind andere Arten der Streu- und Moorwiesen, wie Kleinseggen, Mehl-Primel oder Lungen-Enzian.

Gratiola officinalis, Gnadenkraut. In Flutrasen, Sumpf- und Moorwiesen kommt auf nährstoffreichen Böden das Gnadenkraut vor. Es ist bei uns selten geworden und steht auf der „Roten Liste“. Die Ausläufer dringen bis in 50 cm tiefes Wasser vor und entwickeln dann sterile Unterwassertriebe. Im Sumpfbereich wird die Art 40 cm hoch und bildet von Juni bis August kleine, weiße, becherförmige Blüten aus, die in den Blattachseln stehen. Für sehr kleine Anlagen ist *Gratiola* wohl zu wüchsig, ansonsten handelt es sich um eine hübsche, gut bodendeckende Pflanze, die auch im Röhrichtbereich als Unterwuchs brauchbar ist. Sie bevorzugt weiches Wasser, erträgt aber auch höhere Härtegrade.

Hibiscus moscheutos, Sumpf-Eibisch. Die 10 bis 15 cm großen, roten, rosafarbenen oder weißen Blüten des japanischen Sumpf-Eibisch stehen gehäuft am Triebende der 1,2 bis 1,8 m hohen Sproßachsen. Die kräftigen Horste stehen am besten in dauerfeuchten bis nassen, nährstoffreichen Böden. Dieses wärmeliebende Malvengewächs kommt im Spätsommer zur Blüte und ziert vor dem Einziehen im Herbst mit leuchtend gelber Blattfärbung. In kühlen Jahren mit zeitigen Nachtfrösten ist das Blühen oft nicht mehr möglich. Neuere Sorten bringen über 20 cm große Blüten in verschiedenen Farben hervor, sind jedoch weniger winterhart und vertragen Staunässe schlechter als die reine Art.

Hippuris vulgaris, Tannwedel. Wie ein kleiner Schachtelhalm wirkt der zum Standardsortiment zählende Tannwedel. Bei genauem Hinsehen entdeckt man in den Achseln der quirlständigen Blätter die winzigen Blütchen bzw. Nußfrüchte, die seine Zugehörigkeit zu den Blütenpflanzen verraten. Im Sumpf bis 30 cm Wassertiefe ragen die Triebe 20 bis 40 cm hoch empor, während in tieferem Wasser nur noch untergetauchte Formen mit langen, gewellten Blättern ausgebildet werden. Für den durchschnittlichen Gartenteich ist *Hippuris* mit seiner intensiven Ausläuferbildung zu wüchsig. Nur für sehr große, naturnahe Anlagen kann diese Pflanze uneingeschränkt empfohlen werden.

Hottonia palustris, Wasserfeder. Eine der schönsten Unterwasserpflanzen ist die Wasserfeder. Sie wächst sehr langsam, entwickelt fein gefiederte Blätter und bringt bei optimalem Standort im Mai oder Juni etwa 30 cm hohe Etagendolden mit rosa Blüten hervor. Am schlammigen Ufer bleiben die Triebsysteme kurz, und die Blätter stehen an den Sproßspitzen rosettenartig dicht zusammen. In Wassertiefen bis etwa 30 cm werden Unterwasserblätter und an der Oberfläche schwimmende Rosetten gebildet, und in tieferem Wasser lebt *Hottonia* nur noch in untergetauchter Form. Im Winter bleibt das Laub grün. Eine erfolgreiche Kultur ist leider nur bei weichem Wasser möglich.

Hydrocharis morsus-ranae, Froschbiß. Wenn im Mai die kleinen Überwinterungsknospen vom Teichgrund auftauchen und ihre nierenförmigen Blättchen entfalten, wirkt der freischwimmende Froschbiß noch recht niedlich. Im Sommer jedoch kann er bei genügend nährstoffreichem Wasser durch Tochterrosettenbildung größere Flächen des Teiches überziehen. Vereinzelt erscheinen weiße Blütchen. Nimmt der Froschbiß überhand, läßt sich leicht ein Teil des Bestandes abfischen, so daß man ihn für alle Teichgrößen empfehlen kann. Im leichten Schatten zwischen Röhricht wächst der Froschbiß besonders gut. Leider werden die Blätter gerne von Seerosenzünslern geschädigt.

Hydrochotyle vulgaris, Wassernabel. Der Wassernabel kommt in nährstoffärmeren, bodensauren Feuchtgebieten vor. Im Garten werden auch kalkreichere Verhältnisse akzeptiert. Die unterirdischen Ausläufer dringen bis in etwa 40 cm tiefes Wasser vor, wobei die schildförmigen Blätter an der Oberfläche schwimmen. Der Wassernabel gedeiht aber auch außerhalb des Teiches auf frischen Gartenböden. Die Blüten sind unauffällig. Bei nährstoffreichen Verhältnissen und in Moorbeeten mit konkurrenzschwacher Bepflanzung kann der Wassernabel zum Unkraut werden, das nicht in den Griff zu bekommen ist. Ansonsten ist er ein hübscher Unterwuchs zwischen Röhrichtpflanzen.

Iris-Kaempferi-Hybriden, Japanische Sumpfschwertlilie. Im Frühsommer bestimmen die verschiedenen Sumpfschwertlilien mit ihren dekorativen Blüten den Wassergarten. Die aus japanischen Gärten stammenden *Iris*-Kaempferi-Hybriden werden bei uns meist als Absaaten angeboten. Der neue Name *Iris ensata* gilt nur für die Wildform, die kaum im Handel sein dürfte. Das Farbspektrum der Blüten reicht von Weiß über Rosa bis zu Blau und Violett. Die Pflanzen werden etwa 60 bis 90 cm hoch. Zur Blütezeit im Juni vertragen sie einen Standort im Flachwasser, sonst sollten sie jedoch oberhalb der Wasserlinie im Sumpf stehen. Die Böden müssen kalkarm und nährstoffreich sein.

Iris-Kaempferi-Hybride 'Pink Frost', Japanische Sumpfschwertlilie. Reine Sorten der Japanischen Sumpfiris müssen meist vegetativ vermehrt werden. Wichtig zur Erhaltung der Blühwilligkeit ist das Aufnehmen und Verjüngen durch Teilung der Horste etwa alle drei bis fünf Jahre. Bei den „gefüllten" Hybriden sind die normalerweise nach oben stehenden drei Domblätter wie die Hängeblätter ausgebildet. Dies ist z. B. bei 'Pink Frost' mit ihren 15 cm großen Blüten der Fall. 'Geisha Dance' besitzt hellblaue Blüten mit dunkler Aderung und gelben Schlundflecken. Sorten aus Japan sind an den Namen zu erkennen: 'Shisi-No-Ikari' ist z. B. eine purpurne, 'U Shu' eine violettblaue Auslese.

Iris laevigata, Sumpf-Schwertlilie. Wie die *Iris*-Kaempferi-Hybriden stammt auch *Iris laevigata* aus Ostasien und besticht durch große, auffällige Blüten. Bei der reinen Art sind die Hängeblätter dunkelblau mit gelbem Mittelstreifen. Es gibt Sorten mit doppelten („gefüllten") und weißen oder weiß-blau gesprenkelten Blüten. Die oft angebotene 'Monstrosa' besitzt einen weißen Dom und blaue Hängeblätter. 'Rose Queen' müßte eher zu den *Iris*-Kaempferi-Hybriden gestellt werden. *Iris laevigata* kann – im Unterschied zu *Iris ensata* – ganzjährig bis zu 20 cm tief im Wasser stehen. Die Blütezeit liegt später als bei anderen Sumpfiris, etwa Ende Juni. Bis in den August hinein erscheinen vereinzelt Nachblüten.

Iris pseudacorus, Gelbe Sumpfschwertlilie. Diese heimische *Iris* steht gerne in nährstoffreichen Sümpfen und Uferzonen. Im Garten gedeiht sie in 30 cm tiefem Wasser genauso gut wie in feuchtem Boden außerhalb des Teiches. Die mit etwa 1 bis 1,5 m Wuchshöhe größte Sumpfiris-Art sollte eher in Hintergrundsituationen eingesetzt werden. Im Mai und Juni erscheinen die goldgelben Blüten. Die breiten Horste entwickeln kräftige Wurzeln; alte Exemplare lassen sich daher nur mit größter Mühe ausgraben. *Iris pseudacorus* var. *bastardii* weist schwefelgelbe Blüten auf. Bei der Sorte 'Variegata' sind die Blätter im Austrieb gelblich gestreift; zum Sommer hin vergrünt diese Musterung jedoch zunehmend.

Iris sibirica, Wiesen-Schwertlilie. Etwa 80 bis 120 cm hoch wird die blaue Wiesen-Iris, die bei uns selten geworden ist. Wo sie jedoch vorkommt, bildet sie große Bestände. Im Garten sollten der Wildform ähnliche Sorten, wie 'Elfe' (blau) oder 'Mrs. Rowe' (rosa) auch nicht einzeln, sondern in Gruppen angepflanzt werden. Ideal ist ein feuchter bis nasser, nicht zu nährstoffarmer Boden. Großblumige Hybriden, wie die Sorten 'Caesar's Brother' (violett) oder 'Cambridge' (blau), sind eher als Beetstauden einzustufen. Sie stehen gerne mit Rittersporn, Sonnenhut und ähnlichen auf bodenfrischen Rabatten. Für naturnahe Sumpfbeete und Teichränder eignen sich kleinblumige Sorten besser.

Iris versicolor, Amerikanische Sumpf-Schwertlilie. Neben *Iris pseudacorus* und *Iris laevigata* gehört *Iris versicolor* zu den Sumpf-Schwertlilien, die auf Dauer im Wasseranstau bis etwa 20 cm stehen können. Aber auch in normalem Gartenboden ist eine erfolgreiche Kultur möglich. Von Juni bis Juli stehen gut 5 cm große Blüten auf den verzweigten, etwa 80 cm hohen Stielen. Die Farbe variiert in verschiedenen Violett-Tönungen. Die Amerikanische Sumpfiris wächst breithorstig und versamt sich relativ leicht. Die Sorte 'Kermesina' blüht purpurrot. 'Rosea' und 'Claret Cup' bringen ein helles Lilarosa hervor. 'Mysterious Monique' besticht mit dunklen, mehrfarbigen Blüten.

Juncus ensifolius, Zwerg-Binse. Die nur 30 cm hohe, nordamerikanische Zwergbinse ist die kulturwürdigste *Juncus*-Art. Von Juli bis in den Herbst hinein trägt sie ansehnliche braune Blütenköpfchen. Sie gedeiht in feuchtem Gartenboden bis hin zum 5 cm überstauten Teichrand. Ihre drahtartig harten, kurzen Rhizome sorgen für eine rasenartige Ausbreitung. Zusätzlich kann es zu stärkerer Versamung kommen. In Gemeinschaft mit wüchsigen Röhrichtpflanzen ist die Zwerg-Binse ein empfehlenswerter Bodendecker im Uferbereich. Niedrige heimische Arten, wie z. B. *Juncus compressus*, versamen sich noch stärker und sollten höchstens in großen, naturhaften Anlagen Verwendung finden.

Juncus inflexus (J. glaucus), Blaue Binse. Die verschiedenen Binsen-Arten können nur unter Vorbehalt für Hausgärten empfohlen werden. Es handelt sich um Feuchtbodenbewohner, die in der Natur auf gestörten Standorten auftreten und sich durch eine überreiche Ausbildung feinster Samen auszeichnen. Oft werden Binsen unbewußt als Beikräuter an andereren Stauden in den Garten eingeschleppt oder erscheinen als Spontananflug – auch an weniger feuchten Stellen. Die dekorativste Art dürfte *Juncus inflexus* sein: Ihre blau bereiften Horste ziehen auch im Winter nicht ein; höchstens in der Spitzenregion verbräunen sie etwas. Die Blaue Binse wünscht kalkhaltige, feuchte bis nasse Substrate.

Luronium natans, Froschkraut. Diese seltene Schwimmblattpflanze bringt kleine, ovale Blätter hervor. Während des ganzen Sommers entstehen weiße Blüten mit jeweils drei rundlichen Kronblättern. Das Froschkraut bildet am Teichgrund sitzende Rosetten, die Ausläufer mit Tochterrosetten entwickeln, so daß nach einiger Zeit ganze Kolonien entstehen können. Es besiedelt flaches Wasser bis etwa 40 cm Tiefe und ist empfindlich gegen Konkurrenzdruck, z. B. durch übermäßigen Fadenalgenbesatz. Das Teichwasser sollte daher nicht extrem kalkreich sein. Für kleine und mittlere Teiche ist die Art gut geeignet. Bei frostsicherem Stand kann sie auch in Trögen verwendet werden.

Lysichiton americanus, Scheincalla. Bereits im April überrascht diese großhorstige Staude durch leuchtend gelbe Hochblätter, die etwa 20 cm lang sind und den Blütenkolben umhüllen. Leider kommt es durch die Eisheiligen gelegentlich zu einer Schädigung der Blüten. Nach der Blütezeit entwickeln sich die bis zu 80 cm hohen Blattrosetten. *Lysichiton camtschatcensis* sieht ähnlich aus, blüht jedoch weiß und noch etwas früher. Beide brauchen etwa drei Jahre bis zur ersten Blüte. Wichtig ist die Scheincalla als nicht wucherndes Gestaltungselement in absonnigen Lagen. Kalkarme, aber sehr nährstoffreiche Böden sind Voraussetzung. Der Standort sollte nicht – oder nur wenig – überstaut sein.

Lysimachia nummularia, Pfennigkraut. Zum Kaschieren unschöner Teichränder, an denen die Folie oder der Beton aus dem Wasser ragt, hat sich das Pfennigkraut hervorragend bewährt. Es kann außerhalb des Teiches in normalen Gartenboden gepflanzt werden und überzieht mit seinen kriechenden Trieben den Beckenrand. Auch in den Teich wachsen die Triebe hinein. Die gelben Blüten erscheinen im Juni. Gelegentlich im Wurzelbereich auftretende Wolläuse beeinträchtigen das Wachstum wenig. Schwierigkeiten kann es bei sehr breiten, schwarzen Folienrändern geben: Wenn diese sich im Sommer stark aufheizen, ist *Lysimachia nummularia* nicht in der Lage, sie zu überwachsen.

Lysimachia thyrsiflora, Strauß-Felberich, Straußweiderich. Auch wenn *Lysimachia thyrsiflora* weitstreichende Ausläufer ausbildet, bedrängt sie die Partnervegetation kaum, da sie mit ihren dünnen Sprossen und schmalen Blättern keine starke Deckung ausbildet. Sie treibt früh aus und blüht bereits ab Ende Mai mit kleinen gelben Blütenbüscheln in den oberen Blattachseln. Am Naturstandort kommt der Straußweiderich bevorzugt in saurem Milieu vor, findet sich im Garten jedoch auch mit kalkhaltigem Wasser ab. Er darf in die Uferzone bis 20 cm Tiefe gepflanzt werden. Wesentlich stärker breitet sich die großwüchsige *Lysimachia vulgaris* aus, vor deren Verwendung deutlich gewarnt sei.

Lythrum salicaria, Blut-Weiderich. Als Feuchtwiesenpflanze kann der heimische Blut-Weiderich auf frischen bis feuchten Gartenböden und bis in Wassertiefen von 20 cm eingesetzt werden. Aus dem verholzten Wurzelstock entwickeln sich mehr oder weniger sparrig verzweigte, über 1,2 m hohe Horste mit ab August rosarot blühenden Ähren. Für den Garten gibt es besondere Auslesen, wie z. B. die etwa 70 cm hohe Sorte 'Robert' oder die bis 1,5 m hohe 'Feuerkerze', die nicht überstaut stehen sollten. Zum Verhindern unkontrollierter Versamung sollte man abgeblühte Kerzen entfernen, aber nicht bis zum Boden zurückschneiden, da sich das Laub im Herbst orangerot verfärbt.

Marsilea quadrifolia, Kleefarn. In der „Roten Liste“ wird der Kleefarn als in Deutschland ausgestorben geführt. Er ist eher in wärmeren Regionen zu Hause, und seine Winterhärte ist auch nur in Wassertiefen ab 20 cm gewährleistet. Es sind aber immer genug Ausläufer in der Lage, in tiefere Wasserbereiche vorzudringen, um dort zu überdauern. Im Lauf des Sommers entwickelt sich in nährstoffreichem Wasser ein dichter Rasen mit vierteiligen, kleeartigen Blättern, die zum Teil auf dem Wasser schwimmen. Gepflanzt werden sollte der Kleefarn im Frühjahr in Sumpfbereiche oder flaches Wasser. Er eignet sich als Unterwuchs zwischen Röhrichtpflanzen in größeren Teichanlagen.

Mentha aquatica, Wasser-Minze. Als ein Elternteil der Kultur-Pfefferminze zeichnet sich die Wasser-Minze durch einen aromatischen Duft der gesamten Pflanze aus. Das Kraut erreicht etwa 40 cm Höhe und bildet im Sommer rosapurpurfarbene, relativ unauffällige Blütenquirle im oberen Bereich der Sproßachsen aus. Verwendet werden sollte die Wasser-Minze vor allem in der Nähe von Sitzplätzen, wo sie mehr durch ihren Duft als durch ihr relativ unscheinbares Aussehen auffällt. Sie ist bis zu einem Wasserstand von 10 cm zu verwenden. Dekorativer wirkt die ähnlich duftende, leider selten angebotene Polei-Minze *(Mentha pulegium)*. Diese entwickelt gut 30 cm hohe, dichte Polster.

Menyanthes trifoliata, Fieberklee. Auch wenn die dreizähligen Blätter sehr an Klee erinnern, steht diese Pflanze doch eher den Enziangewächsen nahe. Sie bildet flache Triebe aus, die Schlammböden überziehen, von dort aus auf die freie Wasserfläche hinauswachsen und sogenannte Schwingrasen aufbauen können. Die Ansiedlung ist im flachen Wasser, das nicht zu kalkhaltig sein sollte, möglich. Nach einigen Jahren kann *Menyanthes* vom Rand her schöne Schwimmdecken ausbilden. Bei zu starkem Vordringen ist sie leicht wieder zu bändigen. Die hübschen, weißen Blütenstände zieren schon im Mai. *Menyanthes* wurde früher als Heilpflanze zur Fiebersenkung verwendet.

Mimulus cardinalis, Rote Gauklerblume. Ein hübscher, gut 50 cm hoher Dauerblüher für nicht überstaute Uferpartien, Feuchtwiesen oder frische Beete ist diese nordamerikanische Staude. Obwohl sie meist einjährig kultiviert wird, bestehen in etwas geschützter Lage gute Überwinterungschancen. Schwieriger ist die niedrigwüchsige *Mimulus cupreus* über die kalte Jahreszeit zu bringen. Für sehr kleine Anlagen und sogar für Tröge sind die polsterartig niedrig wachsenden, gelbblühenden Arten *Mimulus primuloides* und *Mimulus tilingii* interessant. Besonders die zuerst genannte hat sich als recht robust erwiesen. Beide sind leider noch selten im Staudensortiment erhältlich.

Mimulus luteus, Gelbe Gauklerblume. Der Zierwert dieser 40 cm hohen Gauklerblume chilenischer Herkunft liegt in dem leuchtend gelben Blütenflor, der den ganzen Sommer über anhält. Ganz ähnlich, aber höher wächst die nord- bis mittelamerikanische Art *Mimulus guttatus*. Während *Mimulus luteus* in strengen Wintern erfriert, überdauert *Mimulus guttatus* sicherer. Beide Arten zeichnen sich durch reichliche Versamung aus und sind daher nur unter Vorbehalt zu empfehlen. Die großblumigen *Mimulus*-Hybriden mit oft gelb-rot gefleckten Blüten (z. B. 'Tigrinus Grandiflorus') sind kaum winterhart. Die schwächere Versamung kann eher als Vorteil angesehen werden.

Mimulus ringens, Blaue Gauklerblume. Auf die Verwandtschaft mit den oben genannten *Mimulus*-Arten deutet bei der Blauen Gauklerblume höchstens die Blütenform hin. *Mimulus ringens* wächst mit unterirdischen Rhizomen, ohne übermäßig zum Wuchern zu neigen. Die Art gedeiht am besten im Sumpf, verträgt aber auch Wasserüberstau bis 10 cm. Im Lauf des Sommers wachsen die aufrechten Stengel etwa 60 bis 90 cm hoch empor und tragen im Spätsommer tiefblaue Blüten. Die Blaue Gauklerblume ist zuverlässig winterhart und zusammen mit anderen Röhrichtpflanzen auch in mittelgroßen Teichanlagen empfehlenswert. Sämlinge werden normalerweise nicht lästig.

Myosotis palustris, Sumpf-Vergißmeinnicht. Dieser Bewohner feuchter bis nasser Wiesen und Gewässerränder ist bei uns sehr verbreitet. Am attraktivsten erscheinen die etwa 20 bis 30 cm hohen Polster im Mai – Juni beim ersten Flor. Später fallen die Pflanzen oft auseinander; sie sollten dann zurückgeschnitten werden, worauf sie schnell wieder kräftig durchtreiben und remontieren. In sehr nährstoffarmem Wasser reagiert *Myosotis palustris* mit Chlorosen. Ansonsten ist es eine wüchsige, als Bodendecker im Teichrandbereich verwendbare Staude, die zur Selbstaussaat neigt. Als attraktiver blühende und kompakter wüchsige Sorten sind 'Perle von Ronneberg' und 'Thüringen' im Handel.

Myosotis rehsteineri, Bodensee-Vergißmeinnicht. Als Bewohner von Kiesbänken ist *Myosotis rehsteineri* bei uns selten geworden. Es bildet kompakte, etwa 5 cm hohe Polster aus, die im Mai bis Juni blau blühen. Im Sommer kann es zu vereinzelter Nachblüte kommen. Leider verhält sich diese Art im Garten oft kurzlebig. Die Pflanzen sollten etwa alle zwei Jahre aufgenommen, geteilt und neu gepflanzt werden. Gut bewährt hat sich der Einsatz an Bachläufen. In stehendem Wasser kommt es dagegen leicht zu Pilzinfektionen, die zum Absterben ganzer Horste führen können. Auch in Trögen ist die Verwendung möglich, allerdings muß dem hohen Nährstoffbedarf Rechnung getragen werden.

Myriophyllum spicatum, Ähren-Tausendblatt. Ähnlich wie das nahe verwandte *Myriophyllum verticillatum* besiedelt das Ähren-Tausendblatt als reine Unterwasserpflanze nährstoffreiche Stillgewässer. Nur die unscheinbaren Blütenährchen stehen über dem Wasser. Das Ansiedeln im Gartenteich gelingt nicht so leicht wie etwa bei *Ceratophyllum* oder *Elodea*. Man sollte die – möglichst bewurzelten – Triebe im Schlammgrund verankern. An der Oberfläche treibende Pflanzen haben meist keine Überlebenschance. In sehr trübem Wasser ist kaum Zuwachs zu erzielen. Bei optimalen Verhältnissen siedeln sich *Myriophyllum*-Arten oft von selbst durch eingeschlepptes Saatgut oder Triebstücke an.

Nuphar advena, Teichrose. Im Gegensatz zur heimischen *Nuphar lutea* entwickelt diese nordamerikanische Teichrose bei nur 20 cm Wasserstand bis zu 1 m über das Wasser emporragende Blattrosetten. Sie kann bis 80 cm tief stehen und neigt dann zur Ausbildung von Schwimmblättern. Die dicken Rhizome kriechen über den Schlammgrund und bilden nach einigen Jahren sehr große Gruppen, so daß *Nuphar advena* nur für entsprechend dimensionierte Teichanlagen in Frage kommt. Als besondere Vorzüge sind die Schattenverträglichkeit und die im Sommer erscheinenden, ebenfalls über dem Wasser stehenden, gelben und innen rötlich gezeichneten Blütenkugeln herauszustellen.

Nuphar lutea, Teichrose. Die Teichrose kommt in stärker verschmutzten Gewässern, auch in langsam fließenden Bächen oder Altwässern und dabei sogar in etwas beschatteten Bereichen vor. Sie ist daher eher geeignet, mit entsprechenden Problemsituationen im Wassergarten zurechtzukommen als die empfindlicheren *Nymphaea*-Arten. Ihre kugeligen, gelben Blüten sind jedoch wesentlich kleiner, der Wuchs dagegen kräftiger als bei echten Seerosen. Der Wasserstand sollte wenigstens 50 cm betragen und darf über 1 m tief sein. Die Teichrose braucht viel Platz und ist nur für große Anlagen empfehlenswert. Nur wenig kleiner bleibt *Nuphar pumila*, die aber selten echt im Handel erhältlich ist.

Nymphaea-Hybride 'Gladstoniana', weiße Seerose (gilt als Synonym zu 'Pöstlingberg'). Für diesen größten Vertreter des *Nymphaea*-Standardsortimentes muß der Wasserstand mindestens 60 cm, besser 80 bis 120 cm (eingewachsen auch tiefer!) betragen. Sonst stehen die Blätter weit über dem Wasser und verdecken die über 20 cm großen, reinweißen, tassenförmigen Blüten. Für kleinere Becken können an weißen Sorten 'Marliacea Albida' oder 'Candidissima', beide für etwa 60 bis 80 cm Wassertiefe, empfohlen werden. Nicht verwenden sollte man 'Richardsonii'. Aufgrund ihrer leichten Vermehrbarkeit wird diese gefüllte Sorte zwar oft angeboten, sie verhält sich jedoch recht blühfaul.

Nymphaea-Hybride 'James Brydon', rote Seerose. Zu den blühwilligsten und robustesten Seerosen-Sorten gehört die kirschrote 'James Brydon'. Ihre Kronblätter sind relativ breit, so daß eine rundliche Blütenform entsteht. Die optimale Wassertiefe beträgt 40 bis 60 cm. Die Blüte erreicht 14 cm Durchmesser. Ähnlich empfehlenswert ist die rubinrote Sorte 'Escarboucle' mit sternförmigen, 18 cm großen Blüten. Sie sollte etwa bis 1 m tief stehen. Extrem großblumig und für ähnlich tiefes Wasser geeignet ist 'Attraktion'. Ihre roten Blüten werden nach außen hin heller. Leider ist sie recht empfindlich für die gefürchtete Knollenfäule (siehe Abschnitt „Krankheiten und Schädlinge").

Nymphaea-Hybride 'Laydekeri Lilacea', rote Zwergseerose. Die Laydekeri-Sorten zeichnen sich durch Kleinwüchsigkeit aus. 'Laydekeri Lilacea' entwickelt 10 cm große, zunächst tiefrosa, später heller werdende Blüten. Ähnlich blüht 'Laydekeri Purpurata'. Ein intensiveres, dunkleres Rot bringt die Sorte 'Froebelii', die sehr zuverlässig und anhaltend blüht, hervor. Die genannten drei Hybriden verlangen Wasserstände von 30 bis maximal 50 cm. Noch etwas flacher dürfen die Sorten 'Pygmaea Rubra' mit beim Öffnen fast weißen, später roten Blüten und die hellgelbe 'Pygmaea Helvola' stehen. Beide sind auch in Trögen gut brauchbar, müssen dann aber geschützt überwintert werden.

Nymphaea-Hybride 'Moorei', gelbe Seerose. Um auch die Farbe Gelb in das Seerosenrepertoir zu bringen wurde *Nymphaea mexicana* eingekreuzt. Ihre Wärmebedürftigkeit und mangelnde Winterhärte hat sich leider auf viele Züchtungen ausgewirkt. Zu den robustesten gehört 'Moorei' für 40 bis 60 cm Wassertiefe. Die wüchsige 'Colonel A. J. Welch' mit ihren sternförmigen, oft leicht verkrüppelten, gelben Blüten gedeiht gut in tiefem Wasser, ist jedoch bis zum Hochsommer recht blühfaul. Reichlicher blühen 'Sunrise' und 'Sulphurea'. Die begehrte gelbe 'Marliacea Chromatella' ist besonders empfindlich und bekommt leicht Knollenfäule. Bei flacher Pflanzung ist Winterschutz angebracht.

Nymphaea-Hybride 'Rosennymphe', rosa Seerose. Diese Sorte geht auf *Nymphaea odorata* zurück, die ab Juli nicht mehr verpflanzt werden sollte, da später kaum noch vegetativer Zuwachs zu verzeichnen ist. Ihre sternförmigen, mittelgroßen Blüten erscheinen jedoch zahlreich während des ganzen Sommers. Sie sind zunächst reinrosa und hellen im Verblühen etwas auf. Empfohlen wird eine Wassertiefe von 50 bis 80 cm. Weitere dankbare rosa Sorten sind 'Masaniello' (kräftig rosa) und 'Mme Wilfron Gonnère' (gefüllt, großblumig) für ähnliche Wassertiefen. Besonders wärmebedürftig und empfindlich ist die dekorative 'Princess Elisabeth' mit sehr grazilen, sternförmigen Blüten.

Nymphaea-Hybride 'Sioux', Kupfer-Seerose. Ähnlich wie die gelben Seerosen sind auch die orange- bzw. kupferfarbenen Sorten empfindlich und nur bei Wassertiefen ab 40 cm sicher winterhart. Die Blüten machen einen Farbwechsel von Rosa beim Aufblühen zu Orange und Kupferrot durch. Wie die gelben und einige rote Sorten zeigen die Blätter braunrote Pigmentflecken, die bei 'Sioux' besonders ausgeprägt sind. Als Wasserstand wird 50 bis 70 cm empfohlen. Ähnlich ist 'Paul Harriot'; sie darf etwas flacher stehen. 'Indiana' für einen Wasserstand von 50 bis 70 cm besitzt kugelige, orangefarbene Blüten. Für kleine Teiche hat sich die rötlich-orangefarbene 'Graziella' bewährt.

Nymphaea tetragona, Zwerg-Seerose. *Nymphaea tetragona* ist die kleinste Seerosenart. Der optimale Wasserstand beträgt 20 bis 30 cm. Auch in Trögen läßt sie sich problemlos halten, sollte dann aber frostfrei überwintert werden. Die kleinen, weißen, fast vierkantig wirkenden Blüten erscheinen bei sonnigem Stand sehr zahlreich. Mit etwas Glück kann man bei der Zwerg-Seerose auch eine gewisse Selbstaussaat erzielen. Vegetativ läßt sich die echte *Nymphaea tetragona* nicht vermehren, da sie nur einzelne Rosetten bildet. Ein Typ mit verzweigten Rhizomen soll als *Nymphaea pygmaea* 'Alba' im Handel sein; es erscheint jedoch zweifelhaft, ob es sich dabei nicht doch um ein Synonym handelt.

Nymphoides peltata, Seekanne. Die Seekanne kommt in Altwässern und Stillgewässern als Schwimmblattpflanze vor. Ihr Laub ähnelt der einer sehr kleinen Seerose. Die Blätter entspringen schwimmenden Rhizomen. In den Blattachseln werden im Sommer krugförmige, gelbe Blüten ausgebildet, die ihre Verwandtschaft mit den Fieberkleegewächsen zeigen. Zum Spätsommer und Herbst hin werden in den Blattachseln Tochterrosetten ausgebildet. Diese sinken auf den Grund ab, überwintern dort und sorgen so für die Weiterverbreitung. *Nymphoides* kann auch größere Gartenteiche in wenigen Jahren völlig überziehen, so daß entsprechende Vorsicht in der Verwendung geboten ist.

Orontium aquaticum, Goldkeule. Diese nordamerikanische Sumpf- oder Wasserpflanze wächst rein horstförmig und gedeiht in sehr flachem Wasser bis zu Tiefen von 40 cm. Je tiefer der Wasserstand, um so ausgeprägter verhält sie sich als Schwimmblattpflanze. Zwischen den sternförmig angeordneten, blaugrünen Blättern erscheinen im Frühjahr die goldgelb gefärbten Blütenkolben. Im Sommer entwickeln sich darauf kugelige, schwarzblaue Früchte. *Orontium* zeigt sich bei uns als zuverlässig winterhart, sollte jedoch nährstoffreiche Bodenverhältnisse bzw. Wasserverhältnisse vorfinden und benötigt als extremer Tiefwurzler ein relativ großes Substratvolumen.

Parnassia palustris, Sumpf-Herzblatt. Das Sumpf-Herzblatt ist eine sehr kleinwüchsige Pflanze unserer Niedermoore, die vor allem in Hochlagen an wasserzügigen Stellen vorkommt. In Gebieten mit sehr heißen Sommern versagt *Parnassia* oft. Im Frühjahr treibt sie sehr spät mit ihren herzförmigen Blättern aus zwiebelartigen Überdauerungsknospen aus und treibt etwa ab Anfang August bis in den Herbst hinein weiße, schalenförmige Blüten hervor. Es werden reichlich Samen gebildet, die allerdings nur bei optimalen Bedingungen, bevorzugt zwischen den Horsten von *Carex davalliana*, keimen. Zur dauerhaften Ansiedlung ist dies die günstigste Vergemeinschaftung.

Peltandra virginica, Wasseraronstab. Als horstförmiger „Ersatz" für Pfeilkräuter *(Sagittaria-*Arten) kommt in kleinen Teichanlagen diese nordamerikanische Art in Frage. Ihre Blattspreiten entwickeln eine ganz ähnliche, pfeilförmige Gestalt und ragen etwa 60 cm über das Wasser empor. Der Wasseraronstab braucht für sein Gedeihen nährstoffreiche Verhältnisse und wünscht Wassertiefen bis 30 cm. Die Blütenstände stehen zwischen dem Laub und sind nur bei näherem Hinsehen zu erkennen. Sie bestehen aus einem aronstabartigen Hochblatt, das den eigentlichen Blütenkolben umhüllt. Besonders in kleineren Anlagen wirken jedoch die dichten Blatthorste von *Peltandra* sehr dekorativ.

Pilularia globulifera, Pillenfarn. Der rasenartige Wuchs und die pfriemenförmigen Blätter des Pillenfarns erinnern eher an eine Nadelsimse *(Eleocharis acicularis)*. Lediglich das spiralige Entrollen des Laubes verrät die Zugehörigkeit zu den Farngewächsen. Wie *Eleocharis* eignet sich der Pillenfarn als bodendeckende Bepflanzung in Sumpf bis Flachwasser. Er bevorzugt kalkarmes Milieu, toleriert aber auch relativ hartes Wasser, sofern es genügend nährstoffreich ist. *Pilularia* kommt bei uns sehr selten in Schlammboden-Gesellschaften vor. Namensgebend sind die pillenförmigen Sporophylle in den Blattachseln entlang der kriechenden Rhizome; hierin werden die Farnsporen produziert.

Polygonum amphibium, Schwimm-Knöterich. Der Schwimm-Knöterich überzieht in kurzer Zeit auch größere Teichflächen mit seinen Rhizomen, die länglich-ovale Schwimmblätter tragen. Von Juni bis August erscheinen imposante, rosafarbene Blütenähren. Als Landform entwickelt der Schwimm-Knöterich aus unterirdischen Rhizomen schräg aufrecht stehende Blattspreiten mit einem dunklen Fleck in der Mitte. Vor seiner Verwendung im Hausgarten muß aufgrund der Wüchsigkeit genauso gewarnt werden wie vor der Seekanne *(Nymphoides peltata)* und vor dem Schwimm-Laichkraut *(Potamogeton natans)*. Seerosen bilden hier eine bessere Alternative für die Zone der Schwimmblattpflanzen.

Polygonum bistorta, Schlangen-Knöterich. Der Schlangen-Knöterich ist eine äußerst dekorative Wiesenpflanze, geradezu prädestiniert zur Besiedlung von Feuchtbereichen außerhalb der Teichabgrenzung. Von Mai bis Juni erscheinen langgezogene, dichte, rosa Blütenähren. Als Zierform ist z.B. die Sorte 'Superbum' im Handel. Zu beachten ist die Ausbreitung der zunächst eher horstförmig wirkenden Pflanzen durch Ausläufer, die zu Tochterrosetten führen. *Polygonum bistorta* wächst auch in halbschattigen Lagen noch befriedigend. Für kleinflächige Bepflanzungen eignet sich eine horstige Form, die als *Polygonum carmina* im Handel ist. Sie blüht kräftiger rosa.

Pontederia cordata, Hechtkraut. Seine große Beliebtheit verdankt das nordamerikanische Hechtkraut den von Juli bis in den Herbst hinein erscheinenden, tiefblauen Blütenähren. Die länglich-herzförmigen Blätter stehen etwa 50 cm über dem Wasser. *Pontederia* entwickelt sehr kurze Rhizome, neigt also nicht zum Wuchern. Eine gewisse Aussamung ist in sehr warmen Teichen möglich. Als Nachteil kann das späte Austreiben angesehen werden; dies läßt sich jedoch durch zwischengepflanzte Sumpfdotterblumen gut kaschieren. Wichtig ist ein extrem nährstoffreiches Wasser, da sich sonst schnell Blattvergilbungen einstellen. Zuverlässig winterhart ist *Pontederia cordata* ab 30 cm Wassertiefe.

Potamogeton crispus, Krauses Laichkraut. Die vielen heimischen Arten der Gattung *Potamogeton* sind oft sehr spezifisch an bestimmte Wasserqualitäten gebunden und können regelrecht als Bioindikatoren für Gewässerqualitäten gelten. Das Krause Laichkraut ist eine Art nährstoffreicherer Gewässer. Es bildet im Schlamm kriechende Rhizome aus, entlang derer die dekorativ beblätterten Unterwassertriebe entspringen. Die normalerweise lose verkauften Pflanzen sollten mit dem Rhizom im Schlamm verankert werden. Eine Ansiedlung ist jedoch nur in sehr großen Teichanlagen zu empfehlen, da sich extrem dichte und wuchernde Bestände entwickeln können.

Potamogeton natans, Schwimmendes Laichkraut. Unter den *Potamogeton*-Arten stellt das Schwimmende Laichkraut eine große Ausnahme dar, da es nicht nur Unterwasserblätter, sondern auch reine Schwimmblätter entwickelt. Der Zierwert dieser Schwimmblattpflanze ist allerdings relativ gering, so daß ihr nur in landschaftlichen Teichen eine gewisse Bedeutung zukommt. Die kolbenartigen Blüten sind sehr unauffällig. Dieses Laichkraut benötigt viel Platz, da es ähnlich wie die oben besprochene Art stark zum Wuchern neigt. Von selbst siedelt sich in Gartenteichen gelegentlich *Potamogeton pectinatus* mit nadelförmig dünnen Blättern als reine Unterwasserpflanze an.

Potentilla erecta, Blutwurz. Der deutsche Name bezieht sich auf die tiefrot gefärbten Rhizome, die pharmazeutisch genutzt werden. An Teichanlagen sollte der gelbe Dauerblüher im Randbereich, entweder im feuchten Gartenboden oder nicht überstauten Sumpf, angepflanzt werden. Obwohl *Potentilla erecta* in der Natur in Niedermooren vorkommt – zusammen mit Mehl-Primel, Sumpf-Gladiole und ähnlich konkurrenzschwachen Arten –, sollte sie nicht mit diesen zusammen verwendet werden. Sie würde aufgrund der reichlichen Versamung sonst zu stark dominieren. Wertvoll ist sie als Unterwuchs zu stärkeren Partnern, wie *Molinia caerulea, Caltha palustris* oder *Iris sibirica.*

Potentilla palustris (Comarum palustre), Sumpfblutauge. Auch wenn die dunkelroten Blüten von *Potentilla palustris* wenig Leuchtkraft besitzen, handelt es sich aufgrund des gefiederten Laubes um eine attraktive Uferpflanze. Die Sproßachsen verholzen und wachsen flach über den Boden bzw. vom Ufer aus über die Wasseroberfläche hinweg. Mit ihren hohlen Stengeln ist die Pflanze in der Lage, an der Oberfläche zu schwimmen. Sie wünscht kalkarmes Wasser und bekommt bei hoher Carbonathärte chlorotische Blätter. Das Wachstum läßt sich durch gelegentlichen Rückschnitt leicht in Grenzen halten, so daß sich das Sumpfblutauge auch für kleinere Anlagen eignet.

Primula-Bullesiana-Hybriden, Etagen-Primel. Für alle Etagen-Primeln typisch ist der Aufbau der Blütenstände. Entlang der Hauptachse sind stufenweise Dolden angeordnet. Es gibt innerhalb dieser Hybridgruppe verschiedene Farbvarianten. Meist herrschen warme Farbtöne vor, etwa Gelb und Orange oder Rottöne, seltener auch Violett. Die Blütezeit liegt im Juni. Optimale Standorte sind staunasse, aber nicht überstaute Böden in absonniger Lage. In bezug auf Aussehen und Verwendung ähnlich sind die beiden Elternarten, *Primula beesiana* und *Primula bulleyana*, die aber kaum als reine Arten zu bekommen sein dürften, oder auch die orangefarben blühende *Primula chungensis.*

Primula farinosa, Mehl-Primel. Die heimische Mehl-Primel ist selten geworden und steht unter Naturschutz. Ihre weiß bemehlten Blattrosettchen werden nur 5 bis 8 cm groß. Im Mai erscheinen auf 20 bis 30 cm langen Stielen die rosa Blütendolden. Im Garten sollte *Primula farinosa* auf nassem, lockerem Substrat zwischen Kleinseggen, im Bereich feuchter Matten in Steinanlagen oder entlang von Bachläufen gepflanzt werden. Leider erweist sie sich in Kultur als sehr kurzlebig; dies gilt besonders für heiße Lagen. Gartenwürdiger ist die etwas großwüchsigere, sonst ganz ähnliche *Primula frondosa* aus dem Kaukasus, die sich wesentlich robuster zeigt als ihr heimisches Pendant.

Primula florindae, Glocken-Primel. Eine Blütezeit von Juli bis in den August hinein, wie sie bei dieser Art vorkommt, ist innerhalb der Gattung *Primula* schon außergewöhnlich. Die Glocken-Primel entwickelt 60 bis 70 cm hohe Blütenschäfte mit sehr vielblütigen Dolden, wobei die gelben Einzelblüten nach unten geneigt sind. Die Standortverhältnisse entsprechen in etwa denen der Etagen-Primel, wobei *Primula florindae* etwas mehr Sonne verträgt, sofern der Standort genügend feucht bzw. naß ist. Wie viele Vertreter dieser Gattung ist auch die Glocken-Primel nicht allzu langlebig, dafür kann es zu reicher Aussamung kommen. Sehr ähnlich ist *Primula sikkimensis*, die etwas dunklere Blüten besitzt.

Primula japonica, Japanische Etagen-Primel. Die Blütenstände von *Primula japonica* sind ganz ähnlich wie bei den oben besprochenen *Primula-Bullesiana*-Hybriden aufgebaut. Allerdings sind die tiefroten Einzelblüten wesentlich größer, die Blütezeit beginnt bereits Ende Mai. Die Ansprüche an den Standort ähneln denen der übrigen Etagen-Primeln (siehe oben); wenige Zentimeter überstaute Böden werden noch akzeptiert. Von *Primula japonica* existieren verschiedene Sorten mit weißen oder in verschiedenen Rotschattierungen gefärbten Blüten. Die ähnliche *Primula pulverulenta* hat bemehlte Blätter und Blütenstandsachsen. Sie neigt auf kalkhaltigen Böden zu Eisenmangelchlorosen.

Primula rosea, Rosen-Primel. Zu den ersten Blüten des Wassergartens zählen die leuchtend roten Glocken von *Primula rosea,* die sich im März und April entfalten. Zusammen mit Sumpfdotterblumen und den hellblauen Sumpf-Veilchen lassen sich am Teichufer reizvolle Kontraste erzielen. Im Frühjahr sind die Blattrosetten noch sehr niedrig, nach der Blütezeit streckt sich das Laub und bildet etwa 10 bis 15 cm hohe Horste. Im Gegensatz zu vielen anderen kleinwüchsigen Primeln kann die Rosen-Primel durchaus als zäh und langlebig und damit als sehr gartenwürdig bezeichnet werden. Sehr schön wirkt sie auch als Begleiter an Bachläufen. Die Auslese 'Gigas' ist etwas großblumiger als die reine Art.

Ranunculus aquatilis, Wasser-Hahnenfuß. Der Wasser-Hahnenfuß wurzelt im Schlammboden und entwickelt lange Triebe mit fadenförmig zerschlitzten Blättern. Im Frühsommer werden an den Triebspitzen ganzrandige Schwimmblätter ausgebildet. In deren Achseln erscheinen die kleinen weißen Blütchen. Am wohlsten fühlt sich *Ranunculus aquatilis* in nährstoffreichem Wasser bei Tiefen von 30 bis 60 cm. Ideal ist eine gewisse Wasserbewegung. Als reine Unterwasserpflanze ist *Ranunculus circinatus* zu nennen, der sich besonders in Stillgewässern entwickelt. *Ranunculus fluitans* dagegen ist eine typische Fließgewässerart, deren fadenförmige Blätter sich in der Strömung wiegen.

Ranunculus flammula, Brennender Hahnenfuß. Der heimische Brennende Hahnenfuß ist ein Bewohner nasser Sumpfböden. Er bildet Blattrosetten aus, aus deren Mitte kräftige Blütenstandsachsen entspringen. Diese tragen den ganzen Sommer über kleine gelbe Blütchen, die schleierartig locker über den Pflanzen schweben. An diesen Blütenständen werden direkt Jungpflanzen entwikkelt, die sich auf den Boden herab senken und bewurzeln. Zusätzlich kommt es zu reichlicher Versamung, so daß diese dekorative Art nur im Röhrichtbereich größerer Teichanlagen zu empfehlen ist. Auch wenn *Ranunculus flammula* in der Natur saure Standorte bevorzugt, toleriert er auch kalkhaltige Substrate.

Ranunculus lingua, Zungen-Hahnenfuß. Im zeitigen Frühjahr reizen die angebotenen Topfpflanzen des Zungen-Hahnenfußes zum Kauf. Diese Art treibt als eine der ersten Wasserpflanzen aus und ist oft im März schon 20 cm hoch. Es sei jedoch ausdrücklich vor einem Einsetzen in normale Gartenteiche gewarnt: Die luftgefüllten Rhizome kriechen im Schlammboden mehrere Meter weit und sorgen für eine schnelle und massive Ausbreitung! Von durchaus attraktivem Zierwert sind die lockeren Blütenstände der bis 1 m hohen Pflanzen, die oft schon ab Mai bis weit in den Juni hinein zieren und aufgrund ihrer Haltbarkeit in der Vase auch von Floristen geschätzt werden.

Sagittaria trifolia 'Plena', Gefülltes Pfeilkraut. *Sagittaria trifolia* ähnelt dem Breitblättrigen Pfeilkraut *(Sagittaria latifolia)*. Typisch sind die braun punktierten Blattstielbasen. Die großen, dicht gefüllten, weißen Blüten erscheinen zwar nicht ganz so zahlreich wie bei ungefüllt blühenden *Sagittaria*-Typen, sind aber dafür besonders attraktiv. Für alle Pfeilkräuter ist nährstoffreiches Wasser wünschenswert. Je weniger Stickstoff den Pflanzen zur Verfügung steht, desto schneller ziehen sie im Sommer ein, um bis zum folgenden Frühjahr als Knollen zu überdauern. Auch wenn reichlich Ausläufer gebildet werden, lassen sich Pfeilkräuter durch Ausreißen von einzelnen Blattschöpfen gut in Schach halten.

Sagittaria sagittifolia, Pfeilkraut. Pfeilkräuter entwickeln lange unterirdische Ausläufer, an deren Ende im Spätsommer eiförmige Überwinterungsknollen entstehen. Sagittarien können vom Uferbereich bis in Wassertiefen von 50 cm und mehr vordringen. In sehr tiefem Wasser schwimmen die pfeilförmigen Blätter an der Oberfläche, im Flachwasser erheben sie sich 40 cm über das Wasser. Die weißen Blütenstände sind sehr dekorativ, sie erscheinen ab Juli. Von der nordamerikanischen Art *Sagittaria latifolia* ist die echte heimische *Sagittaria sagittifolia* nur durch die violett gefärbten Staubfäden zu unterscheiden. Bei *S. latifolia* sind diese gelb; sie wächst etwas stärker als die heimische Art.

Saururus cernuus, Molchschwanz. Diese nordamerikanische Art sollte im Frühjahr gepflanzt werden. Dadurch können die Rhizome noch tief genug ins Wasser bzw. in den Sumpf hineinwachsen, um über den Winter zu kommen. An den aufrechten, gut 1 m hohen Sproßachsen erscheinen im Hochsommer weiße, oft S-förmig gekrümmte, achselständige Blütentrauben. Im Röhrichtbereich architektonischer Teiche findet der Molchschwanz einen passenden Platz. Er wünscht nährstoffreiches Wasser und kann gut mit anderen Exoten wie *Pontederia, Orontium* und *Peltandra* vergemeinschaftet werden, wobei jedoch das starke, schwächere Partner verdrängende Wachstum zu berücksichtigen ist.

Schoenus ferrugineus, Kopfbinse. Die heimische Kopfbinse ist ein Vertreter der Niedermoorvegetation, der ähnlich wie Kleinseggen verwendet werden kann. Ein leichter Überstau von 5 cm wird gut vertragen. Die Kopfbinse ist extrem langsamwüchsig, entwickelt aber im Lauf der Jahre dekorative Horste mit nadelartig schmalen Blättern, die vom Frühjahr bis zum Herbst an ihrer Spitze dunkelbraune, glänzende Spelzen der Blüten bzw. Fruchtstände tragen. In kleinen Teichen ist *Schoenus* im Übergangsbereich zwischen Sumpfzone und freier Wasserfläche wertvoll. Etwas größere Früchte entwickelt *Schoenus nigricans*. Beide Arten sind leider nur selten in Kultur.

Scirpus lacustris 'Albescens' (*Schoenoplectus lacustris* 'Albescens'), Gestreifte Teich-Simse. Die blaugrüne Ursprungsart *Scirpus lacustris* gedeiht noch bei 3 m Wassertiefe! Dabei entwickelt sie prächtige harte Rhizome mit dichtstehenden blattartigen Sprossen, die gut 1,5 m über die Wasseroberfläche hinausragen können und scheinbar seitenständige, braune Blütenspirren im Spitzenbereich entwickeln. Die Sorte 'Albescens' mit weißen Längsstreifen ist im Garten eher zu empfehlen, obwohl auch sie stark wuchert und verdrängend wächst. In architektonischen Teichanlagen empfiehlt sich eine Verwendung in abgegrenzten Behältnissen, durch die ein Wuchern unterbunden wird.

Scirpus lacustris ssp. tabernaemontani 'Zebrinus' (*Schoenoplectus tabernaemontani* 'Zebrinus'), Zebra-Simse. Die Ursprungsform *Scirpus lacustris* ssp. *tabernaemontani*, die Salz-Simse, wächst in Brackwasserzonen. Sie wächst etwas schwächer als *Scirpus lacustris* und ist im Unterschied zur oben genannten *Scirpus lacustris* 'Albescens' durch eine weiße Querbänderung ausgezeichnet. Diese chlorophyllfreien Zonen besitzen ein weniger gut ausgebildetes Stützgewebe, daher neigt diese Sorte leider stark zum Knicken, wenn sie sehr windexponiert steht. Besonders an schattigen Standorten treten oft vergrünte Triebe auf. Ansonsten gilt Ähnliches wie für *Scirpus lacustris* 'Albescens'.

Scirpus mucronatus *(Schoenoplectus mucronatus)*, Stachelige Simse. Diese Simsenart steht in Deutschland auf der „Roten Liste" der gefährdeten Pflanzen. Sie wird 80 cm hoch und wächst rein horstig. Im Gartenteich ist Vorsicht geboten, da sie sich sehr stark versamen kann. Ideal ist eine Verwendung in Trögen, wo die Versamung unter Kontrolle bleibt. Die straff aufrechten, im Querschnitt dreikantigen Halme tragen im Spitzenbereich scheinbar seitenständig angeordnete, braune Blütenährchen. Reizvoll wirkt die leuchtend gelbe Herbstfärbung. Habituell sehr ähnlich, aber ausläufertreibend und wuchernd verhält sich *Scirpus triqueter*, der in Küstennähe vorkommt.

Scirpus sylvaticus, Wald-Simse. Eine der wenigen Sumpfpflanzen auch für wirklich schattige Lagen ist die heimische Wald-Simse. Sie treibt stark Ausläufer und bildet dekorative, an *Cyperus longus* erinnernde Blütenstände mit rosettenartig angeordneten Hochblättern aus. Im Unterschied zum Cyperngras blüht sie jedoch bereits im Frühsommer, in kleineren Gärten empfiehlt sich die Haltung in Kübeln, um ein zu starkes Wuchern zu vermeiden. Allerdings ist auch eine gewisse Versamung zu erwarten. *Scirpus sylvaticus* erreicht etwa 80 cm bis 1 m Höhe. Im leicht überstauten Sumpf gedeiht die Wald-Simse genauso gut, wie im frischen bis feuchten Gartenboden.

Senecio paludosus, Sumpf-Kreuzkraut. Eine Hochstaude für mäßig nährstoffreiche, feuchte bis nasse Böden, die nur kurze Ausläufer entwickelt, und daher wenig zum Wuchern neigt, ist das Sumpfkreuzkraut. Es entwickelt bis zum Spätsommer etwa 1,2 m hohe, straff aufrechte Sproßachsen mit schmalen, lanzettlichen Blättern. Ab August erscheinen die großen, gelben Blütenkörbe im Terminalbereich der nach oben hin verzweigten Sproßachsen. Im Hintergrundbereich von Wasseranlagen ist *Senecio paludosus* optimal untergebracht. Die Art kann dort zusammen mit *Filipendula* oder *Lythrum* verwendet werden. Überstaute Standorte liebt das Sumpf-Kreuzkraut weniger.

Sparganium emersum, Einfacher Igelkolben. Diese 60 cm hohe Röhrichtpflanze entwickelt weitstreichende Ausläufer und kann sich vom Sumpf bis in Wassertiefen von 50 cm ausbreiten. Der Zierwert beruht neben den weißen, männlichen Blütenbällchen vor allem auf den sternförmigen Fruchtständen. Im Vergleich zu Gattungen wie *Typha* oder *Iris* sind Blüte und Frucht jedoch eher unauffällig. Bei sehr tiefem Stand entwickeln sich bandförmige Unterwasserblätter. Aufgrund des starken Wachstums ist der Igelkolben nur in großen, naturnahen Anlagen zu verwenden. Der häufiger angebotene Ästige Igelkolben *Sparganium erectum* mit verzweigten Blütenständen wächst noch etwas stärker.

Sparganium minimum, Kleiner Igelkolben. Im Unterschied zu den oben genannten hochwüchsigen Igelkolben-Arten der Röhrichtzone erreicht *Sparganium minimum* nur etwa 10 bis 20 cm Höhe. In der Flachwasserzone entwickelt sich ein dichter Teppich mit schmalen, grasartigen Blättern; im Sommer sind diese Flächen übersät mit sternförmigen Fruchtständen. Die Rhizome wandern auch in tieferes Wasser hinein und bilden dort die typischen bandförmigen Unterwasserblätter aus. Die Verwendung ist an kalkarmes Wasser gebunden, dann aber auch in schattiger Lage möglich, beispielsweise als Zwischenpflanzung höherwüchsiger Röhrichtarten.

Stratiotes aloides, Krebsschere, Wasseraloë. Zu den interessantesten Unterwasserpflanzen gehört die heimische Krebsschere. Ihre großen, bromelienartigen Blattrosetten sitzen im Winter untergetaucht am Teichgrund, im Frühjahr entwickeln sie stelzenartige Wurzeln und wandern zur Wasseroberfläche hoch. Aus der Rosettenmitte heraus bilden sich Tochterrosetten mit längeren Ausläufern. Im Sommer erscheinen weiße Blüten in den nun schwimmenden Blattrosetten. Für eine sichere Überwinterung sollte die Wassertiefe wenigstens 80 cm betragen. *Stratiotes* gedeiht gut in kalkhaltigem Wasser. Es wurde beobachtet, daß sie Fadenalgen aus ihrer Umgebung verdrängt.

Thelypteris palustris, Sumpffarn. Der ausläufertreibende, heimische Sumpffarn gedeiht in staunassen sowie in bis zu 20 cm überstauten Uferbereichen. Er wächst gerne zwischen Röhrichtpflanzen und verträgt Beschattung, darf aber auch in voller Sonne stehen, wenn die entsprechende Feuchtigkeitsversorgung gewährleistet ist. Die 40 cm hohen Bestände bilden eine dekorative Begleitflora zu dominanteren Stauden. In größeren Anlagen sollte der Sumpffarn aufgrund seiner filigranen Blattfiederung unbedingt berücksichtigt werden. Als Exot eignet sich auch der Perlfarn *(Onoclea sensibilis)* auf nassen Böden. Er treibt ebenfalls Ausläufer, verträgt aber weniger Kalk.

Trapa natans, Wassernuß. Die einjährige *Trapa natans* keimt im Frühjahr aus stacheligen Nußfrüchten, die am Teichboden überwintern, und entwickelt im Sommer schwimmende Blattrosetten mit aufgeblasenen Stielen. Im Sommer erscheinen kleine, weiße Blütchen. Einen besonderen Höhepunkt stellt die leuchtend rote Herbstfärbung dar. Im November fallen die Blattrosetten auseinander und sterben ab. Ein Aushalten über Jahre hinaus ist nur möglich, wenn genügend Wärme und Nährstoffe vorhanden sind, damit keimfähige Früchte ausgebildet werden können. Die Nüsse sind eßbar. In Deutschland ist *Trapa natans* sehr selten in Seen und Altwässern größerer Flüsse zu finden.

Trichophorum alpinum, Alpen-Haargras. Eines der dekorativsten Zwerggräser bodensaurer Moore ist das heimische Alpen-Haargras. Von Ende Mai bis in den Juli hinein trägt es auf 20 cm hohen Stielen kleine, weißwollige Fruchtstände. Ab September tritt eine leuchtend gelbe Herbstfärbung ein. Die Art ist in Moorbeeten und Sumpftrögen mit saurem, torfhaltigem Substrat und kalkarmem Wasser zu verwenden. Ideal erscheint eine Vergemeinschaftung mit Hochmoorpflanzen, wie Wollgräsern, Sonnentau oder Lavendelheide. Wuchernde Begleiter erträgt das extrem langsam wachsende Alpenhaargras nicht. Das Substrat sollte wassergesättigt, aber nur knapp überstaut sein.

Trollius europaeus, Trollblume. Im Bereich der Alpen und des Alpenvorlandes ist die Trollblume ein noch relativ häufiger Besiedler wasserzügiger Standorte. Die 50 cm hohe Feuchtwiesenpflanze kann neben der Sumpfzone (Zone 2) auch frische Gartenböden außerhalb des Teiches besiedeln. Die Hauptblütezeit liegt im Mai; charakteristisch ist die ballartig nach innen gekrümmte, gelbe Blütenhülle. Im Handel befinden sich neben verschiedenen Hybriden auch Formen der sommerblühenden, hochwüchsigen Chinesischen Trollblume (*Trollius chinensis*-Sorten), deren Blütenhüllblätter nach außen gespreizt sind und die auffälligen Honigblätter in ihrer Mitte erkennen lassen.

Typha latifolia, Breitblättriger Rohrkolben. *Typha latifolia* wird etwa 2 m hoch und vermehrt sich durch reichliche und starke Ausläuferbildung. Ihre 20 bis 30 cm langen Fruchtkolben sind ab Juli dunkelbraun gefärbt und werden bis zum Spätherbst fast schwarz. Während des Winters lösen sich die behaarten Samen ab und werden vom Wind verbreitet. Im Gartenteich sollte diese wuchernde Art nur eingesperrt in festen Behältern verwendet werden. Vom Ufer aus können die Rhizome weit ins tiefe Wasser vordringen. Noch stärker wächst *Typha angustifolia*, der Schmalblättrigen Rohrkolben. Er entwikkelt hellbraune Fruchtkörper und steht tiefer im Wasser als sein breitblättriges Pendant.

Typha laxmannii, Laxmanns Rohrkolben. Diese mittelgroße Art wird bis 1,6 m hoch und erscheint wie eine kleinere Ausgabe von *Typha angustifolia*; die Fruchtkolben stehen allerdings zwischen dem Laub. Diese Art kann im Sumpfbereich bis in 20 cm Tiefe im Wasser stehen. Analog hierzu erinnert *Typha shuttleworthii* an eine kleinere *Typha latifolia.* Im Unterschied zu dieser ist jedoch neben der geringeren Größe auch der grau überzogene Fruchtkolben hervorzuheben. Oft wird sie im Handel fälschlicherweise als *Typha laxmannii* geführt. Beide Arten wachsen zwar etwas schwächer als die vorher besprochenen, sollten jedoch im kleineren Gartenteich ebenfalls in Behälter gepflanzt werden.

Typha minima, Kleiner Rohrkolben. Nur knapp 50 cm hoch wird der Kleine Rohrkolben. Er fruchtet wesentlich früher als alle anderen *Typha*-Arten. Die Kolben sind kugelig bis eiförmig und mittelbraun gefärbt. Ab Ende Juni lösen sie sich bereits auf und entlassen feine, behaarte Samen. Obwohl *Typha minima* bei weitem nicht so wuchert wie die größeren Arten, ist in Trögen und sehr kleinen Teichen ein Einpflanzen in feste Behälter zu empfehlen. Ein gutes Wachstum läßt sich nur in kalkhaltigem Substrat erzielen. Die Pflanze reagiert bei zu weichem Wasser mit Kümmerwuchs und Schwarzfäule der Rhizome. Als *Typha gracilis* ist eine wenig größere, später fruchtende Art im Handel.

Utricularia vulgaris, Wasserschlauch. Auch einige untergetaucht lebende Gewächse gehören zu den fleischfressenden Pflanzen. Die heimische *Utricularia vulgaris* schwimmt frei im Wasser umher. Mit Blasenfallen an den feinzerteilten Blättern fängt und verdaut sie vor allem Wasserflöhe. Sie benötigt klares Wasser, um sich optimal entwickeln zu können. Bei hohem Besatz an Algen oder anderen submersen Wasserpflanzen sind nur Kümmerformen zu finden. Weiches Wasser ist für diese Art zu empfehlen, aber nicht so entscheidend wie für andere Vertreter der Gattung. Im Sommer stehen vereinzelt die hübschen, gelben Blütenstände bis 10 cm hoch über der Wasserfläche.

Veronica beccabunga, Bachbunge. Diese Art läßt sich ähnlich verwenden wie das Sumpf-Vergißmeinnicht. Im Gegensatz zu diesem bleiben ihre Polster jedoch gleichmäßiger dunkelgrün, auch im Winter. Die Bachbunge treibt oberirdische Ausläufer. Im Frühsommer entstehen an den oberen Triebpartien achselständige, tiefblaue Blütenträubchen. Neben der vegetativen Ausbreitung kann es auch zu Versamung kommen. Optimale Standorte sind die Uferbereiche von Teichen und vor allem Bachläufe. Auch eine Ansiedlung zwischen Röhrichtpflanzen, wie etwa *Typha*-Arten ist gut möglich. *Veronica beccabunga* wünscht, wie *Myosotis palustris*, nährstoffreiche Wasserverhältnisse.

Viola palustris, Sumpf-Veilchen. Diese reizende, sehr niedrig bleibende Staude entwickelt flach streichende, dünne Ausläufer, die am liebsten zwischen Moosen in halbschattiger Lage wachsen. Sie darf nicht überstaut werden, sondern muß in feuchten, kalkarmen Böden stehen. Im zeitigen Frühjahr entstehen hellblaue Veilchenblüten, während des Sommers reifen kontinuierlich Fruchtkapseln. Die Samen werden durch einen Schleudermechanismus oft über 1 m weit durch die Luft katapultiert. Als Uferpflanze in bodensaurem Milieu ist *Viola palustris* sehr zu empfehlen. Nur in ausgesprochenen Hochmoorpflanzungen kann die starke Versamung lästig werden.

Zizania caduciflora *(Z. latifolia)*, Kanadischer Reis. Zu den am stärksten wuchernden Stauden des Sumpfbereiches gehört *Zizania caduciflora.* Diese etwa 1,5 m hohe, blattzierende Pflanze kommt in unserem Klima nicht zum Blühen, wuchert dafür aber um so stärker vom Sumpfbereich bis in etwa 50 cm Wassertiefe hinein. Von besonderem Zierwert ist lediglich die gelbe Herbstfärbung. Teiche, die mit *Zizania caduciflora* zugewuchert sind, lassen sich ohne kompletten Bodenaustausch kaum wie-der davon befreien. Wer den Kanadischen Reis verwenden will, sollte die Pflanze in feste Behältnisse setzen und diese regelmäßig auf eventuell ausbrechende Rhizome hin absuchen.

Tabellen zur Pflanzenauswahl

Die folgenden Tabellen sollen als übersichtliche Hilfe für die gezielte Auswahl von Sumpf- und Wasserpflanzen dienen. Sie orientieren sich nach der Zonierung, die auf Seite 16 vorgestellt wurde. Aufgrund der vielfach möglichen Überschneidungen von Zone 2 und Zone 3 werden diese Bereiche in eine Liste zusammengezogen. Schwimmblatt- und Unterwasserpflanzen sind gesondert zusammengestellt. Sie können sowohl die Flachwasser- als auch die Tiefenzone besiedeln. Die Tabellen zum Seerosensortiment sowie zu den Schwimmblatt- und den Unterwasserpflanzen berücksichtigen daher beide Bereiche.

Übersicht über die Pflanzentabellen:

Wuchsform	Ausbreitungsverhalten schwachwüchsig	mäßig starkwüchsig	starkwüchsig	extrem wuchernd
ausläufertreibend				
polster- oder rasenartiger Wuchs				
schwimmende Ausläufer				
freischwimmende Pflanze		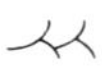	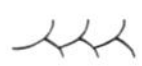	

 horstige Pflanze

 starke Versamung, die lästig werden kann

Wasserstand

[dicke Linie] optimaler Wasserstand bzw. Feuchtigkeitsbereich der bei der Pflanzung eingehalten werden sollte

[dünne Linie] Wasserstand, der noch besiedelt werden kann

[gestrichelte Linie] Schwimmtriebe können in tiefere Wasser vordringen

Standort

○ sonnig
◑ halbschattig
● schattig
^ geschützter Standort oder Winterschutz empfohlen
⋀⋀ Winterschutz erforderlich
⌂ nicht winterhart, Überwinterung im Warmhaus

A für nährstoffarme (bis mäßig nährstoffreiche) Standorte
M für mäßig nährstoffreiche (bis nährstoffreiche) Standorte
R für nährstoffreiche Standorte

1 hartes Wasser bzw. kalkhaltiges Substrat wird bevorzugt
2 gutes Wachstum in weiten Bereichen von Wasserhärte und Substratreaktion
3 weiches Wasser bzw. leicht saure Reaktion ist günstig, aber auch bei leichtem Kalkgehalt ist Wachstum möglich
4 weiches Wasser bzw. saures Substrat (Moorbeet) ist Voraussetzung für das Gedeihen

Die Empfehlungen in den Tabellen richten sich nach Erfahrungen des Verfassers, sowie nach Angaben von Ellenberg et al. (1991) und Pietsch (1982).

Gehölze für die Teichumpflanzung (Zone 1 und 2)

Als Hintergrund von Pflanzungen werden gerne größere Gehölze eingesetzt. Sie begrenzen die Anlage und rahmen das jeweilige Gestaltungsthema ein. Die Auswahl solcher Gehölze richtet sich in erster Linie nach den Bodenverhältnissen. Außerhalb der Teichdichtung wird man besonders Arten verwenden, die vom Wuchscharakter und der Laubtextur her den Eindruck einer Feuchtgebietsflora vermitteln, auch wenn sie mit trockeneren Böden auskommen. Die Tabelle nennt einige Beispiele. Auch echte Sumpfbewohner sind berücksichtigt, die man in staunassen Lagen einsetzen kann. Kleingehölze für die Sumpfzone sind in die Tabelle auf Seite 75 ff integriert.

Oft werden einseitig heimische Gehölze propagiert, während Exoten als „unnatürlich“ gebrandmarkt und aus dem Hausgarten verbannt werden sollen. Einige Gedanken hierzu sind auf Seite 109 nachzulesen. In Frage kommen bei sehr naturnahen Konzeptionen Kornelkirsche, Haselnuß, kleinbleibende Weiden oder die heimische Felsenmispel *(Cotoneaster integerrimus)*. Kritisch ist dagegen der Einsatz ausläufertreibender Arten, wie Schlehe *(Prunus spinosa)*, Blut-Hartriegel *(Cornus sanguinea)* oder Bibernell-Rose *(Rosa pimpinellifolia)*.

botanischer Name deutscher Name	Höhe (m)	Blüte	sonstige Zierwirkung	Bodenfeuchte trocken	frisch	feucht	naß	Standort*
Acer palmatum Fächer-Ahorn	4–6	V, rot	rote Herbstfärbung, viele Sorten		■	(■)		○◑M 3
Aronia melanocarpa Apfelbeere	1–2	V–VI, weiß	schwarze Früchte, Herbstfärbung	(■)	■	(■)		○◑M 3
Buddleja davidii Schmetterlingsstrauch in Sorten	2–3	VII–X in Farbsorten	zieht Schmetterlinge an	■	■	(■)		○ M 2
Catalpa bignonioides Trompetenbaum	10–15	VI–VII, weiß	zigarrenförmige Früchte		■	■		○ R ∧ 2
Cephalanthus occidentalis Knopfbusch	1,5–2	VII–IX	cremeweiße Blütenbälle		(■)	■	■	○◑M 2
Cercidiphyllum japonicum Katsurabaum	6–8	IV, rötlich	gelbe Herbstfärbung		■	■		○ M 2
Clethra alnifolia Scheineller	1,5–2,5	VII–IX weiß – blaßrosa	wertvoller Spätblüher		■	■	■	○◑R 3
Cornus-Hybr. 'Eddies White Wonder' Blüten-Hartriegel	4–6	V–VI, weiß	rötl. Herbstfärbung		■	■		○◑M 3

* siehe Legende Seite 62

botanischer Name deutscher Name	Höhe (m)	Blüte	sonstige Zierwirkung	Bodenfeuchte trocken	frisch	feucht	naß	Standort*
Cornus kousa var. *chinensis*	4–6	V–VI, weiß	rote Frucht Herbstfärbung		■	■		○◑M 3
Euonymus planipes Großfrüchtiges Pfaffenhütchen	2–3	V, unauffällig	Fruchtschmuck und Herbstfärbung	■	■	■		○◑M 2
Fargesia spathacea (*F. murielae*) Chinabambus	3–4	monokarp	horstiger Wuchs, immergrün		■	■		○◑M ʌ 2
Hamamelis × *intermedia* Zaubernuß	3–4	I–IV, gelb oder rot	Herbstfärbung viele Sorten		■	■		○◑M 3
Holodiscus discolor Scheinspiere	2–3	VII–VIII, weiß	Wuchs leicht bogig überhängend		■	■		○◑M 3
Liquidambar styraciflua Amberbaum	10–20	IV–V	Herbstfärbung		■	■	■	○ M 3
Magnolia-Soulangiana-Hybriden Tulpen-Magnolie	5–7	IV, rosa sehr großblumig	gelbliche Herbstfärbung		■	■		○ R 3
Parrotia persica Eisenholzbaum	5–7	III–V, rot	rote Herbstfärbung		■	■		○ M 2
Phyllostachys bissetii Bambus	5–6 Ausläufer!	monokarp	hainbildend, immergrün		■	■		○ M ʌ 2
Physocarpus opulifolius Blasenspiere	3–4	VI, weiß	eher unauffälliger Deckstrauch		■	■	■	○◑M 3
Prunus avium 'Plena' gefülltblühende Zierkirsche	8–12	IV, weiß-gefüllt	Herbstfärbung breite Krone		■	■		○ M 1
Prunus-Hybride 'Accolade' japanische Zierkirsche	5–7	IV, rosa	Herbstfärbung		■	■		○ M 2
Prunus serrula Mahagoni-Kirsche	5–7	IV, weiß	dekoraktive Rinde		■	■		○ M 2
Pterocarya fraxinifolia Flügelnuß	15–20	V, grüne Kätzchen	bodennahe Seitenäste		■	■	■	○◑M 2

botanischer Name deutscher Name	Höhe (m)	Blüte	sonstige Zierwirkung	Bodenfeuchte trocken	frisch	feucht	naß	Standort*
Salix caprea 'Silberglanz' Kätzchen-Weide	3–5	II–IV Kätzchen	männliche Sorte	■	■	■		○ A-M 2
Salix hastata 'Wehrhahnii' Engadin-Weide	1–1,5	IV–V Kätzchen	männliche Sorte		■	■		○ A-M 2
Salix purpurea 'Gracilis' Purpur-Weide	1–1,5	III-IV Kätzchen rötlich	robust, trockenheitsverträglich	■	■	■	■	○ A-M 1
Sorbus decora Schmuck-Eberesche	5–8	V, weiß	Fruchtschmuck Herbstfärbung		■	■		○ M 3
Syringa microphylla 'Superba' Herbst-Flieder	1,5–2	VI + VII-X lilarosa	blüht im Sommer nach!	■	■	■		○ M 2
Syringa reflexa Bogen-Flieder	3–4	V–VII rot	leicht überhängender Wuchs		■	■		○ M 3
Tamarix ramosissima (*T. pentandra*) Sommer-Tamariske	2–3	VII–IX hellrosa Rispen	Herbstfärbung	■	■			○ A 2
Taxodium distichum Sumpfzypresse	20–30	kugelige Zapfen	feine Benadelung		■	■	■	○ M 3
Viburnum × bodnantense Winter-Duftschneeball	2–3	X–IV, rosa	Duft, Herbstfärbung		■	■		○◑M 3
Viburnum × burkwoodii Duftschneeball	2–3	IV–V, weiß	Duft, halbimmergrün		■	■		○◑M 3
Viburnum lentago Kanadischer Schneeball	4–6	V–VI, grünweiß	Fruchtschmuck Herbstfärbung		■	■		○◑M 2
Viburnum plicatum Kanadischer Schneeball	2–3	V–VI, weiß	Herbstfärbung		■	■		○◑M 3
Viburnum × pragense Kanadischer Schneeball	4–6	V–VI, weiß	immergrün	■	■	■		○◑M 2

* siehe Legende Seite 62

Im Siedlungsraum wirken oftmals fremdländische Arten attraktiver, und sie eignen sich auch vom Platzbedarf her besser als manch heimischer Vertreter. Die rasch vergreisenden, schnittbedürftigen Forsythien, Deutzien und Pfeifensträucher *(Philadelphus)* sollte man naturnahen Teichanlagen nicht zuordnen: In der Blütezeit wirken sie zu aufdringlich, während sie den Rest des Jahres über kaum Zierwert besitzen. Die Tabelle berücksichtigt in erster Linie formschöne Gehölze, die das ganze Jahr über attraktiv aussehen und mit einem Minimum an Pflege auskommen. Einen regelmäßigen Frühjahrsrückschnitt benötigt lediglich *Buddleja davidii.* Für gegentliches Auslichten im Frühjahr sind *Cephalanthus, Holodiscus, Tamarix* und *Salix caprea* – letztere nach der Blüte – dankbar.
Zur Unterpflanzung mit Stauden bieten sich besonders Gehölze mit trichterartigem Wuchs an. Sehr gut eignen sich hierfür Haselnuß *(Corylus)*, Goldregen *(Laburnum)*, einige Schneebälle *(Viburnum × burkwoodii, V. lentago)* oder diverse Zierkirschen.
Wer einen Hauch von Japan in seinen Garten bringen möchte, sollte auf Laubtextur und Wuchsform der Gehölze mehr Wert legen als auf die Blüte. Typisch für die fernöstliche Pflanzenverwendung sind Fächer-Ahorne *(Acer japonicum* und *A. palmatum* in Sorten), Pagoden-Hartriegel *(Cornus controversa)*, Zierkirschen, diverse Hortensien und Bambus (z. B. *Fargesia* und *Phyllostachys)*. Jedoch entwickeln *Phyllostachys*-Arten kräftige, spitze Ausläufer, die die Teichfolie gefährden können.
Als Begleitung von hoch- bzw. zwischenmoorartigen Sumpfpflanzungen bieten sich Gehölze an, die saure, torfreiche Substrate benötigen. Rhododendren und Freilandazaleen, *Kalmia, Pieris* oder *Vaccinium*-Arten verlangen aber meist einen leicht beschatteten Standort. An einem sonnigen Platz ist die Einbindung eines Sumpf- oder Moorbeckens mit säureliebender Flora in einen Heidegarten möglich. Verschiedene Heidekraut-Arten der Gattungen *Erica* und *Calluna* bilden dabei die wesentliche Bodenbedeckung. Dazwischen gruppieren sich Wacholder *(Juniperus communis)* und Ginster *(Cytisus-* und *Genista*-Arten). Den Hintergrund können Ebereschen (*Sorbus aucuparia* oder *S. decora*) und diverse Kiefern bilden. Birken würden zwar gut zur Heide passen, sie wurzeln jedoch extrem flach und bringen damit die Unterpflanzung in Bedrängnis. Daneben produzieren sie viel Falllaub, versamen sich stark und werden meist zu groß. Am ehesten sind für Hausgärten die ostasiatischen Arten *Betula jacquemontii* und *B. ermanii* geeignet. Letztere kommt am Naturstandort mit Rhododendren vergesellschaftet vor.
Da die Auswahl nur exemplarisch sein kann, wurden hier vor allem einige weniger bekannte Gehölze berücksichtigt. Zusätzlich lassen sich die auf Seite 114 genannten Gehölze mit eßbaren Früchten zur Umpflanzung von Teichen verwenden. Zur Ergänzung sei die Lektüre spezieller Gehölzliteratur bzw. das Studium von einschlägigen Baumschulkatalogen empfohlen.

Stauden für die Teichumpflanzung im „normalen“ Gartenboden (Zone 1)

Die Feuchtigkeitsverhältnisse außerhalb der Teichabgrenzung können unter Umständen die Verwendung sehr trockenheitsverträglicher Arten notwendig machen. Die in der Tabelle vorgestellten Beispiele stammen aus verschiedenen Lebensbereichen; sie eignen sich sowohl für trockene oder frische als auch für feuchte Lagen bei verschiedenem Lichtanspruch. Bei der Auswahl der vorgestellten Arten wurde vor allem Wert auf zum Charakter der Teichanlage passende Arten gelegt. Für die Gestaltung bodenfrischer oder gar feuchter Randzonen kommen auch Beispiele aus den beiden nachfolgenden Tabellen in Frage.
Von einigen Arten werden in Gärtnereien große Sortimente kultiviert. Wuchsgrößen und -formen, Blüten- und Blattfarben sowie deren Formen variieren oft erheblich. Die Auswahl beschränkt sich immer nur auf ein bis wenige Beispiele. Großgattungen wie *Aster, Astilbe,*

botanischer Name deutscher Name	Wuchs-form*	Höhe Laub/ Blüten-stand (cm)	Blüte	Bodenfeuchte trocken	frisch	feucht	naß	Stand-ort*
Achnatherum calamagrostis Goldährengras		60/90	VI–XI Rispen goldbraun	(■)	■			○ M 2
Anemone-Japonica-Hybriden Japan-Anemone in Sorten		40/80 –120	VIII–X weiß, rosa		■	(■)		◑●R 2
Aquilegia-Hybriden Langsporn-Akelei		25/60	V–VI in Farbsorten		■	(■)		◑ M 2
Aster laevis Glatte Aster		70–120	IX–XI blauviolett	■	■			○ M 2
Aster novi-belgii Glattblatt-Aster in Sorten		80–140	IX–X in Farbsorten		■	■		○ R 2
Astilbe-Arendsii-Hybriden Prachtspiere in Sorten		40/80	V–VII weiß, rosa, rot		■	■		◑●R 3
Bergenia-Hybriden Bergenie in Sorten		30/40	IV–V (VIII) weiß, rosa, rot	(■)	■	(■)		◑ M 2
Boltonia asteroides Scheinaster		80–180	VIII–IX weiß, lila		■	■		○ R 2
Calamagrostis × acutiflora Reitgras		100/150	VII–X Rispen braun	(■)	■			○ M 2
Campanula persicifolia Pfirsichblättr. Glockenblume		70–90	VI–VII blau	(■)	■			○◑M 2
Carex hachijoensis 'Evergold' gelbbunte Segge		20–30	(Blatt gelb gestreift)		■	(■)		◑ M 2
Carex morrowii Japan-Segge		30–40	III–IV Ährchen dunkel		■	(■)		◑●M 2
Carex umbrosa Schatten-Segge		20–30	IV–VI Ährchen dunkel	(■)	■	(■)		◑●M 2
Chasmanthium latifolium Plattährengras		80/100	VIII–XI Ährchen braun		■			◑ M ∧ 2
Chrysanthemum maximum Edelweiß-Margerite in Sorten		60–100	VII–IX weiß, zum Teil gefüllt		■	(■)		○ R 2
Cortaderia selloana Pampasgras		80/200	IX–XII weiße Rispen	(■)	■			○ M ∧ 2
Doronicum orientale Gemswurz		20/40	IV–V gelb		■	(■)		○◑M 2
Eupatorium fistulosum 'Atro-purpureum' Purpurdost		160–200	VII–IX rosarot		(■)	■	(■)	○◑R 2

Stauden für die Teichumpflanzung (Zone 1)

botanischer Name deutscher Name	Wuchs-form*	Höhe Laub/ Blüten-stand (cm)	Blüte	Bodenfeuchte: trocken	frisch	feucht	naß	Stand-ort*
Festuca gautieri (F. scoparia) Bärenfellgras		15/30	VI–VII Rispen braun	■	■			◑ A 2
Festuca mairei Atlas-Schwingel		60/100	VI–VII Rispen braun	■	■			○ M 2
Geranium × magnificum Pracht-Storchschnabel		50–60	VI–VII blauviolett		■	■		◑ M 2
Geranium pratense Wiesen-Storchschnabel		60–80	VI–VIII blau		■	■		○ M 2
Geum coccineum 'Borisii' Roter Nelkenwurz		15/40	V–VII + IX hellrot		■	■		◑ M 2
Gillenia trifoliata Dreiblattspiere		60–80	VI–VII weiß		■	■		◑ M 3
Helianthus decapetalus Staudensonnenblume		100–120	VII–IX gelb, in Sorten	■	■			○ R 2
Helianthus salicifolius Weidenblättrige Sonnenblume		200	IX–X gelb	■	■	■		○ R 2
Heliopsis helianthoides var. *scabra* Sonnenauge in Sorten		110–130	VII–IX gelb	■	■			○ R 2
Hemerocallis-Hybriden Taglilie in Sorten		40–100	VI–VIII in Farbsorten	■	■	■		○◑M 2
Hosta fortunei Funkie in Sorten, zum Teil buntlaubig		40–70	VII–VIII hellviolett		■	■		◑●R 2
Hosta sieboldiana 'Elegans' Blaublatt-Funkie		50/70	VII blaßviolett		■	■		◑●R 2
Inula magnifica Großer Alant		150–180	VII–VIII gelb		■	■		○◑R 2
Iris Barbata-Elatior-Hybriden Hohe Bart-Iris in Sorten		80–100	V–VI in Farbsorten	■				○ M 1
Iris-Spuria-Hybriden Steppen-Iris in Sorten		60–70	VI–VII in Farbsorten	■	■	■		○ M 2
Ligularia dentata Ligularie		80/110	VIII–IX gelb		■	■	■	◑ R 2
Ligularia × hessei Ligularie		120/180	VII–VIII gelb		■	■	■	◑ R 2

botanischer Name deutscher Name	Wuchsform*	Höhe Laub/ Blütenstand (cm)	Blüte	Bodenfeuchte trocken	frisch	feucht	naß	Standort*
Ligularia przewalskii Ligularie		70/130	VIII–IX gelb		■	■	■	○◑R 2
Lysimachia clethroides Schnee-Felberich		60–80	VI–VII weiß		■	■		○◑M ∧ 2
Lysimachia punctata Gold-Felberich		60–100	VI–VIII gelb		■	■		○◑M 2
Miscanthus sinensis Chinaschilf in Sorten		ca. 100 – 240	VIII–XI Rispen weiß–rot		■	■		○ M 2
Peucedanum verticillare Quirl-Haarstrang		180/250	VI–VII gelblich		■	■		○◑M 2
Polygonum weyrichii Knöterich		100–120	VIII–IX weiß		■	■	■	○◑M 2
Primula veris Echte Schlüsselblume		10/30	IV–V gelb	■	■			○◑M 2
Primula vulgaris ssp. *sibthorpii* Karnevalls-Primel		10/15	III–IV purpur-rosa	■	■			◑ M 2
Thalictrum aquilegifolium Wiesenraute		80–100	V–VII rosa-violett, weiß		■	■		◑ M 2
Tradescantia-Andersoniana-Hybriden Dreimasterblume in Sorten		40–50	VI–IX blau, weiß, rot		■	■		○ R 2
Vernonia crinita Vernonie		140–180	IX–X rotviolett		■	■	■	○ R ∧ 2
Veronicastrum virginicum Virginischer Ehrenpreis		120–160	VII–IX weiß, rosa		■	■		◑ R 2

* siehe Legende Seite 62

Hemerocallis, Hosta, Ligularia oder *Primula* weisen eine Fülle interessanter und mit Wassergärten gut zu vergemeinschaftender Arten und Hybriden auf, die im Rahmen dieses Buches niemals gebührend berücksichtigt werden könnten. Nähere Informationen sind in der umfangreichen Literatur über Gartenstauden zu finden.

Wüchsige Stauden für nährstoffreiche Feuchtzonen (Zone 2 und 3)

Diese umfangreiche Tabelle umfaßt sowohl Arten der Zone 2 als auch der Zone 3, da sich hier starke Überschneidungen der Verwendungsmöglichkeiten ergeben. Es handelt sich um Bewohner von Feuchtwiesen, Hochstaudenfluren, Bruchwäldern oder auch kaum über-

botanischer Name deutscher Name	Wuchs-form*	Höhe Laub/ Blüten-stand (cm)	Blüte (Blatt)	Boden, Wasserstand (frisch / feucht / naß / 0 / 10)	Stand-ort*
Achillea ptarmica Sumpf-Schafgarbe		60–90	VII–VIII weiß	frisch–naß	○ M 3
Acorus gramineus Kleiner Kalmus		15–25	VI–VIII Kolben weiß	feucht–0	◑●R ʌʌ 2
Ajuga reptans Kriechender Günsel		10/25	V–VI violett	frisch–naß	○◑M 2
Anthoxanthum odoratum Ruchgras		20/40	V–VII Rispen braun	frisch–naß	○ A 2
Arundo donax Pfahlrohr		200–250	blüht selten	frisch–10	○◑M ʌʌ 2
Asclepias incarnata Seidenpflanze		90–120	VII–VIII rosa	frisch–naß	○ R 2
Aster tripolium Strand-Aster (zweijährig)		40–80	VII–IX violett	frisch–0	○ M 2
Caltha palustris Sumpfdotterblume		20–35	IV–VI gelb	frisch–0	○◑M 2
Cardamine pratensis 'Plena' Gefülltes Wiesenschaumkraut		15/30	IV–V hellviolett	frisch–naß	○ M 2
Carex acuta (C. gracilis) Schlanke Segge		60–90	V–VI Ährchen braun	frisch–0	○◑M 2
Carex acutiformis Sumpf-Segge		70–100	V–VI Ährchen braun	frisch–0	○◑M 2
Carex diandra Draht-Segge		30–50	V–VII Rispe braun	feucht–10	○◑M 2
Carex grayi Morgenstern-Segge		50–60	VI–VIII Köpfchen grün	frisch–0	○◑R 2
Carex muskingumensis Palmwedel-Segge		70–90	V–VII Ährchen braun	feucht–0	○ R 2
Carex nigra Wiesen-Segge		20–30	V–VII Ährchen schwarz	feucht–0	○◑A 3
Carex paniculata Rispen-Segge		60/90	V–VII Rispe braun	feucht–10	○◑M 2
Carex pendula Riesen-Segge, Hänge-Segge		70/140	V–VI Ährchen hellbraun	frisch–0	◑●R 2

botanischer Name deutscher Name	Wuchsform*	Höhe Laub/ Blütenstand (cm)	Blüte (Blatt)	Boden, Wasserstand (frisch / feucht / naß / 0 10)	Standort*
Carex pseudocyperus Zypergras-Segge		60–90	V–VIII Ährchen gelbgrün		○◑R 2
Carex riparia Ufer-Segge		70–110	V–VII Ährchen braun		○◑M 2
Carex sylvatica Wald-Segge		30/50	V–VII Ährchen grün		◑●M 2
Chelone obliqua Schildblume		70–90	VIII–IX rosarot		○◑R ∧ 2
Chrysanthemum serotinum Sumpf-Margerite		120–150	IX–X weiß		○ R 2
Darmera peltata Schildblatt		100/50	IV–V rosa		◑●R 2
Dianthus superbus Wiesen-Nelke		15/40	VII–IX blaßrosa		○ M 2
Dryopteris cristata Kammfarn		60–70	– – –		◑●M 3
Equisetum variegatum Bunter Schachtelhalm		20–30	Sporenkolben braun		○◑M 2
Eriophorum angustifolium Schmalblättriges Wollgras		30/50	V–VI Köpfchen weiß		○ M 3
Eupatorium cannabinum Wasserdost		100–140	VII–IX rosa		○◑R 2
Euphorbia palustris Sumpf-Wolfsmilch		60–100	IV–V gelb		○ M 2
Filipendula palmata 'Nana' Zwerg-Mädesüß		40–60	VII rosarot		○◑M 2
Filipendula purpurea 'Elegans' Purpur-Mädesüß		80–120	VII–VIII weiß, rosa		○◑R 2
Filipendula rubra 'Venusta' Rotes Mädesüß		120–160	VII–VIII rosarot		○◑R 2
Filipendula ulmaria Mädesüß		80–110	VI–VII weiß		○◑M 2
Geum rivale 'Leonard's Variety' Bach-Nelkenwurz		20/40	V–VII kupferrot		○◑M 2

* siehe Legende Seite 62

botanischer Name deutscher Name	Wuchsform*	Höhe Laub/ Blütenstand (cm)	Blüte (Blatt)	Boden, Wasserstand frisch / feucht / naß / 0 10	Standort*
Hakonechloa macra 'Aureola' Japangras		30/50	(Blatt gelb gestreift)		◑●M ʌ 3
Hibiscus moscheutos Sumpf-Eibisch		90–120	VIII–IX rosa, rot		○ R ʌ 3
Houttuynia cordata 'Chameleon'		20–40	VIII (weiß) (buntlaubig)		○◑R ʌʌ 3
Hypericum tetrapterum Flügel-Johanniskraut		50–70	VII–VIII gelb		○ M 3
Iris-Kaempferi-Hybriden Japanische Sumpfschwertlilie in Sorten		60/80 (–100)	VI–VII in Farbsorten		○ R 4
Iris setosa Nordische Sumpfschwertlilie		60–70	V–VI violettblau		○ R 3
Iris setosa var. *arctica* (= *I. setosa* 'Nana') Zwerg-Sumpfschwertlilie		30–40	V–VI violettblau		○ R 3
Iris sibirica Wiesen-Iris		80–100	V–VI blau		○ M 2
Juncus compressus Zusammengedrückte Binse		20/40	VII–IX Kapsel braun		○◑M 2
Juncus decipiens 'Spiralis' Kleine Spiralbinse		20–30	(gedrehtes Laub)		○◑M 3
Juncus effusus 'Spiralis' Flatter-Binse		40–50	(gedrehtes Laub)		○◑M 3
Juncus ensifolius Zwerg-Binse		20–30	VII–IX Köpfchen braun		○◑M 2
Juncus inflexus Blaue Binse		60–80	VI–IX Kapsel braun		○ M 1
Leucojum aestivum Sommer-Knotenblume		30–40	V–VI weiß		○ M 2
Leucojum vernum Frühlings-Knotenblume		15–20	III–IV weiß		○◑M 2
Lobelia fulgens Rote Lobelie		15/60	VII–VIII rot		○ R 2
Lobelia × gerardii Lobelie		15/70	VII–VIII purpurviolett		○ R ʌ 2
Lobelia siphilitica Blaue Lobelie		15/70	VII–VIII blau		○ R 1 2

botanischer Name deutscher Name	Wuchs-form*	Höhe Laub/ Blüten-stand (cm)	Blüte (Blatt)	Boden, Wasserstand (frisch / feucht / naß / 0 10)	Stand-ort*
Lychnis flos-cuculi Kuckucks-Lichtnelke		15/40 (– 70)	V–VII rosa		○ M 2
Lysichiton americanus Gelbe Scheinkalla		80/40	IV–V gelb		◑●R 3
Lysichiton camtschatcensis Weiße Scheinkalla		80/40	IV–V weiß		◑●R 3
Lysimachia nummularia Pfennigkraut		– 5	VI–VII gelb		○◑M 2
Lythrum salicaria Blut-Weiderich		70–120	VII–IX rosarot		○ M 2
Lythrum salicaria 'Robert' Niedriger Blut-Weiderich		60–70	VII–IX rosarot		○ M 2
Lythrum virgatum 'Rose Queen' Rosen-Weiderich		70–80	VII–VIII rosarot		○ M 2
Mentha aquatica Wasser-Minze		30–40	VI–VIII rosa bis purpur		○◑M 2
Mentha pulegium Polei-Minze		20–30	VII–IX rosa bis violett		○◑M 2
Mimulus cardinalis Rote Gauklerblume		30–40	VI–IX rot		○ M Λ 2
Mimulus guttatus Gauklerblume		30–50	VI–VIII gelbß		○ M 2
Mimulus luteus Gelbe Gauklerblume		20–40	VI–VIII gelb		○ M 1 2
Mimulus ringens Blaue Gauklerblume		60–90	VII–VIII blauß		○ R 2
Mimulus-Hybriden Gauklerblume		15–25	VI–VIII gelb und rot gefleckt		○ M ΛΛ 2
Myosotis palustris Sumpf-Vergißmeinnicht		20–30	IV–VII blau		○◑R 2
Onoclea sensibilis Perlfarn		50–80	– – –		◑●R 3
Osmunda regalis Königsfarn		100–150	– – –		◑ R 3
Petasites hybridus Pestwurz		80/30	III–IV rötlich		○◑R 2

* siehe Legende Seite 62

botanischer Name deutscher Name	Wuchs-form*	Höhe Laub/ Blüten-stand (cm)	Blüte (Blatt)	Boden, Wasserstand frisch feucht naß 0 10	Stand-ort*
Petasites japonicus 'Giganteus' Riesen-Pestwurz		100/20	III–IV weiß		◑●R 2
Phalaris arundinacea 'Picta' Buntes Rohrglanz-gras		80/120	(buntlaubig) Frucht-stand!		○◑R 2
Polemonium caeruleum Jakobsleiter		80–100	VI–VII blau		○ M 2
Polygonum amplexicaule Kerzen-Knöterich		80–100	VII–IX rot		◑●R 2
Polygonum bistorta Schlangen-Knöterich		60/90	V–VII rosa		○ M 3
Potentilla erecta Blutwurz		5–10	V–IX gelb		○ M 2
Primula-Bullesiana-Hybriden Etagen-Primel		25/60	VI–VIII viele Farben		◑●M 3
Primula denticulata Kugel-Primel		20/30	III–IV weiß		◑ M 2
Primula elatior Wiesen-Schlüsselblume		10/30	IV–V gelb		○◑M 2
Primula florindae Glocken-Primel		25/70	VII–VIII gelb		○◑M 3
Primula japonica Japan-Primel		20/50	V–VI Rottöne		○◑M 3
Primula rosea Rosen-Primel		10/15	III–IV rosarot		○◑M 2
Ranunculus acris 'Multiplex' Gefüllter Hahnenfuß		25/50	V–VI gelb, gefüllt		○ M 2
Scirpus sylvaticus Wald-Simse		60/100	VI–VII Rispe grün		◑●M 3
Senecio paludosus Sumpf-Greiskraut		100–15	VII–VIII gelb		○ M 2
Solanum dulcamara Bittersüßer Nachtschatten		100–150	VII–VIII violett		○◑R 2
Symplocarpus foetidus Stinkkohl		60/15	III–IV rotviolett		○◑R ∧ 3
Thalictrum flavum Gelbe Wiesenraute		90–120	VI–VII gelb		○◑M 2

botanischer Name deutscher Name	Wuchs-form*	Höhe Laub/ Blüten-stand (cm)	Blüte (Blatt)	Boden, Wasserstand frisch feucht naß 0 10	Stand-ort*
Trollius chinensis Chinesische Trollblume		30/90	VI–VII orange, in Sorten		○◑R 2
Trollius-Hybriden Trollblume in Sorten		30/60 – 80	V–VI Gelbtöne		○◑R 2

* siehe Legende Seite 62

stauter Röhricht-Randbereiche. Die meisten Arten besitzen eine hohe Konkurrenzkraft und benötigen relativ viel Platz zur Entwicklung. Hinweise zu empfehlenswerten Pflanzabständen lassen sich kaum pauschal geben, da sie von der jeweiligen Vergemeinschaftung abhängen. Anhaltspunkte dazu lassen sich aus den Pflanzplänen ab Seite 126 ableiten.
Als kleinwüchsige Arten ohne Ausläuferbildung fallen *Caltha palustris, Cardamine pratensis, Primula denticulata, Primula rosea* und die Zwiebelpflanze *Leucojum vernum* auf. Sie lassen sich als zeitige Frühjahrsblüher zwischen höheren Arten im Hintergrund verwenden. In ihrer Blütezeit bilden sie den Höhepunkt der Pflanzung, während der Austrieb der meisten Begleiter erst wenige Zentimeter weit aus dem Boden schaut. Im Sommer sind sie wenig attraktiv oder ziehen sogar ein. Dann bestimmen die benachbarten Hochstauden das Bild und verdecken die unansehnlich gewordenen Frühjahrsblüher.
In gleichbleibend staunassen Bereichen sind auch etliche der für „normalen“ Gartenboden empfohlenen Stauden (Seite 66) einsetzbar.
Für wechselfeuchte Lagen kommen zusätzlich einige Pflanzen der Flachwasserzone (Seite 79) in Frage.

Schwachwüchsige Stauden und Zwerggehölze für Feuchtbeete (Zone 2 und 3)

Auch wenn es sich hier um dieselben Zonen handelt wie in der vorigen Tabelle hat eine Abtrennung dieser schwachwüchsigen Artengruppe durchaus ihren Sinn. Eine Vergemeinschaftung von Vertretern beider Tabellen ist schwierig, da die starkwüchsigen Hochstauden in kurzer Zeit die schwächeren Arten verdrängen würden. Am ehesten ist eine solche Kombination mit denjenigen Pflanzen dieser Tabelle denkbar, die mit mittelhohem Nährstoffbedarf ausgewiesen sind, wie etwa Sorten von *Caltha palustris, Trollius europaeus* oder *Myosotis rehsteineri.* Der besondere Wert der schwachwüchsigen Sumpfpflanzen liegt in ihrer Eignung für kleinste Sumpfbeete und Tröge sowie für die Uferzonen von Miniaturteichen. Natürlich sind sie auch auf größeren Flächen verwendbar, müssen aber wesentlich dichter gepflanzt werden als die starkwüchsigen Arten. nach hinten hin ist auch ein Übergang von kleinwüchsigen zu größeren Stauden möglich. Diese sollten dann aber horstig wachsen und nicht durch starke Versamung lästig werden. Gut geeignet sind *Iris sibirica, Lythrum* oder die gefüllte Form von *Filipendula ulmaria.* In benachbarten kleinräumigen Flachwasserzonen sind aus den folgenden Tabellen *Baldellia ranunculoides, Littorella uniflora, Luronium*

botanischer Name deutscher Name	Wuchsform*	Höhe Laub/ Blütenstand (cm)	Blüte (Blatt)	Boden, Wasserstand (frisch, feucht, naß, 0 10)	Standort*
Allium angulosum Kanten-Lauch		20/40	VII–VIII rosarot		○ A 2
Allium suaveolens Duft-Lauch		10–20	VII–IX hellrosa		○ A 2
Andromeda polifolia Rosmarinheide		10–30	IV–V weiß		○ A 4
Caltha palustris var. *alba* Weiße Sumpfdotterblume		15–20	IV–VI weiß		○◑M ∧ 2
Caltha palustris 'Multiplex' Gefüllte Sumpfdotterblume		15–20	IV–VI gelb, gefüllt		○◑M 2
Blechnum spicant Rippenfarn		20–40	– – –		◑●A 4
Carex davalliana Torf-Segge		15–25	IV–VI gelb/braun		○ A 2
Carex echinata Igel-Segge		20/30	V–VIII Köpfchen grün		○◑A 3
Carex flava Gelb-Segge		20/40	V–VIII Köpfchen grün-gelb		○ A 2
Dactylorhiza majalis Knabenkraut		30–40	V–VI lilarosa		○ A 2
Dactylorhiza praetermissa Knabenkraut		35–50	VI rosarot		○ A 2
Darlingtonia californica Kobralilie		30–40	VI–VII grün und rot		◑ A ∧∧ 4
Drosera anglica Großer Sonnentau		10/20	VI–VII weiß		○◑A 4
Drosera intermedia Mittlerer Sonnentau		5/15	VI–VII weiß		○◑A 4
Drosera rotundifolia Rundblättriger Sonnentau		5/15	VI–VII weiß		○◑A 4
Empetrum nigrum Krähenbeere		20–40	schwarze Beeren		○◑A ∧ 4
Epipactis gigantea Amerikanische Stendelwurz		60–80	VI–VII braunrot		○◑A ∧ 2
Epipactis palustris Sumpf-Stendelwurz		50–70	VI–VII weiß		○◑A 2

botanischer Name deutscher Name	Wuchsform*	Höhe Laub/ Blütenstand (cm)	Blüte (Blatt)	Boden, Wasserstand frisch · feucht · naß · 0 10	Standort*
Erica tetralix Glockenheide		20–40	VII–IX rosa		○ A ∧ 4
Eriophorum latifolium Breitblättriges Wollgras		20/60	VI–VII Köpfchen weiß		○ A 2
Eriophorum russeolum Sibirisches Wollgras		20/40	V–VII Köpfchen kupfer		○ M 4
Eriophorum vaginatum Scheidiges Wollgras		25/50	V–VI Köpfchen weiß		○ A 4
Fritillaria meleagris Schachbrettblume		25–35	IV–V rosa-weiß		○ M 2
Gentiana asclepiadea Schwalbenwurz-Enzian		40–60	VIII–IX blau		◑ M 2
Gentiana pneumonanthe Lungen-Enzian		30–50	VIII–IX blau		○ A 3
Gladiolus palustris Sumpf-Gladiole		30–50	VI rosarot		○ A 2
Helonias bullata Helonie		15/50	V–VI rosa		○ M 4
Ledum groenlandicum Porst		50–100	V–VI weiß		○◑ A 4
Mimulus primuloides Zwerg-Gauklerblume		–5	VI–VIII gelb		○ M ∧ 3
Molinia caerulea Pfeifengras		40/80	VIII–X Rispen braun		○◑ A 2
Myosotis rehsteineri Bodensee-Vergißmeinnicht		– 5	IV–V blau		○ M 1
Parnassia palustris Sumpf-Herzblatt		10/20	VIII–X weiß		○ A 2
Pinguicula vulgaris Fettkraut		5/15	V violett		○◑ A 2
Primula farinosa Mehl-Primel		5/20	IV–V rosa		○ A 1
Primula frondosa Kaukasische Mehlprimel		5/25	IV–V rosa		○ A 2
Rhynchospora alba Weißes Schnabelried		15/25	VIII–IX Köpfchen weiß		○ A 4

* siehe Legende Seite 62

botanischer Name deutscher Name	Wuchsform*	Höhe Laub/Blütenstand (cm)	Blüte (Blatt)	Boden, Wasserstand frisch · feucht · naß · 0 10	Standort*
Sarracenia purpurea Schlauchpflanze		15/30	VI–VII tiefrot		◑ A ʌʌ 4
Schoenus ferrugineus Kopfbinse		20–35	V–IX, Köpfchen dunkelbraun		○ A 2
Swertia perennis Sumpf-Tarant		40–50	VII–VIII violett		○ A 2
Swertia speciosa Weißer Tarant		40–50	VII–VIII weiß		○ A 2
Tofieldia calyculata Simsenlilie		15/25	VI–VII grüngelb		○ A 2
Trichophorum alpinum Alpen-Haargras		20–30	V–VI Köpfchen weiß		○ A 4
Trollius europaeus Europäische Trollblume		30/50	V–VI gelb		○◑M 2
Trollius pumilus Zwerg-Trollblume		15/25	VI–VII gelb		○ M 2
Viola palustris Sumpf-Veilchen		–5	IV–V blaßviolett		◑ M 4
Zigadenus elegans Zigadenus		20/60	VI–VIII grünlichweiß		○ M ʌ 3

* siehe Legende Seite 62

natans, Nymphaea tetragona, Nymphaea-pygmaea-Sorten sowie die Unterwasserpflanzen *Chara* bzw. *Nitella, Hottonia* und *Utricularia* als passende Partner einzusetzen.

Im wesentlichen umfaßt diese Tabelle Bewohner nährstoffarmer Moorgebiete in Ausprägungen von Kleinseggenriedern, Pfeifengras-Streuwiesen sowie Zwischen- und Hochmooren. Typisch für diese Vegetationsformationen sind kleine, aber ansehnlich blühende Arten zwischen grasartigen Pflanzen (im Hochmoor Torfmoosen). Die Gräser bewirken zwar eine Bedeckung des Bodens, besitzen aber so geringe Konkurrenzkraft, daß sie Mehl-Primel, Sumpf-Gladiole, Enziane oder Orchideen nicht verdrängen.

Auch in gestalteten Anlagen ist es wichtig, diesen kleinwüchsigen Blütenschönheiten eine naturgemäße Einbindung zwischen Gräsern zu gewähren. Leider werden sie oft genug entweder zwischen nährstoffliebende Arten eingemischt, die auf die Dauer zu konkurrenzstark sind, oder in viel zu großen Abständen auf sonst unbewachsenes Substrat gepflanzt. Beides führt zu verminderter Alterungsfähigkeit und wirkt sehr künstlich. Geeignete kleinwüchsige Gräser, insbesondere *Carex davalliana, Carex flava, Eriophorum latifolium* und *Schoenus ferrugineus* befinden sich allerdings kaum in Kultur. Ihre hohe Bedeutung für die Pflanzenverwendung wurde bisher wohl noch nicht erkannt. Auch die Beschaffung

der oft schwer vermehrbaren Blütenstauden ist nicht immer ganz einfach, da sie eine längere Anzuchtphase in der Gärtnerei verlangen. Viele Arten sind in der Natur selten geworden und stehen unter Schutz. Wer sich mit der Anzucht von Sonnentau oder Orchideen befaßt, muß sich von der zuständigen Naturschutzbehörde die Herkunft seines Vermehrungsmaterials aus Kulturbeständen genehmigen lassen. Diese Hemmnisse führen dazu, daß nur wenige Spezialbetriebe sich mit solchen Raritäten befassen (einige sind auf Seite 154 genannt).
Alle in der Spalte „Standort“ mit der Ziffer 1 bis 3 ausgewiesenen Arten lassen sich als mehr oder weniger kalkverträglich einstufen und können miteinander kombiniert werden. Die Ziffer 4 markiert ausgesprochen kalkfliehende Arten saurer Moore, die in hochmoorartige Anlagen gehören. Sie lassen sich mit Vertretern der Kennzahl 3 vergemeinschaften.
Einige Beispielpflanzungen werden auf den Seiten 128 und 132 vorgestellt.

Stauden für die Flachwasserzone (Zone 4)

Die Flachwasserzone ist bis zu 40 cm Wassertiefe definiert. Meist bildet sie einen Randgürtel zwischen Ufer und Seerosenzone. Bei sehr flachen Teichen kann sie sich auch bis zur Mitte erstrecken. Schwankungen des Wasserstandes wirken sich auf die Bepflanzung dieser Zone am stärksten aus, was bei der Artenauswahl zu berücksichtigen ist. Die aufgelisteten Beispiele sind Bewohner von Röhrichtzonen und damit an derartige Verhältnisse gewöhnt. Da sie in der Regel nicht nur in der ihnen zugeordneten Tiefe gedeihen, sondern sich im Lauf ihrer Entwicklung auf weitere Zonen ausdehnen können, wird jeweils zwischen optimaler Pflanztiefe und später besiedelbarem Wasserstand unterschieden.
Das Problem des Wucherns von Wasserpflanzen ist in der Flachwasserzone noch mehr zu beachten als in anderen Lebensbereichen. Pflanzen wie Schilf *(Phragmites)*, Rohrkolben *(Typha)* oder Kanadischer Reis *(Zizania)* gehören zu den

botanischer Name deutscher Name	Wuchsform*	Höhe Laub/ Blütenstand (cm)	Blüte	Wasserstand* (cm) 0 10 20 30 40 50 60	Standort*
Acorus calamus Kalmus		70–100	VII–VIII Kolben weiß		○◑R 2
Alisma lanceolatum Schmalblättriger Froschlöffel		40/70	VII–VIII weiß		○ R 2
Alisma plantago-aquatica Breitblättriger Froschlöffel		40/70	VII–VIII weiß		○ R 2
Alisma subcordatum Amerikanischer Froschlöffel		30/50	VII–VIII weiß		○ R 2
Baldellia ranunculoides Igelschlauch		10–20	VI–IX rosa		○ A ʌ 2
Bolboschoenus maritimus Strandsimse		70–100	VI–X Köpfchen braun		○◑R 2

* siehe Legende Seite 62

Stauden für die Flachwasserzone (Zone 4)

botanischer Name deutscher Name	Wuchs-form*	Höhe Laub/ Blüten-stand (cm)	Blüte	Wasserstand* (cm) 0 10 20 30 40 50 60	Stand-ort*
Butomus umbellatus Blumenbinse		50/100	VI–VIII hellrosa		○ R 2
Calla palustris Sumpf-Calla		20–30	V–VI weiß, Frucht rot		◑●R 3
Caltha palustris 'Auenwald' Sumpfdotterblume		50/80	IV–V gelb		○◑M 2
Carex elata Steif-Segge		60–90	IV–V Ährchen grün		○◑M 2
Cladium mariscus Schwertried		80/160	VIII–IX Rispen braun		○ M 1
Cyperus longus Langes Zyperngras		80/140	VII–IX Rispen braun		○ R ∧ 2
Dulichium arundinaceum Amerikanisches Riedgras		50–70	VIII–X Rispen braun		○◑M 2
Eleocharis acicularis Nadel-Sumpfsimse		5–15	Köpfchen braun		○◑M 2
Eleocharis palustris Gemeine Sumpfsimse		20–30	Köpfchen braun		○◑M 2
Equisetum hyemale Winter-Schachtelhalm		50–70	Köpfchen braun		○◑M 2
Glyceria maxima 'Variegata' Wasser-Schwaden		70/120	VII–IX Rispen braun		○ R 2
Gratiola officinalis Sumpf-Gnadenkraut		20–40	VI–VIII hellrosa		○◑M 3
Hippuris vulgaris Tannwedel		30–40	unauffällig		○◑M 2
Hydrocotyle vulgaris Wassernabel		10–20	unauffällig		○◑M 3
Iris laevigata Blaue Schwertlilie		60/70	VI–VII blau		○ R 3
Iris pseudacorus Gelbe Schwertlilie		80/120	V–VI gelb		○ R 2
Juncus bulbosus Zwiebel-Binse		5–15	VI–VIII Köpfchen braun		○◑A 3
Littorella uniflora Strandling		5–10	unauffällig		○ A 2/3

botanischer Name deutscher Name	Wuchsform*	Höhe Laub/ Blütenstand (cm)	Blüte	Wasserstand* (cm) 0 10 20 30 40 50 60	Standort*
Lysimachia thyrsiflora Strauß-Felberich		30–50	V–VI gelb		○◑M 3
Marsilea quadrifolia Kleefarn		10–20	– – –		○◑M ∧ 2
Menyanthes trifoliata Fieberklee		15–30	V–VI weiß		○ M 3
Mimulus ringens Blaue Gauklerblume		60–90	VII–VIII blau		○ R 2
Nasturtium officinale Brunnenkresse		10–30	IV–VI weiß		○ R 2
Nuphar advena Amerikanische Teichrose		60–100	VI–VIII gelb		○ R 2
Peltandra virginica Pfeilaronstab		40–70	VI–VII grünlich		○ R 2
Phragmites australis Schilf		160–250	VIII–III Rispen braun		○ M 2
Pilularia globulifera Pillenfarn		5–15	–		○◑R 3
Pontederia cordata Hechtkraut		50–70	VI–IX blau		○ R! ∧ 2
Potentilla palustris Sumpfblutauge		20–30	V–VI rot		○◑M 3
Ranunculus flammula Brennender Hahnenfuß		20–40	V–VIII gelb		○ M 3
Ranunculus lingua Zungen-Hahnenfuß		60–80	VI–VII gelb		○ M 2
Sagittaria latifolia Breitblättriges Pfeilkraut		30–60	VII weiß und gelb		○ R 2
Sagittaria natans Schwimmendes Pfeilkraut		20–40	VII weiß und gelb		○ R 2
Sagittaria sagittifolia Schmales Pfeilkraut		30–50	VII weiß und violett		○ R 2
Sagittaria trifolia 'Plena' Gefülltes Pfeilkraut		30–50	VII–VIII weiß		○ R 2
Saururus cernuus Molchschwanz		60–80	VII–VIII weiß		○ R ∧ 2

* siehe Legende Seite 62

botanischer Name deutscher Name	Wuchsform*	Höhe Laub/ Blütenstand (cm)	Blüte	Wasserstand* (cm) 0 10 20 30 40 50 60	Standort*
Scirpus lacustris Teich-Simse		100–200	VII–IX Ährchen dunkel		○◑R 2
Scirpus lacustris ssp. *tabernaemontani* 'Zebrinus' Zebra-Simse		80–150	VII–IX Ährchen dunkel		○ R 2
Scirpus mucronatus Stachelspitzige Simse		60–90	VII–IX Köpfchen braun		○◑R 2
Sparganium emersum Einfacher Igelkolben		40–60	VII–IX Köpfchen grün		○◑R 2
Sparganium erectum Aufrechter Igelkolben		60–80	VII–IX Köpfchen grün		○◑R 2
Sparganium minimum Kleiner Igelkolben		5–20	VI–IX Köpfchen grün		○◑M ● 3
Thelypteris palustris Sumpffarn		40–50	– – –		○◑M ● 2
Triglochin maritimum Strand-Dreizack		30/50	VI–VII weiß		○◑R 2
Typha angustifolia Schmalblättriger Rohrkolben		170–250	VII–IX Kolben hell		○ M 2
Typha latifolia Breitblättriger Rohrkolben		160–220	VII–IX Kolben dunkel		○ M 2
Typha laxmannii Laxmanns Rohrkolben		120–160	VII–IX Kolben hell		○ M 2
Typha minima Kleiner Rohrkolben		40–60	V–VI Kolben hell		○ A 1
Typha shuttleworthii Shuttleworths Rohrkolben		120–160	VII–IX Kolben grau		○ M 2
Veronica beccabunga Bachbunge		10–20	VI–VII blau		○◑R 2
Zizania caduciflora Kanadischer Reis		150–200	blüht im Freien nicht		○ R 2

konkurrenzstärksten Arten überhaupt. Näheres zum Ausbreitungsverhalten ist ab Seite 114 nachzulesen. Im selben Wasserstandsbereich lassen sich auch bereits einige Schwimmblattpflanzen aus den Tabellen Seite 84 bis 87 verwenden, aber nur in Kombination mit entsprechend verträglichen, also nicht wuchernden Röhrichtarten.

Seerosen (Zone 4 und 5)

Dank umfangreicher Züchtungsbemühungen, insbesondere des Franzosen Marliac, gibt es heute eine umfangreiche Auswahl an Seerosen-Sorten in verschiedenen Blütenformen und -farben, mit rein grünen oder rötlich marmorierten Blättern und unterschiedlichen Wuchseigenschaften. Von Weiß über Rosa bis Rot, Apricot und Gelb reicht die Farbpalette der Blüten. Blau ist nur bei tropischen Arten zu finden, die nicht winterhart sind. Sie können aber an sehr hellen Plätzen in der Innenraumbegrünung eingesetzt werden. Die Blütenblätter können sehr schmal und zugespitzt sein (sternförmige Blüten) oder eher breit und rundlich geformt (tulpenförmige bis kugelige Blüten).

Nicht jede Sorte ist blühfreudig. Man sollte keine Seerosen kaufen, wenn nur Farbangaben auf dem Etikett stehen. Oft verbergen sich dahinter „Billigangebote" von wuchernden Sorten, die sich zwar leicht vermehren lassen, aber im Gartenteich kaum Blüten hervorbringen. Ein Beispiel hierfür ist die gelbblühende 'Colonel A. J. Welch'. Wer diese Sorte als Sonderangebot erwirbt, freut sich nur kurze Zeit über das eingesparte Geld. Wenn im Garten der reichliche Blütenflor auf sich warten läßt und statt dessen nur Blattmassen munter sprießen, wird bald die Ernüchterung eintreten. Auch die heimische *Nymphaea alba* sollte nicht in Hausgärten verwendet werden. Besser eignet sich die Sorte 'Gladstoniana', ein Abkömmling von *Nymphaea tuberosa*; sie wirkt recht naturnah, entwickelt aber mehr und größere Blüten als die heimische Wildform.

Wichtig ist neben der Farbe und der Blühfreudigkeit auch der optimale Wasserstand: Bei zu flacher Pflanzung erheben sich die Blätter unverhältnismäßig stark über die Wasseroberfläche und begraben die Blüten unter sich. Zu tiefe Lage dagegen kann für schlechte Blütenbildung verantwortlich sein.

Gute Gartencenter und Staudengärtnereien führen ein Sortiment mit Namenssorten für verschiedenste Teichgrößen und -tiefen. Neben sehr wuchskräftigen Sorten, wie der oben erwähnten 'Gladstoniana' für mindestens 80 cm Wasserstand, gibt es mittelstarke Sorten für etwa 50 bis 70 cm und schwachwüchsige für nur 20 bis 40 cm Wassertiefe. *Nymphaea tetragona* und *N. pygmaea* 'Helvola' sind sogar schon ab 10 cm Tiefe geeignet. In Trögen verwendet, müssen diese Kleinode frostfrei überwintert werden.

In der Tabelle sind die wichtigsten Sorten des heutigen Hauptsortimentes zusammengestellt. Neuere Hybriden sind in Großbritannien und in den USA entstanden. Da sie jedoch bei uns noch kaum bekannt sind, wird hier auf ihre Nennung verzichtet. Auch deuten erste Erfahrungen auf eine ungenügende Winterhärte einiger amerikanischer Sorten hin.

Seerosen sollte man nur getopft erwerben, um das Anwachsen zu erleichtern. Die Pflanzung von Rohware, das heißt einfachen Rhizomköpfen mit kaum Wurzelneubildung, hat nur im Mai bis Mitte Juni gute Erfolgsaussichten. Die Rhizome sollten so flach gepflanzt werden, daß die Spitze noch deutlich zu sehen ist. Die Hinweise zu Pflanzung und Substrat ab Seite 117 sind unbedingt zu beachten.

Einige Hinweise zur Düngung von Seerosen und zu Schädlingen und Krankheiten sind in den entsprechenden Abschnitten nachzulesen.

Besonders empfindlich gegenüber der gefürchteten Knollenfäule erweisen sich gelb- und apricotfarben blühende Sorten. Sie zeigen sich auch im Hinblick auf strengere Fröste am empfindlichsten. Dies resultiert wohl aus ihrer Abstammung von der wärmebedürftigen *Nymphaea mexicana*. Diese hat auch die bräunlich oder rot gefleckten Blätter an diese Sortengruppe vererbt. Unter den Gelbblühenden hat sich in den letzten Jahren insbesondere die Hybride 'Moorei' bewährt.

Frostempfindliche Seerosen wie 'Marliacea Chromatella' oder 'Princess Elisabeth' sollten entweder mindestens 40 cm tief gepflanzt oder geschützt überwintert werden. Die kleinwüchsige *Nymphaea pygmaea* 'Helvola' muß die kalte Jahreszeit in frostfreien, aber kühlen Räumen verbringen.

Art, Sorte	Blüte	Blatt, Wuchs, Besonderheiten	Wasserstand* 20 40 60 80 100
Nymphaea alba Weiße Seerose	weiß, duftend	Blatt im Austrieb rot	
'Attraktion'	rot, außen heller, großblumig, tulpenförmig	sehr wüchsig	
'Berthold'	hellrosa, reichblütig	rosa Mutation von 'Froebelii'	
N. candida Glänzende Seerose	weiß, öffnet sich nur halb	für kühles, weiches Wasser	
'Candidissima'	weiß, bleibt lange geöffnet	Blatt rein grün, mittelstarker Wuchs	
'Chrysantha'	apricot, tulpenförmig	Laub stark gefleckt, schwachwüchsig	
'Colonel A.J. Welch'	gelb, sternförmig, etwas blühfaul	junges Blatt leicht rot gefleckt	
'Escarboucle'	rubinrot, sternförmig, groß	Blatt rein grün, wüchsig	
'Fritz Junge'	rosa, großblumig, sternförmig, lange geöffnet	Blatt dunkelgrün, wüchsig	
'Froebelii'	karminrot, reichblühend	Zwergsorte, junges Blatt rötlich	
'Gladstoniana'	weiß, sehr groß	großblättrig, extrem wüchsig	
'James Brydon'	kirschrot, rund, sehr reichblühend	Laub dunkel gefleckt, mittelstark wachsend	
'Laydekeri Lilacea'	lila-rosa, reichblühend	Blätter gefleckt, schwachwüchsig	
'Laydekeri Purpurata'	dunkelrot, reichbühend	Blätter gefleckt, schwachwüchsig	
'Marliacea Carnea'	weiß – hellrosa, großblumig	äußerer Blattrand rötlich	
'Marliacea Chromatella'	hellgelb, rundlich	Laub braunfleckig, Rhizom fäulnisempfindlich	
'Marliacea Rosea'	hellrosa, später verblassend	Laub ungefleckt, sehr wüchsig	
'Masaniello'	rosarot, zur Mitte hin dunkler	blüht schon ab Mai, Blatt dunkelgrün	

Art, Sorte	Blüte	Blatt, Wuchs, Besonderheiten	Wasserstand* 20 40 60 80 100
'Moorei'	chromgelb, mittelgroß	Laub leicht gefleckt, robuste Sorte	
'Princess Elisabeth'	hellrosa, sternförmig, duftend	Laub ungefleckt, im Flachwasser frostempfindlich	
N. pygmaea 'Helvola'	zartgelb, gefüllt	Laub rotfleckig, sehr schwachwüchsig	
N. pygmaea 'Rubra'	erst zartrosa dann rot färbend	Blätter dunkelgrün, schwachwüchsig	
'René Gerard'	dunkelrosa, außen heller	Blätter dunkelgrün, Lappen weit gespreizt	
'Richardsonii'	weiß, gefüllt, etwas blühfaul	Blatt grün, kreisrund, sehr wüchsig	
'Rosennymphe'	rosa, verblaßt im Verblühen	Laub rein grün, robust und wüchsig	
'Sioux'	Farbe wechselt von Gelb bis Kupferrot	Blätter rotbraun marmoriert	
'Sulphurea'	goldgelb, mittelgroß, sternförmig	Laub dunkel gefleckt, schwachwüchsig	
'Sunrise'	gelb, großblumig, sternförmig	Blatt unterseits gefleckt, wüchsig	
'William Falconer'	rubinrot, sehr dunkel	Laub länglich gefleckt, schwachwüchsig	
N. tetragona Zwerg-Seerose	weiß, klein, duftend	Blätter sehr schmal, sehr schwachwüchsig	

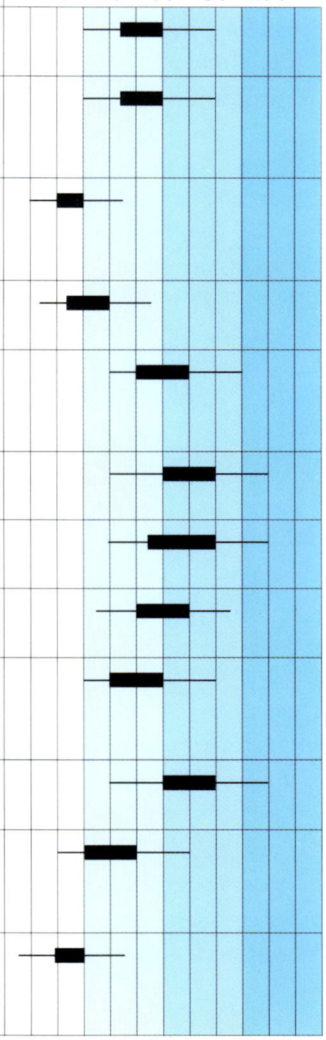

* siehe Legence Seite 62

Schwimmblattpflanzen (Zone 4 und 5)

Freischwimmende Schwimmblattpflanzen werden meist auch der „Seerosenzone" zugerechnet, können aber aufgrund ihrer Beweglichkeit in alle Tiefenzonen abdriften. *Eichhornia* und *Pistia* sind nicht winterhart und müssen jedes Frühjahr neu eingesetzt werden. Der Zuwachs freischwimmender Arten kann in der warmen Jahreszeit erheblich sein, aber zu üppige Bestände lassen sich durch Absammeln leicht unter Kontrolle bringen. Bei fest verwurzelten Pflanzen, wie Nymphoides oder Polygonum amphibium, ist dies kaum mehr möglich, da man die Rhizome erst aus dem Schlammboden heraus ziehen muß.

Nuphar japonica entwickelt nur bei tiefem Stand Schwimmblätter, ansonsten steht das Laub deutlich über dem Wasser. Dasselbe gilt für *Nuphar advena*, die aber bevorzugt in der Röhrichtzone eingesetzt wird und daher in der Tabelle der Pflanzen für die Flachwasserzone erscheint. Auch einige andere Röhrichtarten können beim Vordringen in tieferes Wasser zu Schwimmblattpflanzen werden, zum Beispiel *Alisma, Sagittaria* oder *Sparganium.*

botanischer Name deutscher Name	Wuchsform*	Blüte	Wasserstand* 20 40 60 80 100	Standort*
Aponogeton distachyos Südafrikanische Wasserähre		VI–X weiß		○ R ∧ 2?
Azolla caroliniana Feenmoos		–		○◑R ∧ 2
Caldesia parnassifolia Herzlöffel		VII–IX Rispe weiß		○ R ∧ 3?
Callitriche palustris Wasserstern		unscheinbar		○◑M 2
Caltha natans Schwimm-Sumpfdotterblume		VI–IX klein, weiß		○ M 2?
Eichhornia crassipes Wasserhyazinthe		VII–VIII violett		○ R ⌂ 2
Hydrocharis morsus-ranae Froschbiß		VII–VIII weiß		◑ R 2
Luronium natans Froschkraut		VI–IX weiß		○ M ∧ 3
Myriophyllum aquaticum Tausendblatt		unscheinbar		○ R ∧∧ 2
Nuphar japonica Japanische Teichrose		VI–VIII gelb		○ R 2
Nuphar lutea Gelbe Teichrose		VI–VIII gelb		○◑M 2
Nuphar pumila Kleine Teichrose		VI–VIII gelb		○ A 3

botanischer Name deutscher Name	Wuchs- form*	Blüte	Wasserstand* 20 40 60 80 100	Stand- ort*
Nymphoides peltata Seekanne		VI–VIII gelb		○ R 2
Orontium aquaticum Goldkeule		V–VI gelb		○ R 2
Pistia stratoides Wassersalat		unscheinbar		○ R ⌂ 2
Polygonum amphibium Schwimm-Knöterich		VI–VIII rosa		○◑M 2
Potamogeton natans Schwimmendes Laichkraut		geringer Zierwert		○◑M 2
Ranunculus aquatilis Schwimmender Hahnenfuß		IV–IX weiß		○ M 1
Riccia fluitans Wasser-Lebermoos		– – –		○ M 3
Salvinia natans Schwimmfarn		– – –		○◑R ʌʌ 2
Stratiotes aloides Krebsschere		V–VI weiß		○ M 1
Trapa natans Wassernuß		VI–VIII		○ R 2

* siehe Legende Seite 62

Unterwasserpflanzen (Zone 4 und 5)

Reine Unterwasserpflanzen sind stärker auf die für sie optimale Wasserqualität angewiesen als Schwimmblatt- oder Röhrichtarten. Da man kaum von vornherein wissen kann, für welche submerse Pflanzen ein Teich geeignet ist, empfiehlt es sich, von verschiedenen Arten je eine Portion einzubringen, das ist besser als von einer Art mehrere Exemplare. Wenn sich eine Pflanze in den vorhandenen Verhältnissen wohl fühlt, wird sie sich auch bei kleinen Ausgangsmengen schnell zu einem Bestand entwickeln. Bei für sie ungünstigem Wasser sind auch viele eingebrachte Individuen nicht in der Lage, sich durchzusetzen. Auf alle Fälle sollten die Hinweise zum Standort beachtet werden. Von *Fontinalis antipyretica, Callitriche palustris,* vermutlich auch von *Utricularia vulgaris* und anderen gibt es Ökotypen mit unterschiedlichen Wasserhärte-Optima, so daß die Ansiedlungsergebnisse auch von der jeweiligen Herkunft abhängen.

Callitriche, Crassula und *Hottonia* sind bei flachem Stand zur Ausbildung von Schwimm- oder gar Landformen befähigt. Die anderen aufgeführten Arten sind nur unter Wasser lebensfähig. Zur Überwinterung werden meist Ruheknospen (Turionen) gebildet, die auf den Grund sinken und im Frühjahr, bei ansteigenden Temperaturen, wieder zu neuen Pflanzen auswachsen.

botanischer Name deutscher Name	Wuchs- form*	Blüte	Wasserstand* 20 40 60 80 100	Stand- ort*
Ceratophyllum demersum Gemeines Hornblatt		unscheinbar, unter Wasser		○◑M- R 2
Ceratophyllum submersum Zartes Hornblatt		unscheinbar, unter Wasser		○◑R 2
Chara fragilis Armleuchteralge		Sporenlager unter Wasser		○ A 2?
Crassula recurva Nadelkraut		VI–VII winzig, weiß		○ M 3?
Elodea canadensis Wasserpest		VI–VIII klein, weiß		○◑M 2
Fontinalis antipyretica Brunnenmoos		– – –		○◑M 2
Groenlandia densa Dichtes Fischkraut		VI–IX sehr klein		○ M 2
Hottonia palustris Wasserfeder		VI hellrosa		○◑R 4
Myriophyllum spicatum Ähren-Tausendblatt		VI–IX klein, rosa		○◑R 2
Myriophyllum verticillatum Quirl-Tausendblatt		VI–IX klein, rosa		○◑M 2
Nitella flexilis Armleuchteralge		Sporenlager unter Wasser		○ A 4
Potamogeton crispus Krauses Laichkraut		VI–IX kleine Ähren		○ M 2
Potamogeton lucens Spiegel-Laichkraut		VI–VIII kleine Ähren		○◑M 2
Potamogeton pectinatus Kamm-Laichkraut		VI–VIII kleine Ähren		○◑M 2
Potamogeton perfoliatus Durchwachsenes Laichkraut		VI–VIII kleine Ähren		○◑M 2
Ranunculus circinatus Spreizender Wasserhahnenfuß		V–VIII weiß		○◑M 1
Ranunculus fluitans Flutender Wasserhahnenfuß		VI–VIII weiß		○ M 1
Utricularia vulgaris Wasserschlauch		VI–VIII gelb		○ A 2
Zannichellia palustris Teichfaden		unter Wasser		○◑R 2

* siehe Legende Seite 62

Tiere im Wassergarten

Nicht nur die vielgestaltige Pflanzenwelt, sondern auch ein reichhaltiges Tierleben macht einen Teich zum besonderen Anziehungspunkt im Garten. Auch und gerade ohne künstlich eingesetzte Fische läßt sich im neu angelegten „Biotop“ schon nach kurzer Zeit eine reichhaltige Fauna beobachten.

Gliedertiere

Zunächst tummeln sich zahllose stecknadelkopfgroße Wasserflöhe in ihrem neuen Lebensraum. Die Oberflächenspannung genügt den Wasserläufern, um sich auf dem Wasserspiegel bewegen zu können. Gelbrand- und Kolbenwasserkäfer sowie Rückenschwimmer wandern rasch ein, und schließlich kann man Groß- und Kleinlibellen bei ihrer Eiablage beobachten. Ihre Larven leben mehrere Jahre im Teich und ernähren sich dabei von Kleintieren. Zur letzten Häutung klettern sie an Röhrichtpflanzen aus dem Wasser. Es ist immer wieder ein Erlebnis, eine schlüpfende Libelle zu beobachten.
Leider sind auch Stechmückenlarven oft in großer Zahl vertreten. Sie sitzen meist mit ihrer

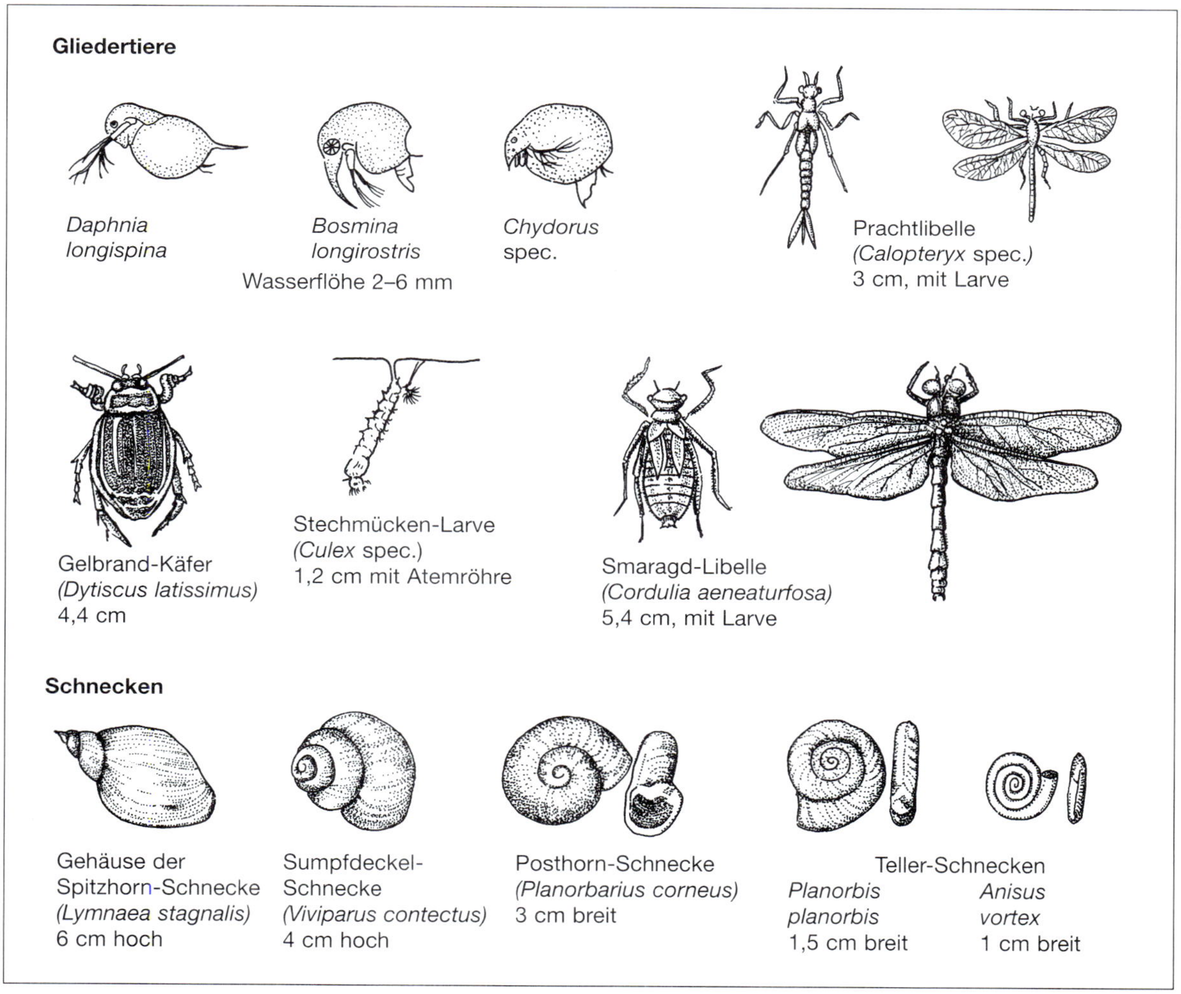

Tiere im Wassergarten.

Atemröhre an der Wasseroberfläche. Bei Störungen flüchten sie mit peitschenartigen Bewegungen ins tiefere Wasser.

Schnecken

Schlamm- oder Spitzhornschnecken sind im Gartenteich nahezu allgegenwärtig. Oft werden sie unabsichtlich mit Wasserpflanzen eingeschleppt. Sie ernähren sich von absterbenden Pflanzenteilen und raspeln Algenbeläge – leider kaum Fadenalgen – von der Teichwandung, von Steinen oder Pflanzenoberflächen. Allerdings vergreifen sie sich auch an frisch austreibenden, zarten Blättern. Besonders die Südafrikanische Wasserähre *(Aponogeton distachyos)* scheint bei den Spitzhornschnecken eine begehrte Delikatesse zu sein. Weniger gefräßig und überwiegend nützlich einzustufen sind Posthornschnecken oder die überwiegend am Teichboden lebenden Sumpfdeckelschnecken.

Amphibien und Reptilien

Mit etwas Glück wandern Erdkröten oder Teichfrösche, bei sehr großen, naturnahen Anlagen sogar Ringelnattern, ein. Bergmolche können sich auch an sehr kleinen Wasserflächen ansiedeln und bevölkern bald den ganzen Garten.
Tiere aus der Natur einzufangen, um sie im Garten auszusetzen, ist nicht nur verboten, sondern meistens auch zwecklos, da kaum mit einem Bleiben auf Dauer gerechnet werden kann. Aber sofern ein Garten nicht gerade im Stadtzentrum liegt und auf eine naturnahe Gesamtgestaltung geachtet wird, wandern Arten, denen der künstlich geschaffene Biotop zusagt, im Lauf der Zeit von selbst ein. Günstige Bedingungen schafft man diesen Tieren zum Beispiel durch Laub- und Reisighaufen, die man ab September als Überwinterungsquartier in Teichnähe aufbaut.
Im Zoofachhandel gibt es nur wenige Amphibien heimischer Feuchtgebiete zu kaufen, die zum Aussetzen im Garten auch mehr oder weniger ungeeignet sind. Laubfrösche beispielsweise verlassen nach kurzer Zeit das Gelände. In großen Anlagen kann man es mit Feuersalamandern oder mit der Europäischen Sumpfschildkröte versuchen.

Fische

Sollen Fische im Teich sicher über den Winter kommen, so ist eine Tiefe von mindestens 70 cm Voraussetzung. Das Wasser darf nicht zu tief einfrieren. Winterschutzmaßnahmen können den Fischen das Überleben in der kalten Jahreszeit erleichtern (siehe Seite 149).
Während in der Natur durchschnittlich etwa ein Fisch pro fünf Kubikmeter Wasser vorkommt, sind Gartenteiche fast immer überbesetzt. Dadurch kann das Wasser getrübt und eutrophiert werden. In kleine Teiche sollte man daher nicht mehr als maximal zehn Fische einsetzen. In erster Linie sind Zierfische ein Element für architektonische Anlagen. Soll sich im naturnahen Teich ein reichhaltiges Tierleben mit Wasserinsekten und Amphibien einstellen, so verzichtet man besser auf allesfressende Fische. Der begehrte Goldfisch etwa räumt mit Froschlaich gnadenlos auf. Unauffälligere, aber gegenüber der sonstigen Fauna weniger schädliche Kleinfische sind z. B. Moderlieschen, Dreistacheliger Stichling, Elritze oder Bitterling. Kleinlebewesen, insbesondere die unerwünschten Stechmückenlarven, werden auch von diesen Arten vertilgt. Als Alternative zum Goldfisch kann auch die Goldorfe empfohlen werden, die ebenfalls glänzend orangerot schillert. Sie wühlt den Boden weit weniger auf, weshalb das Wasser klarer bleibt als bei Goldfischbesatz.
Das Füttern der Fische ist meist mehr schädlich als nützlich: Die Tiere finden in ausreichend bewachsenen Teichen genügend Nahrung, und durch zusätzliche Fütterung gelangen nur übermäßig viele algenfördernde Nährstoffe ins Wasser. Ein mehrtägiges Fasten können Fische problemlos vertragen. Bei Temperaturen unter 8 °C

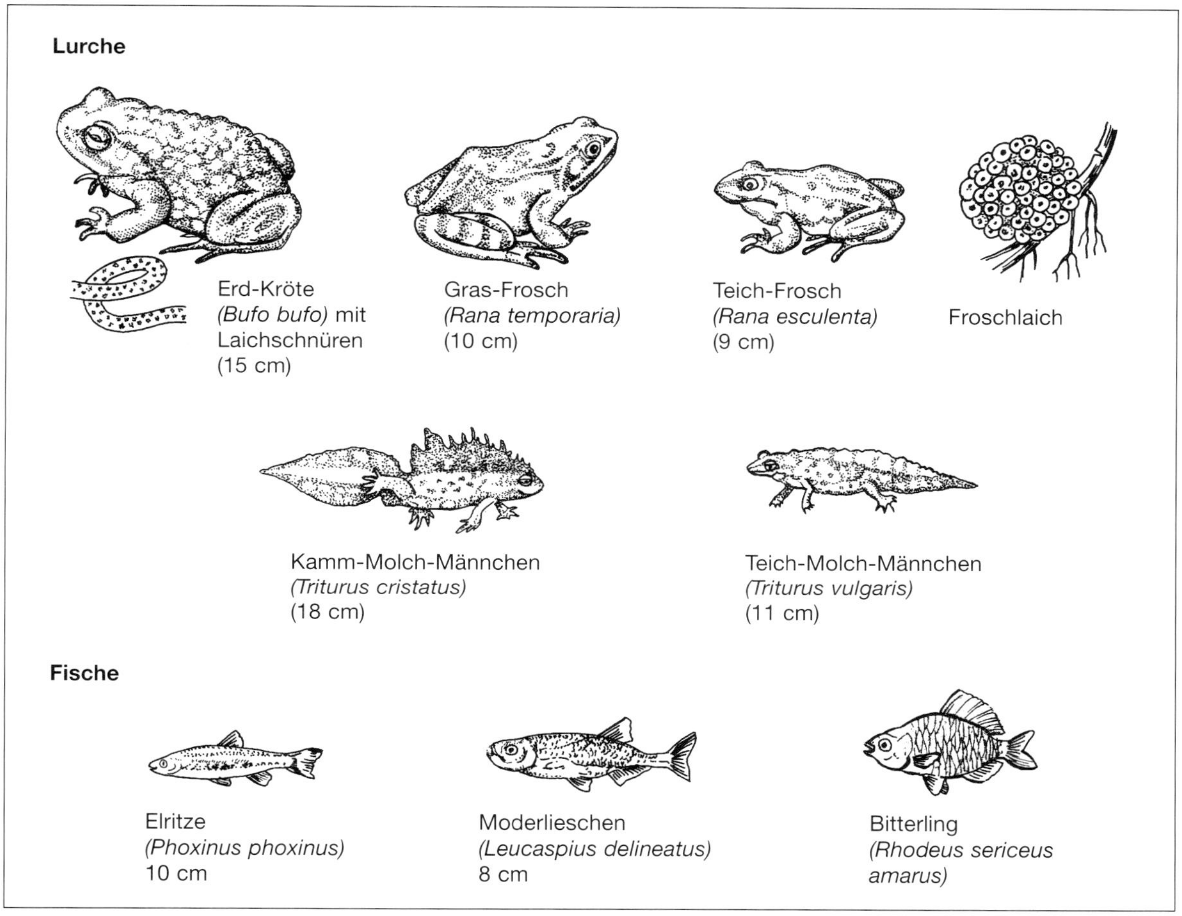

Tiere im Wassergarten.

ist jegliches Füttern einzustellen, da die Fische ihre Körperfunktionen dann so weit reduzieren, daß kaum noch Nahrung aufgenommen wird.
Ein ganz besonderer Fisch ist der Farbkarpfen oder Koi. Dieser Exot aus Japan ähnelt einem großen Goldfisch und kann sehr zutraulich werden. Mit etwas Geduld kann man ihn sogar dazu bringen, aus der Hand zu fressen. Allerdings benötigt er Wasserflächen von wenigstens 100 m^2. Er vertilgt nicht nur Fertigfutter, sondern ernährt sich auch von Kleintieren und bleibt somit nicht ohne nachteilige Wirkung auf die übrigen Teichbewohner.

Die 25 bis 75 cm langen Graskarpfen werden oftmals als „Algenfresser“ empfohlen. Sie fressen jedoch genauso gerne zarte Teile aller möglichen Wasserpflanzen und eignen sich deshalb nicht für kleine Teiche. Sinnvoll ist ihr Einsatz vor allem in großen Teichen, wenn übermäßiger Pflanzenwuchs reguliert werden soll.
Das Überwintern der Fische ist ab einem Meter Wasserstand problemlos möglich. Bei geringerer Tiefe kann ein „Eisfreihalter“ aus Styropor sinnvoll sein. Näheres zur Überwinterung können Sie hierzu im Kapitel „Das Tierleben im Winter“, S. 150, nachlesen

Überlegungen bei der Planung von Sumpf- und Wassergärten

Lage im Garten und Größe des Teiches

Sind in einem Garten Geländemodellierungen vorgesehen, so bietet sich der Aushub eines Teiches an, um das dafür nötige Erdmaterial zu erhalten.

Am natürlichsten wirkt ein Teich, wenn er an der tiefsten Stelle des Gartens angelegt wird. In hängigem Gelände ist dies oft nicht ohne weiteres möglich. Man sollte aber wenigstens versuchen, einen der Teichgröße gerecht werdenden Bereich zu terrassieren, damit das Ufer nicht direkt an die Böschungskante stößt. Zu nah am Becken angrenzende Geländeneigungen wirken sehr gekünstelt. Überdies kann es durch den Wasserdruck zum Abrutschen von unmittelbar angrenzenden Erdwällen kommen.

Eine teilweise oder zeitweise Beschattung des Teiches ist nicht nachteilig. Für die meisten Tiere wirkt sich die dadurch bedingt geringere Erwärmung sogar sehr positiv aus, da dann mehr Sauerstoff zur Atmung im Wasser gelöst ist. Größere Laubbäume in der näheren Umgebung können jedoch Probleme aufwerfen: Die im Herbst abgeworfenen Blätter sammeln sich am Teichgrund und können Seerosen und andere Wasserpflanzen in Bedrängnis bringen. Außerdem sorgen sie für einen gewissen Nährstoffeintrag und für Sauerstoffentzug bei ihrer Zersetzung.

Die Größe von Wasseranlagen hängt vor allem von der beabsichtigten Bepflanzung ab. Meist stellt man sich mindestens eine größere Seerose innen und einige Röhrichtpflanzen im Randbereich vor. Für diese Ansprüche sollten wenigstens 5 m^2 Wasserfläche verfügbar sein. Bei sehr begrenzten Platzverhältnissen ist an Seerosen nur zu denken, wenn durch insgesamt sehr steile Wandungen schnell die nötige Tiefe hergestellt wird. In diesem Falle bietet sich z. B. der Einbau eines Fertigteiches aus Polyester an. Diese weisen oftmals nur 20 cm breite Sumpfzonen auf. Anschließend geht es fast vertikal um 40 cm oder mehr abwärts zur Tiefenzone.

Kindersichere Gartenteiche?

So wichtig und wertvoll die Erfahrungen von Kindern mit dem Lebensraum Wasser, mit seinen Tieren und Pflanzen auch sind – leider wird der Gartenteich für die Kleinsten unter ihnen immer wieder zur tödlichen Gefahr. In ihrem Entdeckungseifer beugen sich Kleinkinder oft sehr weit über das Wasser, um auch ja keinen der Fische, Kaulquappen oder Gelbrandkäfer zu übersehen. Da kann es schon mal passieren, daß der heranwachsende Nachwuchsforscher das Gleichgewicht verliert und kopfüber ins Wasser fällt. Zum Verhängnis wird dem Kind oftmals nicht die Tiefe des Teiches, sondern seine eigene Reaktion auf den Sturz: Während ein Erwachsener sofort nach Luft schnappen würde, erleiden Kleinkinder einen derartigen Schock, daß sie das Gesicht nicht aus dem Wasser heben und dadurch ertrinken können.

Es ist somit nahezu gleichgültig, wie tief ein Gartenteich ist, für unsere „Junggärtner" stellt er in jedem Fall eine nicht zu unterschätzende Gefahrenquelle dar, selbst bei nur 20 cm tiefem Wasser! Häufig wird versucht, durch ein flach unter die Wasseroberfläche gezogenes Gitter einen unauffälligen Unfallschutz zu installieren. Gegen das Besetzen des Teiches durch Wildenten, die erhebliche Schäden an der Bepflanzung anrichten können, ist diese Konstruktion jedoch wirksamer als zur Sicherung gegen das Ertrinken von sehr kleinen Kindern.

Ein zuverlässig kindersicherer Teich läßt sich nur durch Abschirmung mit einer für unsere Dreikäsehochs unüberwindlichen Einzäunung oder einer festen Übergitterung oberhalb des Wasserspiegels erreichen. Beides ist der Ästhetik des Wassergartens nicht unbedingt zuträglich. Wer genug Platz zur Verfügung hat, kann auch durch eine breite und großzügig um den gesamten Teich geführte Sumpfzone einen gewissen Schutz bewirken: Kinder, die darin mit den Füßen einsinken, werden normalerweise vom Weitergehen abgeschreckt. Hilferufend lassen sie sich dann von Mama oder Papa aus dem „Schlamassel“ ziehen.

Eltern sollten sich prinzipiell überlegen, ob es nicht sinnvoller ist, die Zeit, in der sich der Nachwuchs im Kleinkindalter befindet, mit einer Zwischenlösung zu überbrücken und erst später den ersehnten Wassergarten anzulegen. Auch ein reines Sumpfbeet oder ein aufgesteller Wassertrog kann interessanten Naturbeobachtungen Anlaß bieten. Sind die Kinder so weit herangewachsen, daß kein Unfall mehr am Wasser zu befürchten ist, so bietet sich – zum Beispiel als Folgenutzung für den Sandkasten – der Bau eines „echten“ Teiches an.

Zum Thema „kindersicherer Gartenteich“ sind in jedem Fall auch die Hinweise zu giftigen Sumpf- und Wasserpflanzen zu beachten. Sie werden im Kapitel „Die Bepflanzung“ genannt.

Bei durchdachter Konzeption und geschicktem Einbau entsteht von der Wasserfläche des naturnahen Teiches aus ein kontinuierlicher Übergang zur Gartenzone.

Der architektonische Teich greift die strenge Linienführung von Gebäudekanten und Plattenbelägen auf. Exotische Sumpf- und Wasserpflanzen oder ungewöhnliche Zuchtformen sind hier besser zu integrieren als in naturnahen Anlagen. Im Hintergrund ist ein Sumpfbeet angelegt worden.

Naturnahe oder architektonische Gestaltung?

Die Stilrichtung wird durch die Umgebung der geplanten Wasseranlage bestimmt. In Gärten, deren Bepflanzung unregelmäßig angeordnet ist und sich weitgehend frei entwickeln darf, wird sich nur ein Teich mit weicher, runder Formgebung einfügen. Dieser naturnahe Gestaltungstyp sollte die wesentlichen Tiefenzonen abdecken. Die Bepflanzung orientiert sich an der natürlichen Vegetationsabfolge. Es sind zwar nicht nur heimische Arten erlaubt, doch ausgesprochen exotisch wirkende, darunter vor allem die buntlaubigen Sorten sollten hier nicht eingesetzt werden. Der Grundriß eines naturnahen Teiches wird sich normalerweise auf Kreis-, Ei- oder Nierenformen beschränken. Kompliziertere Formgebungen sind nur bei sehr großen Flächen sinnvoll.

Das andere Gestaltungsextrem sind geometrische, meist rechteckige Formen mit Steilufern und oft nur punktueller Bepflanzung. Solche architektonische Anlagen fügen sich in stark überbaute Bereiche optimal ein. Am besten wirken sie in Nachbarschaft zu Terrassen mit Plattenbelägen, wie es in der Abbildung gezeigt wird. Steilere Ufer haben den Vorteil, daß bei stark schwankendem Wasserstand das Baumaterial, also Folie oder Beton, nur wenig zum Vorschein kommen. Exoten und buntlaubige Kulturformen lassen sich gut einbeziehen. Auch Themen, die schwierig zwischen das üppig sprießende Grün eines Gartens einzubinden sind – zum Beispiel verschiedene Moortypen –, können in solchen, von den übrigen Pflanzungen abgegrenzten Becken plaziert werden.

Materialien für den Teichbau

Nur wer in seinem Garten einen oberflächennahen Grundwasserstand besitzt, kann seinen Gartenteich einfach durch Ausheben des Erdreiches und Formieren des gewünschten Profils herstellen. Auch wenn das anstehende Substrat sehr tonhaltig ist und ein permanenter Wasserzulauf vorliegt, kann man ohne zusätzliches Abdichten des Teiches einen dauerhaften Wasseranstau erzielen, wenn der anstehende Baugrund entsprechend verdichtet worden ist.

In den weitaus meisten Fällen wird es jedoch nötig sein, mit Folien, Beton oder Ton die Teichgrube auszukleiden. Oft verwendet werden auch vorgeformte Fertigteiche aus glasfaserverstärktem Polyester.

Die dunkle, meist schwarze Farbe von Fertigteichen und Folien ist durchaus wünschenswert: Der künstliche Biotop erhält dadurch die naturnäheste Wirkung, das Becken erscheint optisch tiefer, und auf der Wasseroberfläche zeigen sich schönere Spiegelungen als bei hellem Untergrund.

Folie

Die wesentlichen Vorteile von Folien sind das leichte Verlegen, die individuellen Gestaltungsmöglichkeiten und der relativ günstige Preis. Vor allem größere Teiche werden heute in den meisten Fällen mit Folie abgedichtet. Als wesentlicher Nachteil ist vor allem die Entsorgungsproblematik bei einem eventuellen Rückbau des Teiches anzuführen.

Die Standardbreite von Folien liegt meist bei 2 m, einige Hersteller bieten auch Sonderanfertigungen, z. B. bereits aus mehreren Bahnen verschweißte Folien mit 4 oder sogar 6 m Breite, zu wenig höheren Preisen an. Das Hauptkriterium beim Folienkauf ist die Haltbarkeit. Gewährleistet wird sie durch UV-Beständigkeit, Verrottungsfestigkeit, Frostbeständigkeit, Wurzelfestigkeit und Reißfestigkeit. Auf eine möglichst lange Garantiezeit ist deshalb Wert zu legen. Für den Teichbau sind besonders Folien aus Polyethylen, Polyvinylchlorid oder Synthesekautschuk im Einsatz.

Polyethylen (PE) ist in der Entsorgung einer der unproblematischsten Kunststoffe, da er schadstofffrei verbrennt. Als Dichtung eines Gartenteiches ist Polyethylen jedoch nicht uneingeschränkt zu empfehlen, da es nicht UV-beständig ist und gewisse Abbauerscheinungen im Boden, auch unter völligem Lichtabschluß, nicht ganz von der Hand zu weisen sind. Schadstellen sind bei diesem Material zudem kaum dauerhaft abzudichten.

Am weitesten verbreitet sind Folien aus **Polyvinylchlorid (PVC)** mit 1,0 bis 1,5 mm Stärke. Als Verpackungsmaterial wird PVC zunehmend kritisiert, weil es extrem haltbar ist und nur unter Freisetzung von giftigem Chlorgas verbrennt. Für den Einsatz als Teichfolie sind jedoch gerade die Haltbarkeit und die UV-Beständigkeit die entscheidenden Pluspunkte. Um den Folien genügend Elastizität zu geben und sie langlebiger zu machen, werden Weichmacher zugesetzt. Diese waren lange Zeit wegen ihres Gehaltes an giftigen Schwermetallen verpönt. Heute stehen uns ungiftige Alternativen zur Verfügung, durch die die Folien jedoch etwas teurer werden.

Besonders empfehlenswert sind Folien aus **Synthesekautschuk (EPDM)**. Sie sind wesentlich teurer als PVC, bieten aber folgende Vorteile: Das Material ist umweltfreundlich, mechanisch stärker belastbar und weist eine hohe Elastizität auf. Dadurch läßt es sich auch bei niedrigen Temperaturen verlegen. Besonders bei schwierigen Bodenverhältnissen, vor allem auf felsigem Untergrund, bietet EPDM-Folie die beste Sicherheit vor Schäden durch eingedrückte Steine. Während Naturkautschuk sich im Boden zersetzen würde, gilt dieses synthetische Material als absolut verwitterungsbeständig. Das Verschweißen von EPDM sollte man nicht selbst versuchen, es wird aber vom Hersteller auf Wunsch nach Maß durchgeführt. Dadurch erhält man die beste Gewähr auf Dichtigkeit.

Fertigteiche

Diese vorgeformten Wasserbecken bestehen aus glasfaserverstärktem Polyester, bei kleineren Ausführungen gelegentlich auch aus Hart-Polyethylen. Durch steile Wandungen zwischen Ufer, Sumpfzone und Tiefenzone wird auf kleiner Grundfläche schnell eine frostsichere Tiefe von 70 cm erreicht. Für sehr begrenzte Platzverhältnisse sind Fertigteiche dadurch gut geeignet. Sie lassen sich schneller einbauen und sind stabiler als eine Folie.

Die Bepflanzung der schmalen Sumpf- und Flachwasserzonen erfordert viel Fingerspitzengefühl. Wuchernde Arten mit Ausläufern sind zu meiden oder wenigstens in Töpfen „einzusperren“. Dazu sollten die Empfehlungen ab Seite 114 beachtet werden. Auch empfiehlt es sich, die Tiefenzone nur sehr sparsam zu bepflanzen. Normalerweise reichen für eine Wasserfläche bis 3 m^2 eine nicht zu starkwüchsige Seerose und ein bis drei verschiedene Unterwasserpflanzen (keine Wasserpest!) aus.

Zum Sammeln erster Erfahrungen mit dem „Wasserbiotop“ genügt auch der Einbau einer alten Badewanne oder ähnlicher Behältnisse. Später läßt sich dieses Provisorium immer noch gegen ein größeres Fertigbecken oder einen Folienteich auswechseln.

Tondichtungen

Als Hauptargumente sprechen für Tondichtungen das natürliche Material und der relativ problemlose Rückbau. Tondichtungen kommen aber nur für sehr große Anlagen in Frage, da sie nur mit einem Gefälle von 1:3 oder flacher verarbeitet werden können. Bei steileren Wandungen ist die notwendige Verdichtungsleistung nicht mehr gewährleistet. Bei einem 80 cm tiefen Teich ergibt sich somit ein Mindestdurchmesser von 5 m. Die in der Darstellung der Tiefenzonen von Seite 17 propagierte steile Abböschung zwischen 40 und 70 cm Wasserstand läßt sich mit Ton und natürlichen Dichtungsstoffen nicht realisieren.

Als Grundbestandteile von Ton sind Tonminerale von Bedeutung. Durch Einlagerung von Wasser in die einzelnen Schichten des Minerals kann sich dieses um 300 bis 700 Gewichtsprozent vergrößern. In diesem Zustand ist das Material nahezu wasserundurchlässig. Tone können entweder als ungebrannte Tonziegel oder als Bentonitmehl, das zu über 70 Prozent aus dem extrem quellfähigen Tonmineral Montmorillonit besteht, verbaut werden. Keine dieser Varianten kann eine völlige Abdichtung wie es bei den oben besprochenen Kunststoffen der Fall ist, bewirken. Der Wasserdurchfluß ist jedoch, fachgerechten Einbau vorausgesetzt, extrem langsam.

Das Arbeiten mit **ungebrannten Tonziegeln** ist nicht nur teuer, sondern auch körperlich anstrengend: für 1 m^2 Teichfläche sind 150 bis 200 kg Tonziegel nötig! Die Ziegel sind etwa 6 bis 15 cm dick und am besten mehrlagig einzubauen.

Eine solch massive Tondichtung wird kaum intensiver durchwurzelt. Eventuelle mechanische Beschädigungen sollen durch nachfließende Tonteilchen rasch wieder verschlossen werden. Auf eine saubere Verarbeitung ist aber unbedingt Wert zu legen: Kommt Sand oder Erde in die Ritzen, entstehen Undichtigkeiten.

Vor und nach dem Auslegen der Ziegel muß der Teichboden mit einem Stampfer (nicht mit einem Rüttler!) gut verdichtet werden. Beim Verlegen dürfen Untergrund und Ziegel nicht zu naß sein, sonst ist keine ausreichende Verdichtung möglich. Bei zu trockenen Verhältnissen verbinden sich die Ziegel nicht genügend, und es entstehen Risse. Das Ufer sollte man durch Böschungsmatten oder Schüttungen aus grobem Kies vor Wellenschlag schützen.

Dichtungen aus **Bentonitmehl**, das in den Boden eingefräst wird, besitzen für den Hausgartenbereich keine Bedeutung. Dieses Verfahren setzt sehr flache Uferneigungen, bindige Böden und entsprechende Erfahrung bei der Verarbeitung voraus. Ähnliches gilt für Dichtungen aus **Wasserglas-Pulver**. Beide Verfahren sind nur bei größeren, parkartigen Projekten diskutabel.

Bei kleineren Anlagen kommt am ehesten das Auftragen einer 1,5 cm dicken **Bentonitschicht** auf den gut verdichteten Untergrund in Frage. In aufgequollenem Zustand erreicht diese Schicht etwa die doppelte Stärke und wird nahezu wasserundurchlässig. Aufgrund der hohen Montmorillonit-Anteile genügen bei Betonit-Anwendung wesentlich dünnere Schichtstärken als bei normalen Tonziegeln. Auf die Bentonitlage sollte eine 15 bis 20 cm dicke Schutzschicht aus sandigem Lehm aufgebracht werden.

Eine noch elegantere Lösung stellt die Verwendung von **Ton-Abdichtungsvliesen** dar. Zwischen zwei Vliesstoffen befindet sich eine Bentonitschicht. Das Material wird auf Rollen mit bis zu 4,5 m breiten Bahnen geliefert und wie eine Folie verlegt. Eine 20 cm starke sandig-lehmige Schutzschicht über dem Vlies verhindert mechanische Schäden an der Dichtung weitgehend.

Auch wenn Bentonitdichtungen kostengünstiger sind als Tonziegel, liegt ihr Preisniveau doch noch deutlich über dem von Folien.

Beton

Bevor zum Teichbau geeignete Folien entwickelt worden waren, spielten Teiche aus wasserundurchlässigem Beton eine größere Rolle. Allein schon wegen des kaum möglichen Rückbaus einer betonierten Teichanlage ist diese Variante der Abdichtung bei naturnahen Anlagen kaum zu empfehlen. Anders verhält es sich bei architektonisch geprägten Becken. In Verbindung mit befestigten Wegen und Terrassen mit strenger Formgebung wirkt dieses Material unter Umständen passender als Folie.

Wichtig ist dabei eine schräge Ufergestaltung, damit sich im Winter das ausdehnende Eis nach oben wegdrücken kann. Bei steilen Wandungen ist die Frostsprengung des starren Betons vorprogrammiert.

Spezielle Gestaltungsthemen

Neben „normalen" Gartenteichen mit Sumpf-, Flachwasser- und Seerosenzone können einerseits Nachbildungen natürlicher Feuchtgebiete – wie Moore, Wasserfälle und Bachläufe –, andererseits aber auch architektonische Elemente wie Springbrunnen und Quellsteine in Frage kommen. Im folgenden werden einige Beispiele vorgestellt.

Sumpf- und Moorbeete

Ein Sumpfbeet kann auch als Gartenteich definiert werden, der nur aus der Uferzone besteht. Wird der Teich bis in den Oberflächenbereich mit Substrat befüllt, so läßt sich eine feuchtwiesen- oder moorähnliche Flora ansiedeln. Die konkrete Artenauswahl richtet sich nach dem genauen Wasserstand. Einige Feuchtwiesenpflanzen ertragen einen ständigen leichten Überstau, andere wollen höchstens zeitweise oder gar nicht überflutet stehen. Näheres ist den Tabellen ab Seite 69 und den Bepflanzungsbeispielen ab Seite 128 zu entnehmen. Das Sumpfbeet sollte nicht zu flach ausgeschachtet werden, damit genügend Wasser für eventuelle Trockenperioden gespeichert werden kann. Durch die hohe Blattoberfläche einer eingewachsenen Feuchtwiese ist die Verdunstung um ein Vielfaches höher als bei einem Teich mit großer, freier Wasserfläche. Für Anlagen, die Pflanzen der Hoch- und Zwischenmoore oder niedrigwüchsiger Kleinseggenrieder beherbergen sollen, genügt eine Tiefe von 30 bis 40 cm. Beete für stark transpirierende Hochstauden oder Röhrichtarten dagegen sollten tiefer ausgeschachtet werden. Ein permanenter Überstau ist bei einer großen verdunstenden Blattmasse nur durch einen kontinuierlichen Wasserzulauf zu gewährleisten.

Um die Wasserspeicherkapazität des Sumpfbeetes zu erhöhen, kann man vor der Substratbefüllung den Beckenboden mit umgedrehten Blumentöpfen vollstellen und die Zwischenräume mit grobem Kies auffüllen. Die Wasserzuleitung

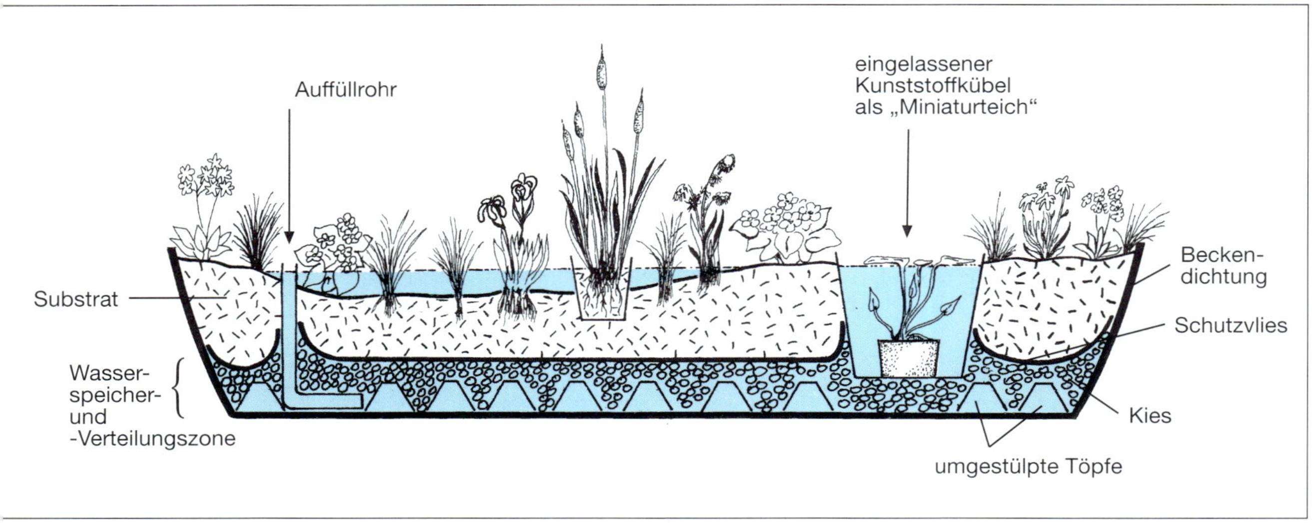

Schnitt durch ein Sumpfbeet mit Wasserspeicher.

sollte in diese durchlässige Schicht hinein erfolgen, um ein schnelles, gleichmäßiges Verteilen des Wassers zu gewährleisten. Damit keine Substratpartikel in die Wasservorratsschicht gelangen, wird darüber ein dünnes Filtervlies gelegt, wie in der Abbildung gezeigt.

Ähnliche Konstruktionen sind bei Pflanzenkläranlagen des „Krefelder Systems" (nach Seidel) üblich. Im Hausgartenbereich könnte dies zur Nachklärung von Brauchwasser interessant sein.

Will man eine kleine Wasserfläche – eventuell sogar für Schwimmblatt- und Unterwasserpflanzen – in das Sumpfbeet integrieren, so empfiehlt sich der Einbau eines Miniatur-Fertigteiches, eines Zementkübels oder sogar eines kleinen Folienteiches in das Beet. Der große Vorteil gegenüber eines freien Teiches beruht auf dem Schutz vor dem Einwachsen der Sumpfpflanzen in die Wasserfläche.

Bachlauf

Voraussetzung für einen Bachlauf im Hausgarten ist eine bestimmte Geländeneigung, an deren tiefstem Punkt ein Teich das Bachwasser aufnehmen kann. Bei leichtem Gefälle von nur wenigen Prozent kann man den Bachlauf in Windungen mäandrieren lassen. Steilere Lagen erlauben eine wirkungsvolle Integration des Bachlaufes in steingartenartige Gestaltungen. Wird das Gefälle durch künstliches Aufschütten angelegt, so muß großzügig genug gearbeitet werden, um ein natürliches Aussehen zu erhalten.

Im gesamten Verlauf des künstlichen Bachbettes sollten mit Steinen immer wieder kleine Bereiche aufgestaut werden; sie sollen den Auskolkungen natürlicher Wasserläufe entsprechen. Die Kolke werden terrassenartig über kleine Steinkaskaden miteinander verbunden, wie in der Abbildung dargestellt. Dadurch wird auch bei geringen Durchflußraten ein Trockenfallen von Teilbereichen des Bachlaufes vermieden. Gegen das Ausschwemmen des Substrates bietet ein aufgelegtes Jute- oder Kokosgewebe (Böschungsmatte) Schutz.

Für das Umwälzen des Wassers kommen Tauchmotorpumpen mit entsprechender Förderhöhe zum Einsatz. Bei einer Förderleistung ab 30 Watt und einer Fördermenge von 30 Liter pro Minute läßt sich ein nach den oben besprochenen Maßgaben angelegter, kleinerer Bachlauf betreiben. Solche Pumpen sind bereits ab 200 DM im Handel erhältlich. Wenn der

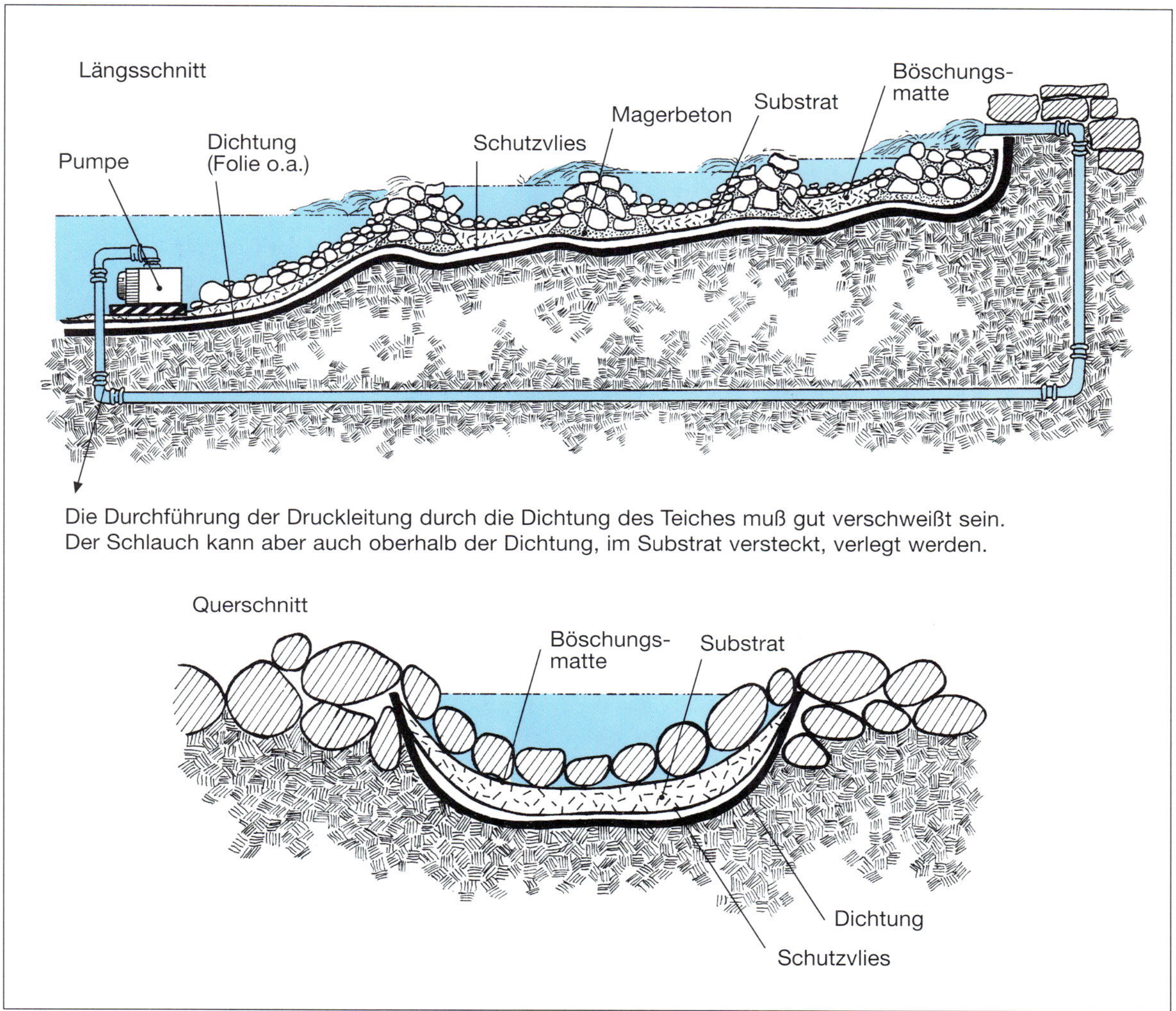

Terrassenartig angelegter Bachlauf im Längs- und Querschnitt.

Anschluß an das Stromnetz Schwierigkeiten bereitet, können solarbetriebene Systeme interessant sein. Das Solarmodul wird etwas abseits von der Anlage aufgestellt und liefert die nötige Energie. Es benötigt für den oben genannten Leistungsumfang jedoch relativ viel Platz.

Wasserfall

Im Hausgarten ist ein Wasserfall am besten in Kombination mit einer Steingartenanlage zu verwirklichen. Kleine Kaskaden entstehen bereits im Bachlauf, wenn die oben beschriebenen Steinterrassen entsprechend abgestuft werden. Bei höheren Wasserstürzen wirkt eine Unterbrechung durch vorspringende Steine sehr gut, da die sonst sehr gleichförmige, lineare Bewegung aufgelockert wird.

Pumpen zur Versorgung von Wasserfällen sollten höhere Förderleistungen und -mengen aufweisen, als für den Betrieb eines Bachlaufes erforderlich ist.

Springbrunnen, Quell- und Sprudelsteine

Als eher architektonische Gestaltungselemente werden Springbrunnen und Quellsteine vor allem in der Nähe von Terrassen und Sitzplätzen verwendet. Die umgebende Bepflanzung muß sich den Wasserspielen unterordnen, wenn sie optimal wirken sollen.

Quell- oder Sprudelsteine werden von unten durchbohrt. Die eingeführte Schlauchzuleitung kann von einer sehr schwachen Pumpe versorgt werden, da das Wasser keine oder nur eine ganz niedrige Fontäne erzeugen soll. Die oben bereits erwähnten Solarpumpen eignen sich daher für diesen Einsatzbereich besonders gut.

Der Haupteffekt eines Quellsteines beruht in dem sich über die gesamte Steinoberfläche mehr oder weniger gleichmäßig verteilenden und abtropfenden Wasser. Zum Selbstdurchbohren eignen sich am besten Lava- oder Tuffsteine, da man sie wegen ihrer porösen Struktur leicht bearbeiten kann. In der Gesamtgestaltung gilt es darauf zu achten, daß die Umgebung des Sprudelsteines aus demselben Material gestaltet wird, um eine optische Einheit zu erzielen. Ein rundgeschliffener Quellstein ergibt zusammen

Sprudelstein in Verbindung mit großen Rundkieseln vor einer Bepflanzung mit ostasiatischer Prägung.

mit Grobkies, ein kantiger, wasserspendender Findling in Kombination mit naturbelassenen Steinen ein wirkungsvolles Arrangement. Als Beginn eines Wasserlaufes in wenig hängigem Gelände wirkt ein Sprudelstein „ehrlicher“ als eine vorgetäuschte Quelle auf dem Gipfel eines künstlich aufgeschütteten Hügels.

Springbrunnen für den Gartenteich werden in einer unübersehbaren Vielfalt angeboten. Auch hier kommt man mit relativ schwachen Pumpen aus. Von der einfachen Wassersäule bis zur vielstrahligen Fontäne kann man Düsenaufsätze ganz nach Laune im Fachhandel beziehen. Auch rotierende oder mit farbiger Beleuchtung unterstützte Varianten sind zu haben. Daneben gibt es diverse Wasserspiele aus übereinander angeordneten Schalen, über die sich kaskadenartig das kühle Naß ergießt, oder diverse Statuen, die aus dem Mund oder anderen Körperteilen dezent ihren nassen Strahl in den Teich plätschern lassen. All diese Systeme wirken viel naturferner als der Quellstein und sollten nicht in einer zu dichten Pflanzung ersticken.

Vor der Verwendung von Seerosen in Teichen mit Springbrunnen wird immer wieder gewarnt, da die Wasserbewegung den Pflanzen nicht behage. Probleme sind aber nur bei dauerndem Überrieseln der Seerosenblätter zu erwarten. Die normalerweise in Hausgärten eingesetzten Pumpenleistungen sind so gering, daß die Bepflanzung davon nicht beeinträchtigt wird. Die schwache Wasserbewegung begünstigt sogar die Ernährungssituation der Stauden, so daß eher höhere Zuwachsraten erzielt werden als in völlig unbewegtem Wasser.

Troggärten

Es gibt zwei Möglichkeiten, kleine Tröge pflegeleicht zu gestalten: Als erstes sind Miniatursteingärten mit besonders trockenheitsresistenter Bepflanzung zu nennen; sie kommen längere Zeit ohne Gießen aus. Die zweite Version bildet genau das Gegenstück dazu: ein dichter Trog ohne Abzugsloch, in dem Wasser angestaut wird. Solche Miniatur-Wassergärten können zum Beispiel aus halbierten Holzfässern, aus ausgedienten steinernen Futtertrögen oder aus Kunststoffkübeln entstehen. Während letztere besser im Boden vergraben werden sollten, um die schwarze, unansehnliche „Außenfassade“ verschwinden zu lassen, stellen Fässer und Steintröge einen besonderen Gestaltungsakzent auf Terrassen und sogar auf kleinsten Balkons dar. Zur Bepflanzung sind auf Seite 132 einige Vorschläge genannt.

Den mit Substrat befüllten Boden kann man direkt bepflanzen. Wuchernde Arten sollten aber unbedingt in Töpfen eingesenkt werden, um ihrem Ausbreitungsdrang einen Riegel vorzuschieben. Kleinwüchsige Seerosen fühlen sich im freistehenden Trog besonders wohl, da sich das Wasser im Sommer gut erwärmt. Sie sollten aber in eigenen Pflanzbehältern eingesenkt und nicht direkt ausgepflanzt werden. Im Herbst empfiehlt es sich nämlich, die Seerosen vor dem ersten Frost aus dem Trog zu nehmen und in einem Eimer Wasser im kühlen, aber frostfreien Keller zu überwintern.

Auch Sumpftröge lassen sich mit wenig Aufwand herstellen. Um ein hohes Wasserreservoir zu erhalten, stellt man wie bereits bei den Sumpfbeeten beschrieben, umgedrehte Blumentöpfe auf dem Boden aus, bevor das Substrat eingefüllt wird. Ein lockeres Substrat sorgt ebenfalls für ein hohes, wasserspeicherndes Porenvolumen (siehe Seite 124).

Aufgrund des geringen Wurzelraumes ist bei Trogpflanzungen ein höherer Nährstoffgehalt anzustreben als bei normalen Teichen. Dies ist bei der Düngung zu berücksichtigen (siehe Seite 144).

Schwimmende Inseln

Styroporkisten lassen sich als Schwimmelemente nutzen. Sie werden am Boden mit Löchern versehen, durch die Wasser eindringen und Wurzeln herauswachsen können, und mit Substrat gefüllt. Der unschöne Rand läßt sich mit Jutegewebe kaschieren. Solche „Inseln“ schwimmen nur dann stabil auf dem Wasser, wenn sie lediglich mit kleinwüchsigen Arten bepflanzt werden. Geeignet sind viele Arten, die

Gestaltungsmöglichkeiten von Sumpf- und Wassertrögen.

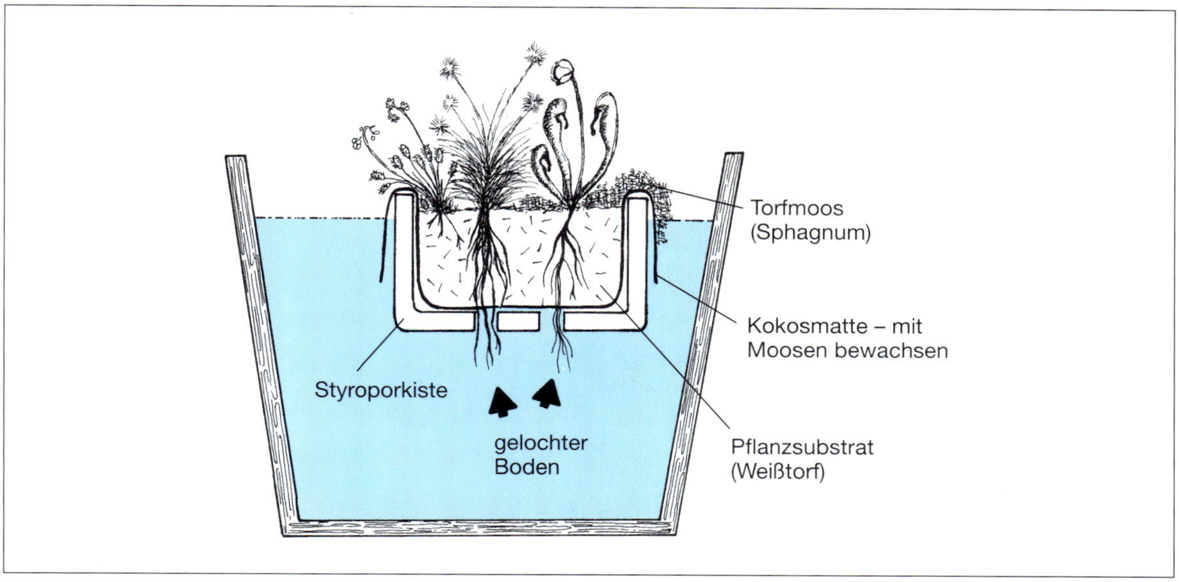

Schwimmendes „Hochmoor" in der Regenwassertonne.

in der Tabelle ab Seite 75 genannt sind. Ein interessanter Verwendungsbereich ist z. B. die Gestaltung eines schwimmenden Hochmoores auf einer Regenwassertonne. Die Hochmoorpflanzen sind an das nährstoffarme Regenwasser bestens angepaßt, und der Styroporkörper sorgt für einen gleichmäßigen Wasserstand im Torfsubstrat auch bei noch so stark schwankender Füllung der Tonne.

Vernetzung verschiedener Teiche

Wassergartenfreunde mit entsprechenden Platzverhältnissen legen sich gerne mehrere Teiche mit unterschiedlichen Bepflanzungsthemen an. Um sich die Arbeit des Wassernachfüllens zu erleichtern, ist es günstig, die Teiche über Bachläufe oder Kaskaden miteinander zu verbinden. Es genügt dann, nur an einer Stelle Wasser nachzufüllen. An der tiefstgelegenen Stelle wird dann das Wasser wieder zum obersten Teich zurückgepumpt.

Nicht zu empfehlen ist eine solche Vernetzung bei beabsichtigt unterschiedlichen Wasserqualitäten in verschiedenen Teichen oder Sumpfbeeten. So sollte zum Beispiel auf keinen Fall das Wasser einer nährstoffreichen Hochstaudenflur mit dem einer Hochmooranlage verschnitten werden. Die Hochstauden würden mit Kümmerwuchs reagieren, die Moorpflanzen würden Kalk- und Salzschäden erleiden.

Einbau von Folien- und Fertigteichen

Erdaushub

Der Fertigteich wird auf seinem zukünftigen Standort aufgestellt, und die Umrisse markiert man auf dem Boden. Beim Aushub der Erde sollten 30 cm Arbeitsbereich nach allen Seiten zugegeben werden. Nun wird das Relief des Teiches möglichst paßgenau im Boden nachgebildet. Dabei sollte man sich an den im Schema von Seite 17 dargestellten Tiefenzonen orientieren.

Nach unten muß man sowohl bei Fertig- als auch bei Folienteichen immer 5 cm tiefer ausheben, um ein Sandbett einbringen zu können. Die Tiefe ist so zu kalkulieren, daß der Rand später mit Grobkies, Böschungsmatten, Platten oder Rasensoden kaschiert werden kann, ohne eine unnatürliche Aufwölbung des Uferbereiches entstehen zu lassen. Derartige „Kraterseen" werden leider immer wieder dem Rasen aufgepfropft; sie liegen dann wie ein Fremdkörper im Hausgarten. Es lohnt sich also, die Aushubtiefe lieber etwas großzügiger zu kalkulieren. Dies gilt besonders für Fertigteiche, deren Randhöhe nach dem Einbau nicht mehr korrigiert werden kann.

Mit der Harke ist der Boden auf scharfkantige Gegenstände abzusuchen, die flacher als 5 cm liegen. Sie müssen entfernt werden. Nun wird der Boden kräftig festgestampft, um ein späteres Absinken zu verhindern. Anschließend wird ein 5 cm starkes Sandbett aufgebracht und ebenfalls festgestampft. Einen zusätzlichen Schutz der Teichfolien vor mechanischer Beschädigung bietet ein aufgelegtes Vlies, das vor allem im Uferbereich verwendet werden sollte. Unter dieses Vlies kann man noch einen Nagetierschutz in Form eines engmaschigen Drahtgeflechtes bringen. Beim Auflegen großer Findlinge oder Quellsteine auf die Folie empfiehlt es sich, das Sandbett unter dem Teich auf 10 cm Dicke zu verstärken und nicht nur unter, sondern auch über der Folie Vlies zu verlegen.

Verlegen von Folien

Zum Verlegen von PVC- und Polyethylen-Folien sollten Temperaturen von mindestens 20°C herrschen. Sonst ist der Kunststoff zu starr und läßt sich nicht genügend formen. EPDM-Folien können auch bei niedrigeren Temperaturen problemlos eingebaut werden.

Folienzuschnitt

Vor dem Kauf der Folie ist der Bedarf genau zu berechnen: Zur Länge bzw. Breite des Teiches ist je zweimal die Tiefe und zweimal mindestens 20 cm Rand zuzuschlagen. Die genauesten Maße erhält man beim Ausmessen der fertigen Grube durch ein locker über das Profil gelegtes Bandmaß.

Man erhält im Handel Folien mit maximal 6 m Breite, die dann bereits aus drei Bahnen verschweißt worden sind. Werden breitere Abmessungen benötigt, müssen weitere Elemente angesetzt werden.

Verschweißen von Folien

Um stabile Verbindungen zwischen zwei Folien zu erreichen, muß man die Ränder, die etwa 5 cm überlappen sollten, anlösen. Unter Druck werden die Folien zusammengefügt; sie gehen beim Erstarren eine feste Verbindung ein.

Das Anlösen kann nach zwei Prinzipien erfolgen: durch Erhitzen knapp über den Schmelzpunkt des Materials oder durch Aufbringen eines chemischen Lösungsmittels. Nach dem ersten Prinzip arbeitet zum Beispiel das Heißluftverschweißen mit einem Industriefön. Dazu braucht es aber geschultes Fachpersonal.

Einfacher zu handhaben sind Quellschweißmittel: Man bringt die Folienränder auf einer festen Unterlage zum Überlappen und streicht mit einem Pinsel die Flüssigkeit zwischen die Bahnen, die anschließend sofort zusammengepreßt werden müssen. Praktisch sind für das Andrücken Kantenroller, wie man sie beim Tapezieren verwendet. Die Nahtstellen werden anschließend noch durch Aufstreichen von Quellschweißmittel so verbunden, daß keine klaffenden Ränder abstehen. Am einfachsten ist dieses Verfahren bei PVC-Folien durchzuführen. Sie sollten bei möglichst warmer Witterung verarbeitet werden. Wer jedoch auf diesem Gebiet noch keinerlei Erfahrung hat, zieht auch hier besser einen Fachmann hinzu. EPDM-Materialien sollte man prinzipiell vom Hersteller nach Wunsch zuschneiden und verschweißen lassen. Aber auch bei in größerem Umfang verwendeten PVC-Folien lohnt es sich kaum, diese Arbeit selbst durchzuführen.

Einbau der Folie

Die Folie wird so in die Teichmulde gelegt, daß sie sich der Wandung möglichst gut anschmiegt. Immer wieder ist zu lesen, die Folie solle glatt und ohne Falten verlegt werden. Dies ist unumstritten die professionellste Verlegeart. Für einen faltenfreien Maßzuschnitt ist jedoch ein versierter Spezialist nötig. Für den Hobbygärtner genügt es, größere Falten sauber an den Teichrand zu klappen. Sie sind wesentlich unproblematischer zu bewerten als durch nicht völlig exaktes Verschweißen auftretende Spannungen und Hohlräume unter der Folie. Kleinere Folienaufwölbungen werden beim Befüllen durch den Wasserdruck ausgeglichen.
Am Ufer soll die Folie mindestens 20 cm überstehen. Vorübergehend wird der Folienrand mit einigen Steinen gesichert. Die endgültige Feinanpassung der Folie an den Untergrund erfolgt beim Einfüllen des Wassers durch dessen Eigengewicht.

Einsetzen von Fertigteichen

Wie oben beschrieben wird ein Sandbett erstellt und der Teich daraufgesetzt. Der Rand muß mit der Wasserwaage auf völlig horizontale Ausrichtung kontrolliert werden. Bevor der freie Bereich zwischen Teichwandung und Boden ausgefüllt werden kann, ist das Becken durch Einfüllen von wenigstens 20 cm Wasser zu stabilisieren. Soll später die Tiefenzone direkt bepflanzt werden, so empfiehlt es sich, noch vor dem Wasser das Substrat einzufüllen. Jetzt erst kann außen ein Gemisch aus Sand und anstehendem Boden (Steine herauslesen!) eingefüllt und mit dem Schlauch eingespült werden. Man muß beim Einschwemmen immer wieder den Wasserrand innerhalb und außerhalb des Teiches kontrollieren: Innen muß das Wasser immer höher stehen als außen, sonst schwimmt das Becken auf und muß nochmals neu gesetzt werden.
Polyethylenteiche können herstellungsbedingt recht dünne Wandungspartien aufweisen. Man sollte deshalb auf einen möglichst paßgenauen Sitz achten. An hohl gelagerten Stellen kann es zu Spannungen und bei dünnem Material zu Schäden kommen. Bei Polyesterteichen besteht diese Gefahr kaum.

Wassereinlaß

Nach Einfüllen des Substrates (Seite 117) wird vorsichtig Wasser zugeführt. (Bei Fertigteichen ist unbedingt der vorige Abschnitt zu beachten.) Um nur möglichst wenig Feinteile aufzuwirbeln, sollte man mit einer Brause am Schlauch arbeiten. Bemerkt man unter der Folie Luftblasen, so werden diese nach oben weggedrückt. Um das Bepflanzen zu erleichtern, füllt man das Wasser etappenweise ein. Bei einer Gesamttiefe von 90 cm kann dies so aussehen: Nach dem Einfüllen der ersten 30 cm wird die Tiefenzone bepflanzt, nach weiteren 30 cm die Flachwasserzone und bei vollem Wasserstand der Sumpf- und Uferbereich. Bereits beim Befüllen des Teiches muß auf die Wasserqualität geachtet werden (siehe Seite 133).

Die Ufergestaltung bei Folienteichen

Das Ufer des Gartenteiches in die Umgebung einzubinden, erfordert etwas Geschick. Die Folie oder sonstiges Dichtungsmaterial sollte nicht mehr zu sehen und vor Beschädigungen geschützt sein. Am einfachsten ließe sich dies bewerkstelligen, indem der anstehende Gartenboden über den Teichrand in die Sumpfzone hineingezogen wird. Somit wäre auch ein allmählicher Übergang vom nassen über feuchten und frischen Boden bis zum normalen Gartenmilieu gewährleistet. Dieses Vorgehen hat aber einen ganz entscheidenden Nachteil: das trockenere Erdreich außerhalb des Teiches kann ungehindert über die Kapillarität des Bodens – auch „Dochtwirkung“ genannt – Wasser aus dem Teich heraussaugen. Die dadurch entstehenden Wasserverluste sind erheblich. Ein kleineres Becken kann über Nacht halb leer gesaugt werden. Aus diesem Grund muß die Folie bzw. der Rand des Fertigteiches um den gesamten Teich herum einige Zentimeter über den Boden herausragen. Diese Kapillarsperre läßt sich mit grobkörnigen, nicht saugfähigen Materialien wie Kies oder Schotter wirkungsvoll kaschieren. Einige Möglichkeiten der Ufergestaltung mit Kapillarsperre werden im folgenden vorgestellt.

Sicherung des Folienrandes durch das Substrat der Sumpfzone (nach Schimana 1993)

In naturnah angelegten Teichen läuft die Folie oft am Rand in eine Sumpfzone aus. Diese ist 40 cm tief und wird mit Substrat oder Kies befüllt. Damit das Substrat nicht zur Tiefenzone hin abrutscht, kann man unter der Folie eine kleine „Nase“ zur Sicherung modellieren. Auch eine auf die Folie gesetzte Steinzeile – wie in der Abbildung gezeigt – erfüllt diesen Zweck. Hinter der Sumpfzone wird die Folie ziemlich steil nach oben bis über das Niveau der an den Teich anschließenden Gartenzone geführt. Dann schneidet man die Folie wenige Zentimeter über der Erde ab oder schlägt sie nach hinten um und vergräbt diesen Rest im Boden (Abbildung). Das Umschlagen längerer Folienränder ist dann empfehlenswert, wenn eventuell später eine Erweiterung der Sumpfzone vorgesehen ist. Im Teich wird das Substrat zum Rand hin auf das Höhenniveau der außen anschließenden Gartenfläche angeböscht. Der Folienrand wird dadurch zwischen Gartenboden und Teichsubstrat eingeklemmt und fixiert. Auch bei Anlehnung der Folie an bauliche Strukturen (zum Beispiel Wege, Pflasterflächen, Mauern) kann der Rand mit dieser Methode von innen her ausreichend befestigt werden.
Anstelle eines Substrates kann man die Sumpfzone auch nur mit Kies befüllen. Dabei entstehende Hohlräume bieten Tieren Unterschlupf. Soll das Ufer trittbelastbar sein, so empfiehlt sich als Unterlage der Kiesfüllung ein dickes Vlies oder eine wenigstens 10 cm starke Substratschicht.

Eingraben des Folienrandes bei fehlender Sumpfzone

Grenzt der Teichrand direkt an eine tiefere Zone an, so kann die Folie nur außerhalb des Teiches verankert werden. Eine übliche Methode zeigt die Abbildung Seite 107, unten: Entlang des Beckenrandes wird eine feste Abgrenzung, zum Beispiel ein Dränrohr, waagerecht verlegt. Über das Dränrohr zieht man die Folie und vergräbt den Rand im Boden.
‚Bei dieser Methode verbleibt ein unschöner, relativ breiter Folienstreifen. Er kann zum Beispiel mit Böschungsmatten aus Kokosfaser überzogen werden. Hängt diese Matte in das Teichwasser hinein, so bewirkt sie wieder einen gewissen Kapillareffekt und saugt, wenn auch in recht geringen Mengen, Wasser aus dem Teich heraus.
Mit sorgfältig ausgewählter Bepflanzung läßt sich die Folie noch unauffälliger verstecken. Das Pfennigkraut *(Lysimachia nummularia)* kriecht zum Beispiel mit seinen niedrigen Trieben vom Ufer aus über die Folie in den Teich hinein und entwickelt dort Wassersprosse.

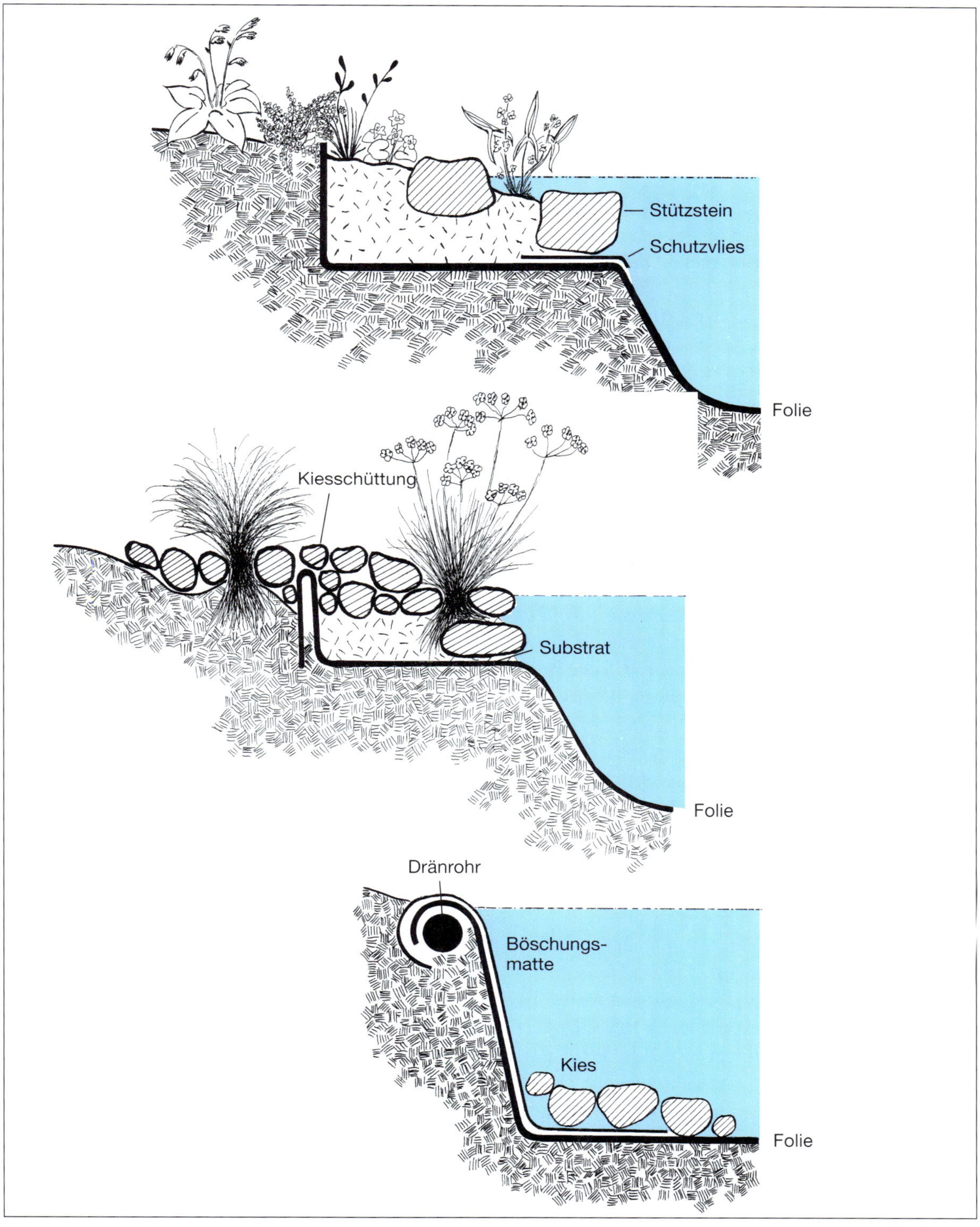

Möglichkeiten der Ufergestaltung.

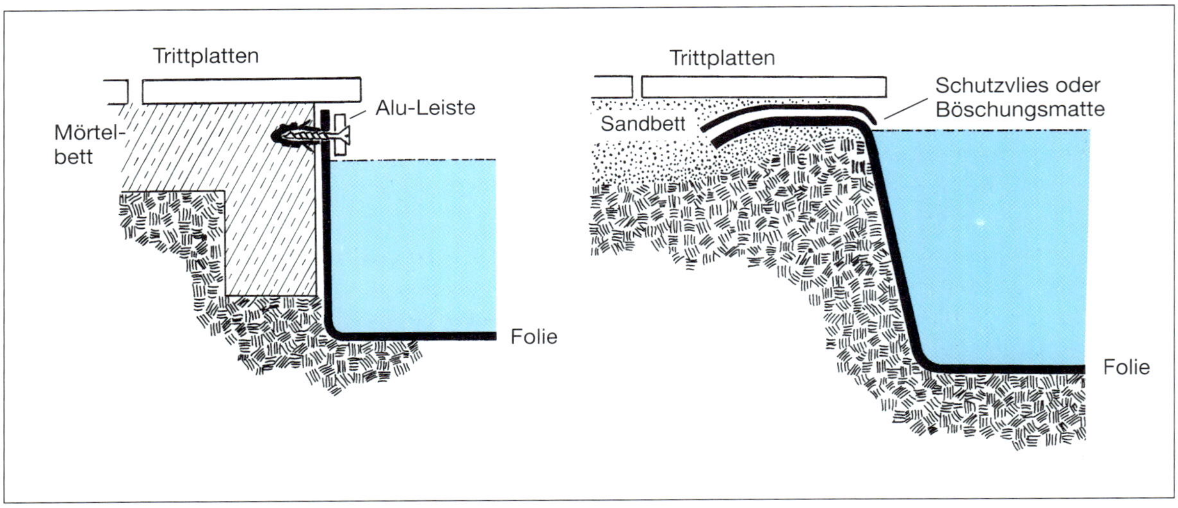

Möglichkeiten der Ufergestaltung.

Teichufer aus Beton und Stein

An Uferpartien, die unmittelbar an Mauern, Plattenwegen oder ähnlichen befestigten Strukturen anschließen, ist darauf zu achten, daß kein Wasser unter Platten oder Betonteile laufen darf. Dies könnte im Winter zu Frostsprengung und Schäden an der Bausubstanz führen. Auch hier muß der Folienrand genügend weit über die Wasseroberfläche geführt werden. Bei Bauweisen ohne Mörtel kann man die Folie unter die Platten ziehen (Abbildung). Läßt man die Platten ein paar Zentimeter über die Wasserfläche laufen, so wird die Folie schattiert und fällt weniger auf. Bei von Beton oder Mauerwerk abgegrenzten Teichen empfiehlt sich das Anschrauben der Folie einige Zentimeter über dem Wasserspiegel. Um ein Ausschlitzen zu verhindern, kann zum Beispiel eine Aluminium-Leiste aufgesetzt werden, die den Druck der Verschraubung auf den gesamten Folienrand verteilt.

Bei längeren Regenfällen kann es zum Überlaufen des Teiches kommen. Dies ist besonders während des Winterhalbjahres zu erwarten. Für diesen Fall sollte der Folienrand an einer Stelle bewußt einige Zentimeter niedriger verlaufen. Damit das überschüssige Wasser außerhalb dieses Bereiches rasch versickern kann, empfiehlt sich bei lehmigen oder gar tonigen Böden die Anlage einer kleinen, kiesgefüllten Sickergrube oder der Einbau eines Dränrohres mit Anschluß an eine vorhandene Entwässerungsleitung. Ist die gesamte Umgebung des Teiches versiegelt, so kann man überschüssiges Wasser durch ein eingebautes Rohr unter der Versiegelung wegführen. Befindet sich der Teich in Hausnähe, sollte der Überlauf auf der dem Haus abgewandten Seite liegen.

Die Bepflanzung

Heimische Arten oder Exoten?

Moderne Gartenideologien neigen dazu, nur die Verwendung heimischer Arten zuzulassen und alles Fremdländische zu verbannen. In sehr naturnah konzipierten Anlagen mag diese Einstellung berechtigt sein. In architektonischen Teichen mit geometrischer Formgebung, oft in Anlehnung an Gebäude und regelmäßige Plattenbeläge, sind dagegen manche Exoten oder auch buntlaubige Kulturformen genauso zu akzeptieren oder gar zu bevorzugen. Daher folgen einige Gedanken, die eine allzu einseitige Ablehnung alles Fremdländischen relativieren sollen.

Artenarmut nach den Eiszeiten

Viele hierzulande winterharte Pflanzen, die heute nur noch in Nordamerika, Osteuropa oder Asien vorkommen, waren vor den Eiszeiten auch in Mitteleuropa heimisch. Durch geographische Besonderheiten (die Alpen verhinderten ein Abwandern nach Süden) sind sie bei uns im Zuge der Abkühlung ausgestorben. Die Vegetation Mitteleuropas wurde dadurch im weltweiten Vergleich recht artenarm. Ohne diese vorgeschichtlichen Klimakatastrophen wäre unsere heimische Flora um so manche Art reicher, die heute nur noch auf anderen Kontinenten zu finden ist.

Es gibt auch „deutsche Exoten"

Arten, die nur im vom Meer beeinflußten Klima Norddeutschlands vorkommen (z. B. *Baldellia ranunculoides*), sind zwar heimisch, müßten aber in Süddeutschland genaugenommen auch als Exoten angesprochen werden, da sie einer völlig anderen Klimaregion entstammen. Das gleiche gilt etwa für alpine Arten, wenn sie im Tiefland angepflanzt werden (z. B. *Eriophorum scheuchzeri*). Die klimatischen Verhältnisse am Verwendungsort sind in solchen Fällen völlig anders zu bewerten als die des Naturstandortes, was oft zu verkürzter Lebensdauer führt oder zumindest den Pflegebedarf entsprechend erhöht. Eine gesamtökologische Aufwertung des Hausgartens darf man sich von Vertretern so völlig anderer Naturräume wie in den oben genannten Beispielen nicht erwarten. Auch wird deren natürliche Begleitfauna kaum den Weg in den Gartenteich finden.

Heimatstandort ist wichtiger als Heimatland

Von größerer Bedeutung als das Verbreitungsgebiet sind in bezug auf die Verwendung die Bodenverhältnisse des Naturstandortes zu werten. Die in eutrophen Verhältnissen vorkommende heimische Wasser-Schwertlilie, *Iris pseudacorus*, zwischen heimische Hochmoorpflanzen zu setzen, bedeutet einen echten Verwendungsfehler: Entweder wird die Schwertlilie die anderen Arten verdrängen, oder, bei wirklich hochmoorartigen Substraten, aufgrund von Nährstoffmangel kümmern und eingehen. Eine Zusammenpflanzung von Arten gleicher Standortbedingungen verhält sich dagegen stabil, auch wenn sie verschiedenen geographischen Herkünften entstammen.

Kleinbleibende Exoten für kleine Teiche

Bei begrenzten Platzverhältnissen empfiehlt es sich, anstelle zum Wuchern neigender, heimischer Arten in der Wuchsform ähnliche, aber schwachwüchsigere Ersatzpflanzen zu wählen, auch wenn es sich um Exoten handelt. Der nordamerikanische Wasseraronstab *(Peltandra virginica)* könnte z. B. als horstförmiger Ersatz für das heimische Pfeilkraut *(Sagittaria sagittifolia)* eingesetzt werden. Einige amerikanische und japanische *Iris*-Arten sind kleinwüchsiger als die heimische *Iris pseudacorus* und bieten sich in kleinen Teichen eher zur Verwendung an.

Integration in die Umgebung

In eine naturferne Umgebung passen Exoten oder Züchtungen oft besser als heimische Wildformen. Dies gilt besonders für geometrische Anlagen in Verbindung mit der umgebenden Architektur. Südafrikanische Wasserähre *(Apo-*

nogeton distachyos) oder die panaschierte Zebrasimse *(Scirpus lacustris* ssp. *tabernaemontani* 'Zebrinus') sind für diese Verwendungsweise prädestiniert, während sie in naturnah gestalteten Teichen eher stören würden.

Züchtungen erhöhen den Gartenwert

Viele Naturformen wirken im Garten weniger attraktiv als ihre Selektionen. Zum Beispiel ist die heimische Seerose *(Nymphaea alba)* für den durchschnittlichen Gartenteich zu wüchsig und zu blühfaul. Züchtungen erweitern Farbspektrum und Blühfreudigkeit und erhöhen damit den Gartenwert.
Nur für die Verwendung in der freien Landschaft sind ausschließlich heimische Arten zu wählen. Die Auswahl der Bepflanzung muß dabei genau den gegebenen Standortverhältnissen entsprechen.

Kinder und Pflanzen: Erfahrungen und Gefahren

In erster Linie ist es die Tierwelt, die auf Kinder eine besondere Faszination ausübt: Da sind Libellen, die aus ihrer Larvenhülle schlüpfen, auf der Oberfläche treibende Wasserläufer, Kaulquappen, denen nach und nach Beine und Arme wachsen, bis sie auf einmal zu Fröschen werden; und natürlich Fische, die nach dem Futter schnappen, das ihnen angeboten wird. Solche Beobachtungen lenken unwiderstehlich die Neugier der Kleinen auf sich. Es ist unbestritten, daß das Naturverständnis von Kindern gerade am Gartenteich hervorragend geschult wird. Die Vielfalt der Schöpfung mit den Entwicklungszyklen einzelner Organismen, Nahrungsketten und der Kreislauf der Natur sind an kaum einem anderen Biotop des Hausgartens so kompakt und anschaulich zu vermitteln wie am Teich. Neben einer reichhaltigen Tierwelt gibt es auch eine Reihe ungewöhnlicher Pflanzen, die die Aufmerksamkeit unseres gärtnerischen Nachwuchses wecken und Interesse für die Flora auslösen kann.

Arten mit wohlschmeckenden, eßbaren Früchten sind für Kinder reizvoll. Aber es ist auch wichtig für sie, gefährliche Giftpflanzen zu kennen, denn auch wenn Kinder das Alter, in dem sie in den Teich fallen und ertrinken können (siehe Seite 92), überwunden haben, bleibt die Gefahr, daß sie von unbekannten Pflanzen naschen, noch für einige Jahre bestehen. Anregungen für den Umgang von Kindern mit Pflanzen geben die folgenden Hinweise zu giftigen und eßbaren Arten sowie die Beispiele von Pflanzen mit „Lerneffekt".

Giftpflanzen

Oft wird versucht, Kinder dadurch vor Vergiftungen zu schützen, daß man gnadenlos alles, was in Giftpflanzenlisten erfaßt ist, aus dem Gartenraum verbannt. Für Kindergärten und Spielplätze ist diese Strategie unbedingt zu empfehlen; leider sind gerade hier viele „Sünden" in der Pflanzenverwendung zu beklagen. Im Privatgarten kann man dagegen etwas differenzierter abwägen: Vergiftungsfälle mit tödlicher Folge aufgrund des Genusses von Pflanzen sind äußerst selten. Im allgemeinen kommt es nach dem Verzehr giftiger Teile zu Bauchschmerzen, Übelkeit, Brechreiz bzw. Durchfall; in extremen Fällen treten temporäre Lähmungen ein.
Wirklich gefährlich sind zum einen auffällige giftige Früchte, die zum Verzehren reizen, zum anderen Sproßteile, die bereits bei Berührung Giftstoffe übertragen können. In der Tabelle sind jeweils die wichtigsten Arten genannt. Meist handelt es sich um Vertreter der Gartenzone um den Teich (Zone 1), die keine Verbindung zum Wasser besitzt.
Bei den genannten Arten ist Vorsicht geboten, wenn Kinder im Garten spielen. Entweder verzichtet man auf ihre Verwendung, oder die Früchte werden noch in grünem Zustand entfernt. Von *Daphne, Ligustrum* und *Taxus* gibt es auch nichtfruchtende Sorten im Handel, die dann aber oft andere Wuchseigenschaften als die Art besitzen.
Besonders erwähnt werden muß der Riesen-Bärenklau oder Herkulesstaude *(Heracleum man-*

Giftige Pflanzen mit auffälligem Fruchtschmuck

Arum-Arten	rote Beeren	Zone 1 (Schatten)
Calla palustris	rote Beeren	Zone 3
Colchicum-Arten	grüne Kapseln, ganze Pflanze sehr giftig!	Zone 1–2
Convallaria majalis	rote Beeren	Zone 1 (Schatten)
Daphne-Arten	rote Beeren	Zone 1
Euonymus-Arten	rot-orange Früchte	Zone 1
Laburnum-Arten	Hülsen mit großen Samen	Zone 1
Ligustrum-Arten	schwarze Beeren	Zone 1
Lonicera-Arten	rote oder schwarze Beeren	Zone 1
Solanum dulcamara	rote Beeren	Zone 2–3
Taxus baccata	roter Fruchtbecher eßbar, aber Kern und alle vegetativen Pflanzenteile extrem giftig!	Zone 1
Berührungsgiftige Pflanzen		
Aconitum-Arten		Zone 1 (Schatten)
Digitalis-Arten		Zone 1
Heracleum mantegazzianum		Zone 1–2

tegazzianum). Die Blätter geben bei Berührung Substanzen ab, die eine Herabsetzung des Lichtschutzes der Haut bewirken. Auch bei bedecktem Himmel kann es daraufhin in kürzester Zeit zu einem gefährlichen Sonnenbrand mit Blasenbildung kommen. Für Kleinkinder, die im sommerlichen Adams- oder Evaskostüm intensiver mit *Heracleum* in Kontakt kommen, kann dies lebensgefährliche Folgen haben! Als Hintergrund von Teichanlagen wäre dieser zweijährige, sich reichlich versamende Neophyt mit seinen bis 3 m hohen Blütenschirmen sehr wirkungsvoll. Auf eine Ansiedlung sollte man im Garten jedoch aus besagtem Grund verzichten. Als harmloser Ersatz mit ähnlichem Aussehen und nur wenig geringerer Wuchshöhe ist auf frischen bis feuchten Böden der Quirlige Haarstrang *(Peucedanum verticillare)* zu empfehlen.

Neben den genannten Arten sind noch viele weitere Giftpflanzen in den vorgestellten Sortimenten enthalten. Besonders trifft dies auf Vertreter der Hahnenfußgewächse (z. B. *Caltha, Ranunculus, Trollius*), der Aronstabgewächse (z. B. *Lysichiton, Peltandra*) und auf *Euphorbia* zu. Diese Pflanzen reizen jedoch kaum zum Verzehr, und Vergiftungsfälle sind hier äußerst selten.

Lernpflanzen

Kinder sind am ehesten für die Pflanzenwelt zu begeistern, wenn sie Veränderungen bewußt miterleben können. In botanischen Gärten faszinieren die schnellen Blattbewegungen von Venusfliegenfalle und Mimose. Fast genauso reaktionsschnell, aber auch genauso wenig winterhart wie die echte Mimose *(Mimosa pudica)* ist die Wassermimose *(Neptunia oleracea)*. Sie wächst im Flachwasser und breitet ihre schwimmfähigen Triebe über die Wasseroberfläche aus. Bei Berührung ihres gefiederten Laubes klappt sie die Blättchen innerhalb weniger Sekunden zusammen. Theoretisch könnte sie ähnlich wie die Wasserhyazinthe als „Sommerflor" für den Gartenteich verwendet werden, ist jedoch leider kaum im Handel erhältlich.

Aber auch einige heimische Sumpf- und Wasserpflanzen haben Bewegendes zu bieten, auch wenn sie weniger schnell oder weniger auffällig reagieren wie die genannten tropischen und subtropischen Arten: Die Blütenbewegungen der Seerosen sind langsam, aber von beeindruckender Regelmäßigkeit. Je nach Sorte öffnen und schließen sie sich zu ganz bestimmten Tageszeiten.

Insektenfressende Pflanzen bedeuten immer wieder eine besondere Attraktion. Der Wasser-

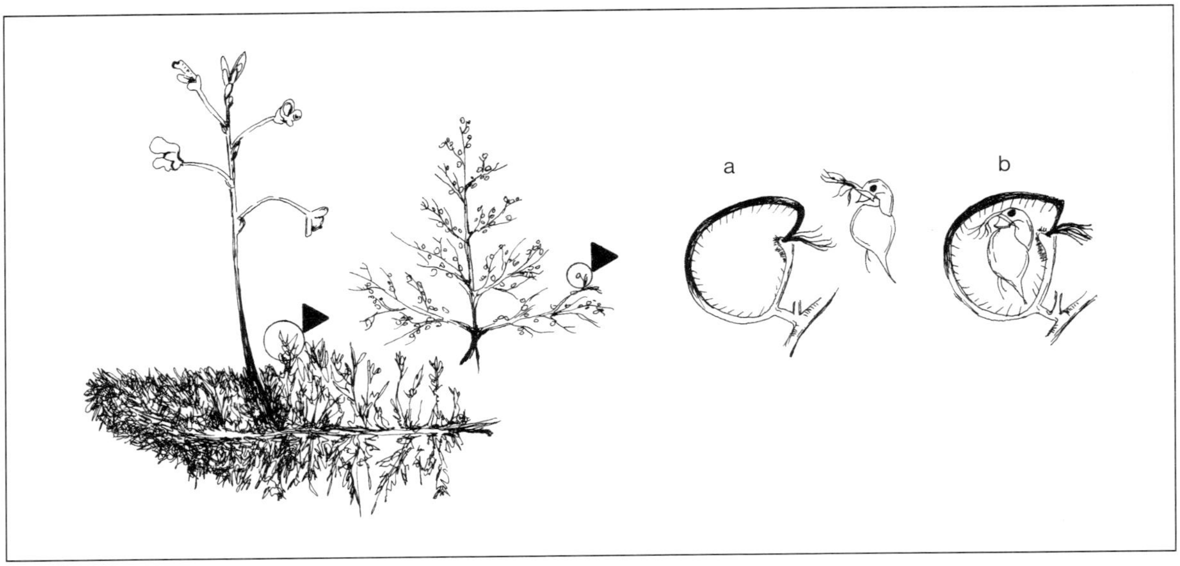

Die etwa 2 mm großen Fangblasen des Wasserschlauches, *Utricularia vulgaris* sitzen an fadenförmig zerteilten Unterwasserblättern. Kleine Wassertierchen berühren die Borsten an der noch verschlossenen Klappe (a); dadurch wird das Öffnen des Deckels ausgelöst. In der Blase herrscht ein Unterdruck, durch den die Beute mit dem einströmenden Wasser eingesaugt wird. Danach schließt sich der Deckel wieder (b). An der Innenwandung der Blasen sitzende Drüsenhaare sondern Verdauungssekrete ab.

schlauch lebt vollkommen untergetaucht und ist in der Art *Utricularia vulgaris* im Handel erhältlich. Der Mechanismus des Beutefangs ist in der Abbildung erläutert: Der Deckel klappt auf der Öffnung der kleinen Fangbläschen ein. Mit bloßem Auge kann man diese Bewegung zwar nicht erkennen, doch für Kinder ist es schon faszinierend genug, im Sommer die kleinen Wasserflöhe zu beobachten, die wie Stecknadelköpfchen zwischen den feinfiedrigen Trieben des Wasserschlauches hängen. Mama und Papa können dazu die Fangbläschen erklären. Ähnlich faszinierend sind Sonnentau und Fettkraut als weitere heimische „Fleischfresser“, die jedoch nur in speziellen Sumpfbeeten gehalten werden können. Entsprechende Hinweise sind auf den Seiten 28, 97, 123 und 132 nachzulesen.

Viel Spaß können Kinder mit freischwimmenden Schwimmblattpflanzen haben, die entweder durch Aerenchyme (Durchlüftungsgewebe) im Blatt oder durch Luftpolster zwischen dichter Behaarung auf der Wasseroberfläche gehalten werden. Besonders bei Schwimmfarnen *(Azolla-* und *Salvinia*-Arten) können sie sich lange damit verkünsteln, die Pflänzchen mit der Unterseite nach oben auf dem Wasser schwimmen zu lassen. Dieses Geduldsspiel ist fast nicht zu schaffen, denn nach wenigen Augenblicken drehen sich die Pflanzen wieder in ihre ursprüngliche Lage zurück.

Für Kinder ab dem Grundschulalter, die schon eigene Gartenerfahrungen gesammelt und die Entwicklung von Pflanzen beobachtet haben, hat der Teich Besonderheiten zu bieten, die man bei reinen Landpflanzen kaum beobachten kann: Die Verschiedenheit zwischen Wasser- und Landformen bestimmter Arten, wie Tannwedel *(Hippuris)*, Wasser-Knöterich *(Polygonum amphibium)* oder Nadelkraut *(Crassula recurva)* läßt zunächst jeweils zwei verschiedene Arten vermuten, bis man dann Triebe im Uferbereich entdeckt, die beide Wuchsformen aufweisen.

Andere Gewächse ändern ihr Erscheinungsbild mit den Jahreszeiten so drastisch, als handele es sich ebenfalls um unterschiedliche Arten: Scheinkalla *(Lysichiton)*, Schildblatt *(Darmera)* und die wuchernde Pestwurz *(Petasites)* blühen im Frühjahr ohne jegliches grünes Blatt und bilden erst zum Sommer hin Laubblätter aus. Auch über der Wasseroberfläche stehende Blüten von sonst völlig untergetaucht lebenden Pflanzen stellen etwas ganz Besonderes dar. Am auffälligsten sind dabei Wasserschlauch *(Utricularia)* und Wasserfeder *(Hottonia)*.

Eßbare Gewächse des Wassergartens

Einige Wasserpflanzen sind oder waren von regionaler Bedeutung als Gemüse-, Arznei- oder Gewürzpflanzen:

Die stärkehaltigen Rhizome von *Nelumbo nucifera*, der nur in sehr geschützt liegenden Teichen winterharten Lotosblume, sind als Mehlersatz verwendbar. Ihre Blattstiele werden in Fernost als Salat oder Gemüse und ihre Samen getrocknet oder kandiert als besondere Leckerei geschätzt.

Die Rhizome von *Acorus calamus* schmecken bitter-scharf und betäuben nach wenigen Minuten die Zunge. In geringen Beimischungen zu Süßspeisen oder süß-saurer Kost gibt er jedoch seiner Bezeichnung Deutscher Ingwer alle Ehre. Kalmus-Tee, aus 30 g feingeschnittenem Rhizom auf 0,5 l Wasser zubereitet, wirkt bei Verdauungsproblemen als „Magenbitter". Große Mengen Kalmus sollte man allerdings nicht verzehren, da der Inhaltsstoff Asaron sonst gesundheitsschädliche Wirkungen haben kann.

Würzig schmecken die Blätter der Brunnenkresse *(Nasturtium officinale)* und der Bachbunge *(Veronica beccabunga)*. Beide sind flachwüchsige Uferrandpflanzen. Brunnenkresse kann zum Beispiel kleingeschnitten aufs Butterbrot gestreut oder als Würze zu Kartoffelgerichten und Quark serviert werden.

Die Knollen der Pfeilkräuter *(Sagittaria-*Arten) sind prinzipiell eßbar; Enten fressen sie jedenfalls mit Vorliebe. Wer genug Pfeilkräuter in seinem Teich beherbergt, kann es ja einmal probieren ...

In den Teilen der Welt, wo die Wassernuß *(Trapa natans)* noch in großen Beständen vorkommt, werden ihre Früchte als Delikatesse verzehrt. Gekocht oder geröstet erinnert ihr Geschmack an Maronen, was ihnen auch den Namen Wasserkastanien eingebracht hat. Wenn sie im Gartenteich überhaupt zur Fruchtreife kommen, wird man die stacheligen Nüsse lieber zur Bestandssicherung auf den Teichgrund absinken lassen, als sie für ein spärliches Mahl zu mißbrauchen. Gutsortierte Feinkostläden bieten jedoch Wasserkastanien in der Dose an.

Schwieriger zu bekommen sind hierzulande die Fruchtstände der Wasserähre *(Aponogeton distachyos)*. In ihrem Herkunftsland Südafrika werden sie als Gemüsepflanzen kultiviert und vermarktet. Wer einige *Aponogeton*-Pflanzen in seinem Teich in warmer Lage hält, kann schon eher an eine eigene Ernte denken als bei der Wassernuß. Gekocht und zu Reis- oder Kartoffelgerichten serviert sind sie eine wohlschmeckende Abwechslung im Speiseplan.

In der Umgebung des Teiches können auf frischem Boden Zier-Erdbeeren verwendet werden: Unter der Bezeichnung *Fragaria*-Hybride 'Pink Panda' befindet sich ein rosablühender, ausläufertreibender Bodendecker im Handel, der im Sommer kleine, rote, süßliche Erdbeeren hervorbringt. Geschmacklich hervorragend sind die neuen Sorten von *Fragaria × vescana*, die weiß blühen, ebenfalls bodendeckend wachsen und als Erdbeerwiese bezeichnet werden.

Von der Verwendung der gelbblühenden Trugerdbeere *(Duchesnea indica)* sollte im allgemeinen abgesehen werden, da sie extrem wuchert und keinen allzu hohen Zierwert besitzt. Ihre kugeligen Früchte sind zwar auch genießbar, schmecken aber fade und wäßrig.

Einige Ziersträucher mit wohlschmeckenden Früchten für den Hintergrund des Teiches im normalen Gartenboden (Zone 1) sind in der Tabelle aufgelistet.

Ziersträucher mit wohlschmeckenden, eßbaren Früchten für Zone 1

Amelanchier-Arten	Felsenbirne
Aronia melanocarpa	Apfelbeere
Chaenomeles-Arten und -Sorten	Zierquitte (zur Verarbeitung, z. B. als Marmelade)
Cornus mas	Kornelkirsche (andere *Cornus*-Arten besitzen schwach giftige Früchte)
Elaeagnus multiflora	Vielblütige Ölweide (für trockene Böden geeignet)
Malus-Hybriden, z. B. 'John Downie'	Zieräpfel
Mespilus germanica	Deutsche Mispel (Früchte nach Frosteinwirkung im Herbst genießbar)
Prunus cerasifera 'Hollywood'	Kirschpflaume
Rubus phoenicolasius	Japanische Weinbeere

Ausbreitungsdrang der Bepflanzung

Eine ästhetisch ansprechende Teichanlage weist wenigstens zu einem Drittel eine freie Wasserfläche auf. Zu kleine Teiche sollte man daher nur dezent im Randbereich bepflanzen und auf Seerosen besser verzichten. Die auf Seite 83 für niedrigen Wasserstand ausgewiesenen Seerosensorten sind hier noch am ehesten geeignet.

Bei einer direkten Bepflanzung kleiner Teiche mit zu starkwüchsigen Arten erlebt man gewissermaßen im Zeitraffer die im Einführungsteil beschriebene Seenverlandung. Was im natürlichen Stillgewässer Jahrzehnte oder Jahrhunderte in Anspruch nehmen würde, kann im kleinen Gartenteich schon nach drei bis fünf Jahren eine völlige Neugestaltung der Anlage erforderlich machen.

Wucherndes Röhricht

Viele Arten des Hauptsortimentes, wie Rohrkolben, Schilf und einige Großseggen, entwickeln unterirdische Ausläufer mit einer solchen Intensität, daß sie Kunststoffeimer und ähnliche Behälter zum Platzen bringen können. Einmal etablierte Pflanzen halten sich dann oft nicht mehr an den ihnen vorgegebenen Wasserstand und wuchern im ganzen Teich umher. Der Schmalblättrige Rohrkolben *(Typha angustifolia)* kann zum Beispiel in über 50 cm Wassertiefe vordringen und damit die Seerosen in Bedrängnis bringen.

Sehr große Teiche (ab wenigstens 30 m^2) mit entsprechend dimensionierter Tiefwasserzone können im Randbereich problemlos mit Substrat befüllt und direkt bepflanzt werden. Nur hier läßt sich ein langfristig haltbarer, naturnaher Röhrichtgürtel gestalten. Auf die ausgesprochen verdrängenden Bestandsbildner Schilf *(Phragmites)*, Rohrglanzgras *(Phalaris)*, Schlank-Segge *(Carex acuta)*, große Rohrkolben *(Typha angustifolia* und *T. latifolia)* und Kanadischer Reis *(Zizania caduciflora)* sollte man aber auch hier zugunsten etwas zurückhaltenderer Arten verzichten. Anstelle von *Typha angustifolia* ist z. B. die merklich kleinere *T. laxmannii* einsetzbar. Im kleinen Hausgartenteich (unter 15 m^2) kann aber auch dieser noch Probleme durch sein starkes Wuchern bringen.

Wer unter solchen Verhältnissen auf ausläufertreibende Röhrichtpflanzen nicht ganz verzichten will, hat zwei Möglichkeiten, sich das regelmäßig erforderliche Auslichten zu erleichtern: Zum einen kann er, wie auf Seite 118 beschrieben, in feste Behälter pflanzen, um die Wucherer in einen horstförmigen Wuchs zu zwingen. Naturnäher wirkt das bereits empfohlene sehr steile Abböschen des Bereiches von 40 cm bis 70 cm Wassertiefe, das schon beim Einbau des Teiches vorgenommen wird. Dadurch ist in dieser Zone keine Substratauskleidung möglich; die Rhizome müssen auf ihrem Vormarsch in Richtung Teichmitte durchs freie Wasser wachsen und können leicht entfernt werden.

Oberirdisch wuchernde Arten, wie *Veronica beccabunga, Nasturtium, Mentha* oder *Menyanthes* lassen sich durch ein Einsperren in Töpfe und Tröge nicht daran hindern, mit ihren Stolonen (oberirdischen Ausläufern) über den Topfrand hinaus zu wachsen und sich im Teich breit zu machen. An Stellen, die nicht mit Substrat ausgekleidet sind, lassen sich diese Triebe jedoch leicht entfernen.
Während die in der folgenden Tabelle genannten Arten für Hausgärten ungeeignet sind, spielen deren heimische Vertreter als Ufersicherungspflanzen in der freien Landschaft eine bedeutende Rolle.

Stark wuchernde Sumpf- und Röhrichtpflanzen, die frei ausgepflanzt im Gartenteich nicht verwendet werden sollten

Bolboschoenus maritimus	Strandsimse
Carex acuta	Schlank-Segge
Carex acutiformis	Sumpf-Segge
Carex riparia	Ufer-Segge
Carex rostrata	Schnabel-Segge
Carex vesicaria	Blasen-Segge
Cladium mariscus	Schwertried
Eleocharis palustris	Sumpfsimse
Equisetum hyemale	Winter-Schachtelhalm
Equisetum telmateia	Riesen-Schachtelhalm
Glyceria maxima	Wasserschwaden
Leersia oryzoides	Reisquecke
Lysimachia vulgaris	Gold-Felberich
Phalaris arundinacea	Rohrglanzgras
Phragmites australis	Schilf
Ranunculus lingua 'Grandiflora'	Zungen-Hahnenfuß
Scirpus lacustris	Teich-Simse
Scirpus sylvaticus	Wald-Simse
Sparganium emersum	Einfacher Igelkolben
Sparganium erectum	Aufrechter Igelkolben
Typha angustifolia	Schmalblättriger Rohrkolben
Typha latifolia	Breitblättriger Rohrkolben
Zizania caduciflora	Kanadischer Reis

Wuchernde Sumpf- und Röhrichtpflanzen mit etwas geringerem Ausbreitungsdrang; frei ausgepflanzt eignen sie sich für große Teiche

Acorus calamus	Kalmus
Eleocharis acicularis	Nadel-Sumpfsimse
Equisetum variegatum	Bunter Schachtelhalm
Eriophorum angustifolium	Schmalblättriges Wollgras
Hippuris vulgaris	Tannwedel
Hydrocotyle vulgaris	Wassernabel
Lysimachia thyrsiflora	Strauß-Felberich
Mentha aquatica	Wasser-Minze
Nasturtium officinale	Brunnenkresse
Sagittaria-Arten	Pfeilkraut
Scirpus lacustris ssp. *tabernaemontani* 'Zebrinus'	Zebra-Simse
Triglochin-Arten	Dreizack
Typha laxmannii	Laxmanns Rohrkolben
Typha minima	Kleiner Rohrkolben
Typha shuttleworthii	Shuttleworth-Rohrkolben
Veronica beccabunga	Bachbunge

Versamung von Sumpfpflanzen

Horstartig wachsende Arten sind generell wesentlich leichter im Zaum zu halten; sie versamen sich jedoch oft reichlich. Am feuchten Ufer und im Flachwasser können Sämlinge von Binsen *(Juncus*-Arten), Gauklerblume *(Mimulus luteus)* oder Froschlöffel *(Alisma*-Arten) lästig werden. In der Natur sind solche Pflanzen oft an gestörten Stellen mit offenen Böden zu finden, weil sie diese Standorte mit ihren immensen Samenmengen ausgesprochen rasch besiedeln können. Im Garten finden sich ähnliche offene, frische bis feuchte Bodenpartien nicht nur in Teichnähe, sondern auch in der Staudenrabatte, in Steinfugen oder sogar im Gemüsebeet. Gerade Binsen und Gauklerblumen, auch Wasserdost *(Eupatorium cannabinum)* und ähnliche, können hier genauso Fuß fassen wie am Teichrand und zum Unkraut werden.

Durch starke Versamung lästig werdende Sumpf- und Röhrichtpflanzen	
Alisma lanceolatum	Schmaler Froschlöffel
Alisma plantago -aquatica	Froschlöffel
Carex elata	Steif-Segge
Carex paniculata	Rispen-Segge
Carex pseudocyperus	Zyperngras-Segge
Eupatorium cannabinum	Wasserdost
Filipendula ulmaria	Mädesüß
Juncus-Arten	Binse
Mimulus guttatus	Gelbe Gauklerblume
Mimulus luteus	Gelbe Gauklerblume
Ranunculus flammula	Brennender Hahnenfuß
Scirpus mucronatus	Stachelspitzige Simse
Typha latifolia	Breitblättriger Rohrkolben

Sumpfpflanzen mit geringem Ausbreitungsdrang

Als kaum wuchernde Arten für die Flachwasserzone sind zum Beispiel *Butomus umbellatus, Pontederia cordata*, die niedrige *Baldellia ranunculoides* oder *Peltandra virginica* zu empfehlen. Für nicht überstaute Feuchtwiesen kommen *Asclepias incarnata, Caltha palustris, Carex paniculata, Lythrum, Tradescantia, Trollius* und diverse Primeln in Frage. Bis auf *Baldellia, Caltha* und *Trollius* benötigen alle genannten Arten recht hohe Nährstoffgehalte. Damit stehen sie ganz im Gegensatz zu den niedrigwüchsigen Kleinoden unserer heimischen Niedermoore, wie *Carex davalliana, Gladiolus palustris* und *Gentiana pneumonanthe*. Diese kann man sogar in Trögen kultivieren, und sie müssen auch in solchen beengten Platzverhältnissen kaum nachgedüngt werden. Weiterhin sollten die Tabellen zur Pflanzenauswahl beachtet werden, in denen die Wuchsformen vermerkt sind.

Der Ausbreitungsdrang von Schwimmblatt- und Unterwasserpflanzen

Auch bei den Schwimmblattpflanzen muß vor einigen Wucherern gewarnt werden. Die Seekanne *(Nymphoides peltata)* oder der Wasser-Knöterich *(Polygonum amphibium)* können selbst große Wasserflächen in kurzer Zeit völlig überziehen. Rein horstig wachsen dagegen die Südafrikanische Wasserähre *(Aponogeton distachyos)* und die Goldkeule *(Orontium aquaticum)*. Die Krebsschere *(Stratiotes aloides)* bildet zwar reichlich Kindel an langen Ausläufern aus, diese lassen sich bei Überhandnehmen jedoch leicht abbrechen und entfernen. Beim Wasserhahnenfuß *(Ranunculus aquatilis)* kommt es sehr auf die Wasserqualität an, ob er zum Wuchern neigt oder sich schwachwüchsig verhält beziehungsweise kümmert. Am Naturstandort besiedelt er relativ kaliumreiche Hartwässer. Im Gartenteich verhält er sich oft als Pionierpflanze: nach einer raschen Anfangsentwicklung über ein bis zwei Jahre bleibt er plötzlich aus und erscheint nur noch spärlich durch Selbstaussaat.

Stark wuchernde Schwimmblattpflanzen	
Azolla caroliniana	Feenmoos
Nuphar-Arten	Teichrose
Nymphaea, großwüchsige Arten und Sorten	Seerose
Nymphoides peltata	Seekanne
Polygonum amphibium	Wasser-Knöterich
Potamogeton natans	Schwimm-Laichkraut

Bei den Unterwasserpflanzen können besonders die wurzelbildenden Arten Probleme aufwerfen. Die als Sauerstoffspender begehrte Wasserpest *(Elodea)* kann durch ihre verdrängende Wuchskraft Seerosen im Austrieb behindern und empfindliche Sorten sogar zum Absterben bringen. Vor dieser Pflanze kann nur gewarnt werden.

Leider wird sie oft unbewußt als winziges Bruchstück mit gekauften Wasserpflanzen eingeschleppt. Auch das kleinste Teilchen wächst sich schnell zu dichten Beständen aus. Die im Teichboden fest verwurzelten Pflanzen brechen beim Jäten leicht ab, und die verbleibende Basis regeneriert sich in kurzer Zeit zur Ausgangsgröße!

Weniger rabiate Sauerstoffspender sind freischwimmende Unterwasserpflanzen. Besonders empfehlenswert ist dabei das Hornkraut *(Ceratophyllum)*, das ebenfalls sehr schnell wächst. Im Unterschied zu *Elodea* läßt sich diese nicht verwurzelte Art bei Überhandnehmen wesentlich leichter und nachhaltiger wieder abfischen. Das Hornkraut kann sogar – wenn ausreichende Mengen zur Verfügung stehen – als biologische Bekämpfung von *Elodea* verwendet werden: Verteilt man größere Triebstücke über einem Wasserpest-Rasen, so wird dieser in seiner Entwicklung stark gebremst oder gar verdrängt.

Nur in extrem nährstoffarmen Wasser kümmert das ansonsten anspruchslose *Ceratophyllum*. Hier können die hübschen Armleuchteralgen *(Chara)* oder der insektenfressende Wasserschlauch *(Utricularia)* zum Einsatz kommen. In nährstoffreichem Wasser würden sie rasch von wüchsigeren Konkurrenten, insbesondere von Fadenalgen, verdrängt.

Pflanzbehälter oder Direktpflanzung?

In rein architektonischen Teichen ist oft die gesamte Bepflanzung in Container, Betonringe und ähnliche Behältnisse verteilt. Bei diesen Anlagen wird in erster Linie auf eine ästhetisch ansprechende Raumverteilung der einzelnen Gestaltungselemente geachtet. Das Verhältnis von freier Wasserfläche zu Bepflanzung soll langfristig konstant bleiben. Eine Ausbreitung gewisser Arten in die Fläche würde diese Vorgabe schnell zunichte machen. Im naturnahen Teich dagegen soll sich ein ökologisches Gleichgewicht einstellen. Nur grobe Richtungskorrekturen und Pflegeeingriffe sollten die Eigendynamik der Pflanzenentwicklung den standörtlichen Gegebenheiten unterwerfen.

Ob nun in Behälter oder auf eine direkt eingefüllte Substratschicht gepflanzt wird, in jedem Fall muß beachtet werden, daß sich die Angaben zum Wasserstand in den Auswahltabellen ab Seite 79 immer auf den Abstand zwischen Substratoberfläche und Wasseroberfläche beziehen. Wird eine Pflanze mit einem 30 cm hohen Topf in einen 70 cm tiefen Teich gestellt, beträgt der tatsächliche Wasserstand nur 40 cm.

Substratauskleidung für die Direktpflanzung

Das natürlichste Erscheinungsbild läßt sich mit Direktbepflanzung erzielen. Dazu wird jede zu bepflanzende Teichebene mit einer etwa 10 bis 20 cm starken Substratschicht befüllt. Bei der Anlage von Sumpf- oder Moorbeeten wird, wie auf Seite 97 beschrieben, je nach Wuchskraft der Bepflanzung eine entsprechend höhere Substratschicht eingebracht. Das Aufbringen einer dünnen Kiesschicht verhindert beim Einlassen des Wassers das Aufschwimmen von Substratpartikeln.

Pflanzhügel

Eine sehr empfehlenswerte Alternative zur völligen Auskleidung eines Teiches mit Erde stellt die Einbringung örtlich begrenzter, flacher Pflanzhügel dar. Selbst starkwüchsige Seerosen und Röhrichtpflanzen begnügen sich lange Zeit mit einer einen halben Quadratmeter großen Substratschüttung, die in der Mitte auf maximal 15 cm Höhe angeböscht ist. Der Vorteil macht sich spätestens dann bemerkbar, wenn der erste Pflegeeingriff zur Entfernung allzusehr verwucherter Ausläufer ansteht: Rhizome, die aus dem Pflanzhügel herausgewachsen sind, lassen sich wesentlich leichter wieder entfernen als ein Geflecht von Ausläufern in einer über den gesamten Teichgrund verteilten Substratdecke. Die einzelnen Pflanzhügel eines Teichgrundes können durch Abdecken und Einfüttern mit

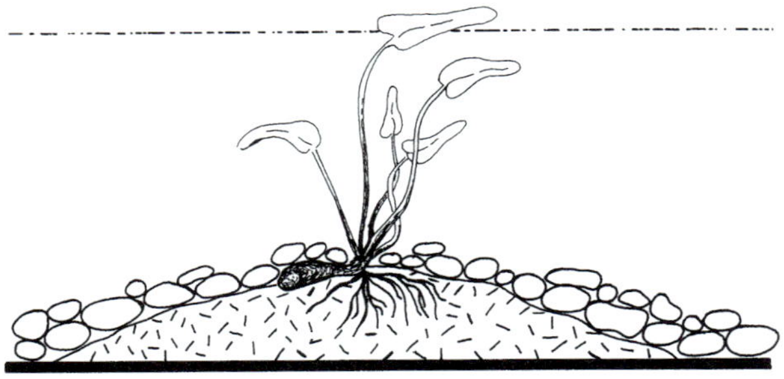

Seerosenpflanzung auf einem Substrathügel. Die Triebspitze soll knapp über der Oberfläche sitzen. Durch die Kiesabdeckung wird das Aufschwimmen des Rhizoms verhindert und das Substrat gesichert

einer dünnen Kiesschicht (Körnung etwa 8 bis 32 mm) gesichert werden.

Töpfe und Container

Drei wesentliche Probleme sind bei der Verwendung von fest abgegrenzten Pflanzbehältern, insbesondere relativ kleinen Töpfen, zu beachten: mangelnde Standfestigkeit, schlechte Ernährungssituation und unnatürliche Entwicklung.

Die Standfestigkeit ist vor allem bei hochwüchsigen Arten ein Problem. Es sollten eher breite als hohe Gefäße verwendet werden. Durch Einsenken ins Bodensubstrat – falls vorhanden – oder Auflegen von Steinen auf die Topfoberfläche läßt sich die Stabilität erhöhen. Noch sicherer ist es, die Beschwerung gleich beim Bepflanzen auf den Topfboden zu legen. Im Beckenrandbereich lassen sich Töpfe auch am Ufer verankern.

Die im Topf vorhandenen Nährstoffe sind bei dem geringen Wurzelvolumen rasch aufgebraucht. Über die Substratoberfläche bzw. durch die Abzugslöcher können neue Nährstoffe nicht schnell genug an die Wurzeln gelangen. Auf eine gute Ernährung ist bei Pflanzen in Töpfen und Trögen also besonders zu achten. Eventuell muß gezielt nachgedüngt werden.

Im Sumpfbeet eingegrabene Töpfe mit ausläufertreibenden Pflanzen müssen am Boden

Im Topf eingesperrt entwickeln unterirdisch wuchernde Röhrichtpflanzen, z. B. *Typha*-Arten, einen untypischen, zusammengedrängten Wuchs. Die Austriebe erscheinen nach einiger Zeit nur noch ringförmig um den Rand herum, während die Mitte verkahlt. Durch das eingegrenzte Wurzelvolumen kommt es schnell zu Kümmerwuchs und zu Vergilbungen.

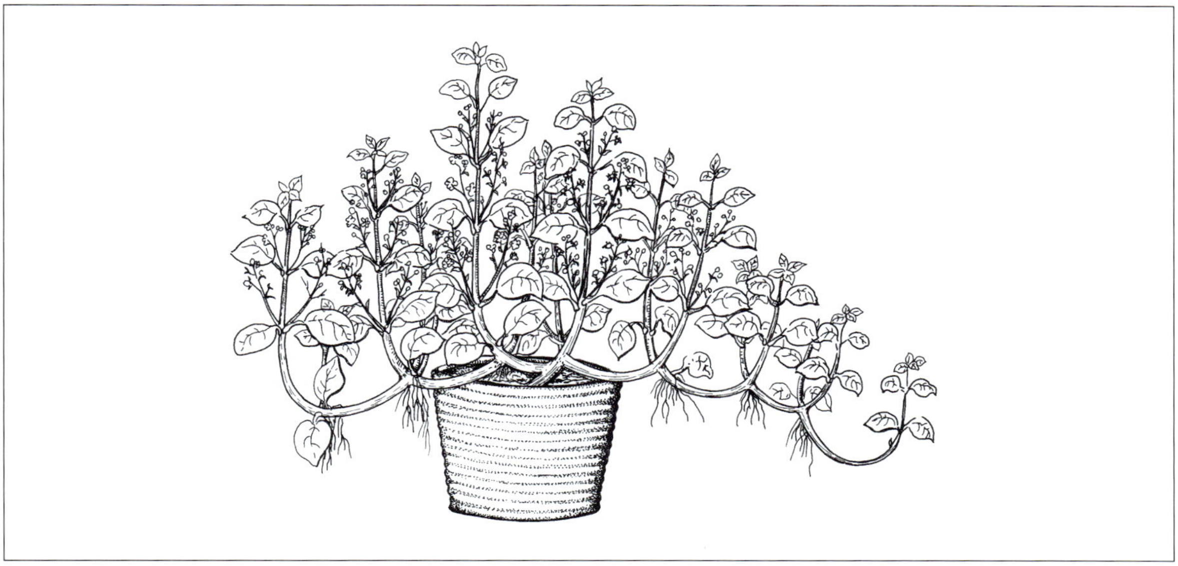

Veronica beccabunga **und andere Arten mit oberirdischen Ausläufern (Stolonen) verlassen nach kurzem ihr Pflanzgefäß.**

gelocht sein, damit sie Wasser ansaugen können. Durch diese Löcher können jedoch Rhizome ausbrechen. Da sich dies, im Gegensatz zu einer Aufstellung im Wasserbecken, nicht kontrollieren läßt, sollte man auf vegetativ stark wuchernde Arten zwischen feinen Partnern besser verzichten.

Pflanzkörbe

Gegenüber festen Töpfen bieten Pflanzkörbe einige Vorteile: Durch die größere Kontaktfläche zwischen Substrat und Wasser ist die Nährstoffnachlieferung günstiger. Zudem können Wurzeln aus dem Korb leicht herauswachsen und sich ihre Nährstoffe aus dem Wasser holen. Ein unnatürlich zusammengedrängter Wuchs wird vermieden, da Rhizome ungehindert durch die Maschen nach außen wachsen können. Soll ein Wuchern verhindert werden, so müssen die durch die Maschen wachsenden Ausläufer allerdings regelmäßig abgeschnitten und gelegentliche unbemerkte „Ausreißer" beim ersten Auftauchen sofort entfernt werden. Körbe sind besonders bei Seerosen beliebt, wenn diese in bereits voll aufgefüllte Teiche gebracht werden sollen. Inzwischen werden auch Pflanztaschen aus Kokosfasergewebe angeboten. Sie wirken sich auf das Wuchsverhalten der Pflanze ähnlich aus wie Körbe, verrotten aber mit der Zeit. Für dauerhafte Ansiedlungen, z. B. an großen Naturteichen und bei Rekultivierungsmaßnahmen, ist diese Eigenschaft von Vorteil.

Betonringe und gemauerte Beete

Mit Betonrohrelementen von bis zu 2 m Durchmesser lassen sich Pflanzzonen schaffen, die ein Ausbrechen von Rhizomen verhindern, aber ein zur längerfristigen Ernährung ausreichendes Substratvolumen fassen. Beim Aufsetzen auf die Teichfolie sollte mit Hilfe von untergelegten Vliesen ein wirksamer Schutz gegen etwaiges Durchdrücken eingebaut werden. In sehr großen und tiefen Teichanlagen werden die Seerosen gerne in Betonringe gepflanzt, um sie auf den richtigen Wasserstand zu bringen.
In ähnlicher Weise lassen sich auch fest gemauerte Bereiche im Wasserbecken schaffen, die von Rhizomen nicht durchdrungen werden können. Bei entsprechender Größe ist hierbei die

Ernährungssituation ähnlich zu werten wie bei direktem Auspflanzen. Solche gemauerten Abgrenzungen wirken wesentlich naturnäher als Betonringe, Körbe oder gar Kunststofftöpfe. Ähnlich wie bei Betonringen ist ein Schutz zur Teichfolie hin durch Vliese anzuraten.

Abgrenzungen mit Folienstreifen

Besonders in Sumpfbeeten und direkt bepflanzten Uferzonen kann das Eingrenzen wuchernder Einzelpflanzen mit Folienstreifen einen gewissen Schutz gegen unkontrollierte Ausbreitung bewirken. Die Folie sollte wenigstens 30 bis 40 cm ins Substrat hineinreichen und knapp darüber abgeschnitten werden. Durch leicht schrägen Einbau werden Ausläufer gezwungen, nach oben auszuweichen und am Folienrand aus dem Substrat zu wachsen. Bei regelmäßiger Kontrolle lassen sie sich dann leicht entfernen. Dennoch läßt sich die Gefahr des Durchwachsens einzelner Triebe unter bzw. im Überlappungsbereich der Folie nicht ganz ausschließen.

Nachträglicher Einbau von Sumpf- und Flachwasserbereichen

Nicht immer wird beim Einbau der Teichfolie eine Flachwasserzone gestaltet. Gerade im architektonischen Bereich wird der Rand ohne Uferbereich steil zur Tiefenzone hin abgeböscht. Aber auch hier läßt sich nachträglich noch eine bepflanzbare Uferzone herstellen. Einige Möglichkeiten dazu zeigt die Abbildung:

a) Mit Steinquadern läßt sich auch bei sehr steilem Teichrand eine Uferzone herstellen und sichern. Die Steine können „trocken" (ohne Mörtel) aufgesetzt, sollten aber aus Gründen der Stabilität zum Substrat hin geneigt werden.

b) Verläuft der Beckenrand nicht steiler als 1:1 (45°), so kann man ein sogenanntes „Krallgewebe" auflegen und außen am Rand verankern. Es handelt sich hierbei um ein lockeres Geflecht aus starren Kunststoffäden, zwischen das ein grobfaseriges Substrat eingefüllt und somit vor dem Abrutschen gesichert wird. Darüber kann ein weitmaschiges Kokos- oder Jutegewebe gelegt werden. Niedrigen Sumpfpflanzen genügt dieser dünne Uferstreifen zur Ansiedelung.

c) Größere Pflanzkörbe, Container oder Tröge, bei Bedarf mit zusätzlichen untergelegten Steinen, können Sumpfpflanzen auch in tiefen Teichen auf den richtigen Wasserstand bringen. Sollen hochwüchsige Röhrichtarten eingebracht werden, empfiehlt es sich, das Gefäß gut am Ufer zu verankern oder mit einem Stein zu beschweren. Dadurch kann Windwurf verhütet werden. Als besonders standfeste „Tröge" sind U-Steine aus Beton verwendbar.

d) Speziell für Fertigteiche aus glasfaserverstärktem Polyester sind Systeme für am Rand einhängbare Pflanzenkästen im Handel. Mit vorgefertigten Profilhaken werden sie am Ufer befestigt. Für besonders wuchtige Röhrichtpflanzen, wie Teichsimse oder große Rohrkolben sind sie aber zu klein dimensioniert.

Pflanzsubstrate

Grundsätzlich sollte ein Substrat für Wassergärten kalkarm sein und möglichst wenig Nährstoffe an das Wasser abgeben. Dadurch soll einem übermäßigen Aufkommen von Algen und Wasserlinsen vorgebeugt werden. Unter Wasser ist organische Substanz zu vermeiden, da sie Fäulnisprozesse im sauerstoffarmen Teichgrund begünstigt. Im Zuge dieser anaeroben Abbauvorgänge kommt es zur Entwicklung giftiger Substanzen wie Methan und Schwefelwasserstoff. Außerdem können bestimmte Pilze oder Bakterien von toter organischer Substanz auf lebendes Gewebe übergehen und Schäden an Wurzeln und Rhizomen verursachen. Besonders bei Seerosen empfiehlt sich die Verwendung mineralischer Materialien ohne organische Zuschläge. Je nach Einsatzbereich sind unterschiedliche Zusammensetzungen und Nährstoffgehalte denkbar. (Die im folgenden empfohlenen Aufdüngungen gelten nur für Frühjahrspflanzung.):

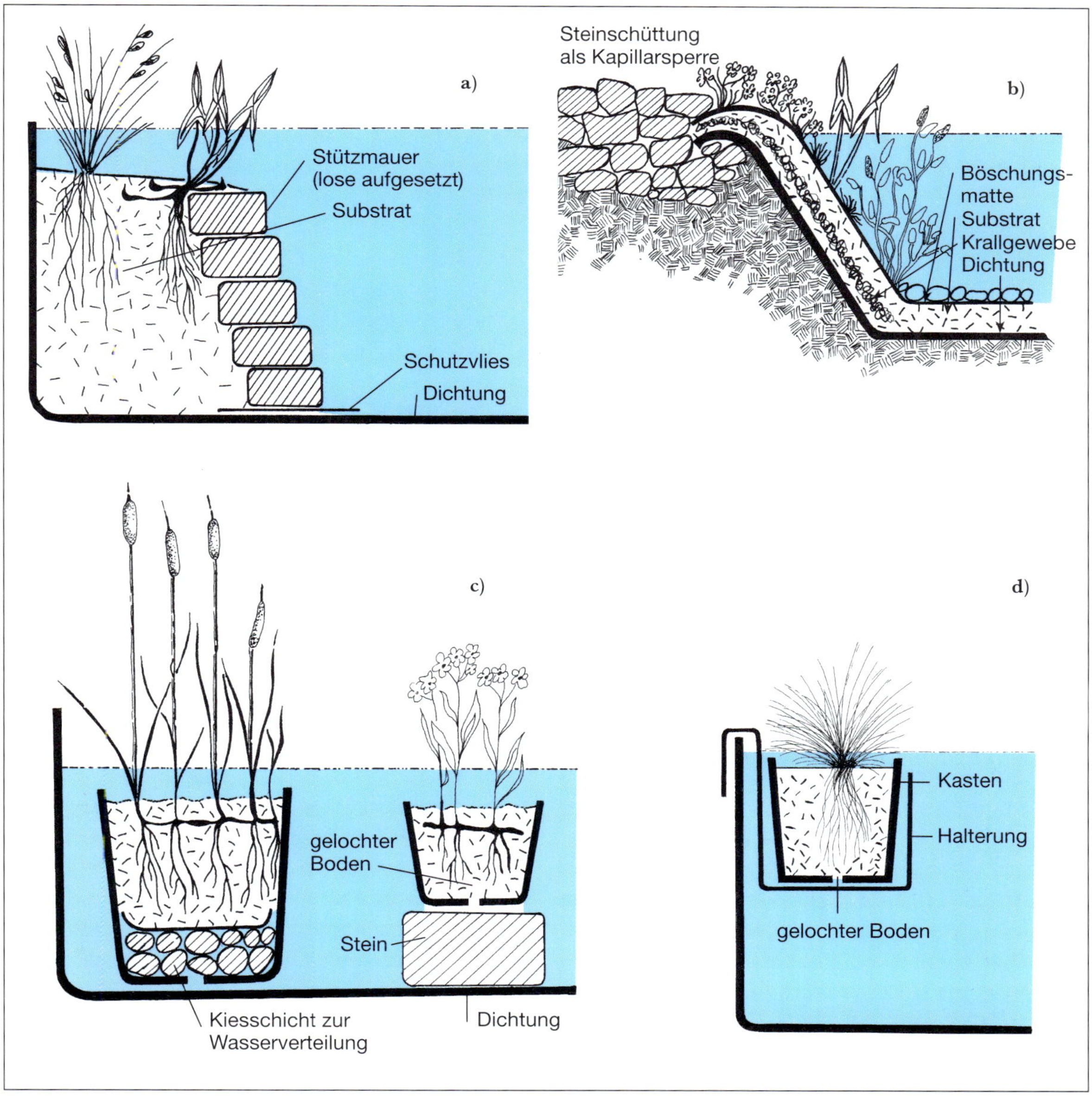

Möglichkeiten des nachträglichen Einbaues von Sumpf- und Flachwasserzonen im Uferbereich (Erläuterung im Text).

Substrate zur Direktbepflanzung der Seerosenzone

Die als Wasserpflanzenerde im Handel erhältlichen Fertigmischungen sind meist unbrauchbar, da sie überwiegend organische Substanz enthalten. Besser geeignet ist Untergrundlehm aus dem eigenen Garten. Durch eine Kiesüberdeckung des Substrates wird der Teichgrund vor dem Aufschwemmen beim Einlassen des Wassers und gegen Aufwirbelungen durch Fische geschützt. Eine Grundaufdüngung ist nur gezielt in den Bereichen, in denen sehr nährstoffbedürftige Pflanzen vorgesehen sind, sinnvoll; am ehesten bei „Stickstoff-Fressern", wie *Pontederia, Butomus* und Seerosen. Eine gute Handvoll grobe Hornspäne je Pflanze deckt den Grundbedarf ab.

Torfpackung zur Härtesenkung

Manche Autoren empfehlen, bei sehr hartem Wasser eine 10 cm starke Lage Schwarztorf unter das eigentliche Substrat einzubringen. Die Huminsäuren enthärten das Wasser und unterdrücken die Algenentwicklung. Die möglichen Nachteile dieser Einbringung von organischer Substanz wurden zu Beginn dieses Abschnitts bereits angesprochen. Da die enthärtende Wirkung nur begrenzte Zeit anhält, empfehle ich den Einsatz von Torf im Teich nur bei speziellen Sumpfbeeten, die Hochmoorvegetation tragen sollen. Im freien Wasser erscheinen mir die auf Seite 133 genannten Enthärtungsmaßnahmen langfristig erfolgversprechender.

Substrate für Töpfe und Container im Teich

An die Struktur des Substrates für Töpfe sind ähnliche Anforderungen zu stellen wie an das Substrat für eine Direktpflanzung in Teichen. Günstig wäre z. B. sandiger Lehm. Sehr dichte, tonige Pflanzstoffe sollten durch Beimischung von bis zu 30 Prozent poröser, anorganischer Zuschläge wie Lavagrus, Ziegelsplit oder Sorptonit eine lockere Struktur erhalten. Dies ist wichtig, um den Austausch mit dem umgebenden Wasser und damit eine möglichst gute Nährstoffnachlieferung zu gewährleisten. Ein hohes Volumengewicht fördert die Standfestigkeit der Töpfe.
Für die meisten Pflanzen ist pro Container mit 5 bis 10 l Inhalt eine Grunddüngung von 20 g Osmocote oder Plantacote (Wirkungsdauer 5 bis 6 Monate) plus 20 g grobe Hornspäne zu empfehlen. Schwachzehrer wie Wollgräser, Kleinseggen oder Orchideen kommen auch ohne Grunddüngung aus. Zu viele Nährstoffe bewirken hier nur eine stärkere Unkrautkonkurrenz.

Substrate für Sumpfbeete

Substrate für Sumpfbeete, die nicht permanent überstaut werden, dürfen auch organische Zuschlagstoffe enthalten. Die hohe Wasserspeicherkapazität von Weißtorf oder Rindenkompost (kein Rindenmulch!) trägt dazu bei, eventuelle Trockenperioden besser zu überstehen. Auch poröse, anorganische Substanzen können diesen Zweck erfüllen. Zu empfehlen sind Bimskies, Lavagrus, Lecadan, Sorptonit oder Perlite. Eine Substratmischung könnte z. B. so aussehen:
2 Teile Lehm
1 Teil Rindenkompost
1 Teil Bimskies
Sand- oder Kieszuschläge wirken sich auf das Porenvolumen sowie auf die Nährstoffspeicher- und Austauschkapazität ungünstig aus und sollten besser nicht eingemischt werden. Kies kann eventuell als Abdeckmaterial Verwendung finden, sofern dies zum Charakter der Anlage paßt.
Eine Grunddüngung des Sumpfbeetes empfiehlt sich bei Bepflanzung mit starkzehrenden Hochstauden, wie Schwertlilien, Wasserdost, Blutweiderich oder Dreimasterblume. Man kann etwa 1 bis 2 kg eines mineralischen Langzeitdüngers (z. B. Triabon oder Nitrophoska Permanent) oder bis zu 3 kg eines umhüllten Dauerdüngers (Osmocote, Plantacote – 5 bis 6 Monate) pro m^3 Substrat einmischen. Aufgrund der zu erwartenden Denitrifikation dürfen zusätzlich etwa 2 kg grobe Hornspäne pro m^3 beigemischt sein.

Substrate für Moorbeete

Unter dem Begriff „Moorbeetpflanzen“ werden gemeinhin alle Arten zusammengefaßt, die auf sauren, torfhaltigen Substraten gedeihen. Kalkhaltige, alkalische Böden (mit hohem pH-Wert) werden von ihnen über längere Zeit nicht toleriert. Spurenelemente, insbesondere Eisen, liegen hier vorwiegend in wenig mobiler (oxidierter) Form im Boden vor. Die meisten Pflanzen können über Säureausscheidungen im Wurzelraum genügend Eisen in die für sie aufnehmbare (reduzierte) Form überführen. Moorbeetpflanzen sind dazu jedoch nicht oder nur in sehr begrenztem Maße in der Lage. Sie sind auf niedrige pH-Werte im Substrat angewiesen, um sich genügend Eisen aneignen zu können. In Verbindung mit organischen Molekülen, die im Torf reichlich vorhanden sind, entstehen zudem mobile Eisen-Chelat-Komplexe, die die Pflanzen ebenfalls aufnehmen und verwerten können. Typisches Symptom für Eisenmangel aufgrund von zu hohem pH-Wert sind gelbe Laubverfärbungen. Bekannte Beispiele von Moorbeetpflanzen für frische, aber nicht vernäßte Torfböden sind Rhododendren, Besenheide *(Calluna)*, Heidelbeere und viele andere Erikengewächse. Als Bewohner sumpfiger bis flach überstauter Lagen sind es vor allem Arten der Hoch- und sauren Zwischenmoore, die im Garten wie Moorbeetpflanzen behandelt werden müssen, z.B. Rosmarinheide, Scheidiges Wollgras, Alpen-Haargras oder Sonnentau.

Ein Beet für solche Arten kann man nach dem gleichen Grundaufbau wie in der Abbildung auf Seite 98 gezeigt anlegen. In der Wasservorratsschicht muß allerdings unbedingt auf kalkhaltiges Granulat verzichtet werden. Günstig wirkt sich hier grobkörniger Lavagrus aus, da dieser sehr viel Eisen enthält. Das Substrat selbst kann entweder aus reinem Weißtorf (sogenannter Düngetorf) bestehen, oder man streckt diesen mit Rindenkompost und Bimskies oder Lavagrus. Eine mögliche Mischung wäre:

1 Teil Weißtorf
1 Teil Rindenkompost (aus Kiefer oder Eiche)
1 Teil Lavagrus (Körnung etwa 2 bis 16 mm)

Es ist wichtig, Weißtorf vor der Verwendung gründlich zu wässern, da er sich in trockenem Zustand schwer benetzen läßt. Am besten in ein Becken oder eine große Wanne einfüllen und unter ständigem Mischen fluten. Zu beachten ist selbstverständlich auch eine Versorgung mit weichem Wasser, am besten mit Regenwasser. Düngung vertragen reine Hochmoorpflanzen nicht.

Einige Sumpf- und Wasserpflanzen kommen auf sauren Naturstandorten vor, die aber von Mineralbodenwasser gespeist und zum Teil sehr nährstoffreich sind. Arten solcher Zwischenmoore, wie Fieberklee, Sumpf-Calla oder sogar Schmalblättriges Wollgras gedeihen auch in „normalen“ Teich- und Sumpfanlagen. Viele zeigen eine erstaunlich große Toleranz gegenüber hartem Wasser.

Torfmoos als lebendes Substrat

Eine Nachbildung eines Hochmoores wirkt nur dann wirklich naturnah, wenn die oberste Substratschicht aus lebendem Torfmoos *(Sphagnum)* besteht (siehe Seite 15). Aus der Natur darf dieses jedoch nicht entwendet werden, und im Handel wird es höchstens von einigen wenigen Spezialisten in geringen Mengen abgegeben. Wer das Glück hat, an ausreichende Mengen von Sphagnen heranzukommen, muß einige Punkte beachten, um dieses lebende Substrat dauerhaft vital halten zu können: Das Moos muß immer Anschluß an weiches, sehr nährstoffarmes Wasser (Regenwasser) haben. Es sollte unter humiden Bedingungen gehalten werden, das heißt, die Wassermenge, die das Moos von oben nach unten durchströmt, sollte höher sein als die über dessen Oberfläche verdunstete. Dies läßt sich besonders in trockenen Klimaten nur durch regelmäßiges Übersprühen erreichen. Man kann sich diese Arbeit erleichtern, indem man eine fest installierte Leitung zu einer kleinen Unterwasserpumpe im Regenwasser-Reservoir führt. Über dem Hochmoor endet die Leitung in einer Sprühdüse. Per Zeitschaltuhr kann man nun täglich zwei- bis dreimal für einige Minuten Wasser über die Anlage versprühen.

Auch in abgestorbenem Zustand halten Sphagnen noch lange Zeit ihre wasserspeichernde und gleichzeitig gut luftführende Eigenschaft, der Zierwert ist dann jedoch stark beeinträchtigt. Von den vielen heimischen Torfmoosarten sind einige besonders robust und für die Verwendung in künstlichen Anlagen zu empfehlen. Besonders das recht großrosettige *Sphagnum palustre*, sowie in nassen Schlenken *S. squarrosum*, haben sich bewährt.

Substrate für Sumpf- und Wassertröge

Substrate für Troggärten mit freier Wasserfläche sollten ähnlich beschaffen sein wie oben für Töpfe und Container empfohlen. Bei reinen Sumpftrögen kann man sich an den Vorschlägen für Sumpfbeete orientieren, wobei besonders auf eine lockere Substratstruktur mit großem Hohlraumvolumen zu achten ist. Tröge mit Moorbeetpflanzungen schließlich erhalten ein entsprechendes, saures, torfhaltiges Substrat.

Substrate an Bachläufen

In Bachläufen verwendete Substrate können ähnlich beschaffen sein wie normale Teichsubstrate. Allerdings sollten sie gegen das Ausspülen von Feinteilen durch die Wasserbewegung gesichert werden. Dies erreicht man durch grobkörnige Zuschläge mit hohem spezifischem Gewicht, die man zumindest in den oberen Bereich reichlich einmischen sollte. Günstig ist die Verwendung von Kies in einer Körnung von 4 bis 16 mm. Empfehlenswert ist ein Abdecken des Substrates mit Vegetationsmatten, die durch Grobkies kaschiert und gesichert werden, wie in der Abbildung auf Seite 99 gezeigt. Zur Bepflanzung werden die Matten in der Größe des Wurzelballens eingeschnitten.

Bezugsquellen und Pflanzenqualität

Sumpf- und Wasserpflanzen kann man entweder als „Rohware" ohne Wurzelballen oder als Topfpflanzen beziehen. Empfindliche Arten, wie Goldkeule *(Orontium)*, Scheinkalla *(Lysichiton)*, Orchideen und Enziane, sollten prinzipiell mit Topfballen gepflanzt werden, da sie sehr empfindlich auf Wurzelverletzungen reagieren.

Auch Seerosen kauft man besser aus einer Anzucht im Topf. Sie sollten bei niedrigem Wasserstand kultiviert worden sein. Dadurch sind die Blattstiele kurz, und die Blätter stehen etwas über dem Wasser. Solche Pflanzen überstehen den Transport besser als Exemplare mit langen Stielen und schwimmendem Laub. Nach dem Pflanzen in tiefes Wasser strecken sich die Stiele innerhalb weniger Tage, und die Blätter schwimmen auf der Wasseroberfläche. Ungetopfte Ware ist heute kaum üblich. In Kunststofftüten angebotene Seerosen sollten mit Skepsis betrachtet werden. Oft sind sie zwar schön bebildert, aber nahezu unbewurzelt, und ihre Vitalität ist durch die lange Lagerung vermindert.

Eine gesunde und kräftige Wurzelbildung sollte sowohl bei Topf- als auch bei Rohware gewährleistet sein. Dazu ist aber einschränkend zu bemerken, daß die Wurzeln einiger Arten, wie *Calla palustris, Butomus umbellatus, Parnassia* und *Sagittaria*-Arten, im Winter natürlicherweise absterben und erst im Frühjahr wieder neu austreiben. Orchideen entwickeln prinzipiell nur wenige, dicke Wurzeln, die jedoch unverletzt sein sollten. Eine abgebrochene Spitze bedeutet meist den Verlust der gesamten Wurzel. Auch sehr lange Wurzelstränge sollten bei diesen Pflanzen somit unversehrt in den Boden gelangen. Die Mißachtung dieser Regel dürfte in vielen Fällen für das Scheitern von Orchideen-Ansiedlungsversuchen verantwortlich sein.

Neben den in der Tabelle genannten Sumpf- und Wasserpflanzen sollten alle außerhalb der Teichfolie, also in Wasserrandzone 1 verwendeten Arten mit Topfballen eingebracht werden. Selbstverständlich sind vor der Pflanzung nicht verrottbare Behältnisse zu entfernen.

Die kostengünstigste Bezugsquelle für Sumpf- und Wasserpflanzen sind Teilstücke aus Nachbars Garten. Auf der Ebene der „Nachbarschaftshilfe" geraten sicherlich Millionen von Pflanzen in neu angelegte Teiche. Aber Vorsicht: Verschenkt wird normalerweise das, was man

Gegen Wurzelverluste empfindliche Sumpf- und Wasserpflanzen. Man sollte sie mit Topfballen beziehen

Aponogeton distachyos	Wasserähre
Gentiana-Arten	Enzian
Iris-Arten und -Sorten	Schwertlilie
Lysichiton-Arten	Scheincalla
Menyanthes trifoliata	Fieberklee
Nuphar-Arten	Teichrose
Nymphaea-Arten und -Sorten	Seerose
Orontium aquaticum	Goldkeule
Orchideen, alle Arten	
Peltandra virginica	Pfeilaronstab
Swertia-Arten	Tarant

selbst im Überfluß hat, also die Arten, die am stärksten wuchern und regelmäßig dezimiert werden müssen. Wer seinen Teich gezielt mit dekorativen und nicht zum Wuchern neigenden Arten bepflanzen will, sollte nicht wahllos alles einsetzen, was ihm kostengünstig angeboten wird.

Theoretisch wäre auch die Entnahme von Pflanzenmaterial aus der Natur denkbar. Rechtlich zulässig ist dies nur, wenn nicht geschützte Arten außerhalb von Naturschutzgebieten ausschließlich zu privaten Zwecken in geringem Umfang entnommen werden. Aber auch bei Erfüllung dieser Kriterien entspricht diese Vorgehensweise nicht unbedingt einem verantwortungsvollen Umgang mit der Natur. Außerdem besteht eine große Gefahr der unbeabsichtigten Einschleppung unkrautartig wuchernder Begleitpflanzen in den Hausgarten. Wer sich mit Naturentnahmen zum Beispiel Samen schnellwüchsiger Binsen, wie etwa *Juncus articulatus*, einhandelt, wird auf Dauer von solchen Aktionen kuriert sein.

Wenn schon mit großem finanziellen Aufwand ein Teich angelegt wurde, sollte man die vergleichsweise niedrigen Kosten für hochwertiges Pflanzgut aus der Gärtnerei oder dem Fachgartencenter nicht scheuen. Es lohnt sich, beim Einkauf auf gute Beratung mehr Wert zu legen als auf Billigware.

Eine weitere Möglichkeit der Pflanzenbeschaffung stellen Versandgärtnereien dar. Eine Lieferung über den Postweg ist risikoreicher als die persönliche Auswahl im Staudenbetrieb. Am ehesten ist sie zu empfehlen, wenn Spezialitäten angeboten werden, die man sonst nicht ohne weiteres bekommt. Um nicht auf unseriöse Katalogangebote hereinzufallen, die mit überfärbten Bildern und klangvollen deutschen Namensneuschöpfungen locken, lohnt es sich, seine Wunschpflanzen gezielt nach der verbindlich festgelegten botanischen Nomenklatur auszuwählen. Wer ganz spezielle Raritäten sucht, kann zum Beispiel mit dem „Pflanzen-Einkaufsführer“ von Walter Erhardt (1995) fündig werden. Auch bei den Bezugsquellen im Anhang sind einige gut sortierte Wasserpflanzenbetriebe genannt, die neben dem Standardsortiment auch weniger übliche Arten und Sorten zum Verkauf anbieten.

Das Pflanzen

Wie bereits ausgeführt, erfolgt die Pflanzung stufenweise mit dem Einlassen des Wassers. Steht bei hohen Lufttemperaturen nur sehr kaltes Leitungswasser zur Verfügung, so empfiehlt es sich, nach jeder Auffüllstufe einige Stunden mit der Bepflanzung zu warten, bis eine Temperaturangleichung eingetreten ist. Kann die Tiefenzone erst nach dem Befüllen bepflanzt werden, so ist es am einfachsten, die Seerosen in Körbe zu setzen und diese dann an den vorgesehenen Stellen zu versenken.

Seerosen dürfen nicht tiefer gepflanzt werden, als sie im Topf saßen, eher etwas flacher. Unterwasserpflanzen, die keine Wurzeln ausbilden, wie Hornkraut *(Ceratophyllum)* oder Wasserschlauch *(Utricularia)*, werden einfach ins Wasser geworfen. Wurzelnde Arten, zum Beispiel Tausendblatt *(Myriophyllum)* oder Wasserfeder *(Hottonia)*, sollte man mit der Basis einige Zentimeter tief in das Substrat oder die Kiesschüttung eindrücken.

Der Pflanztermin

Die beste Pflanzzeit in der Sumpf- und Wasserzone erstreckt sich von Mitte Mai bis Mitte Juli. Vorher ist die Temperatur noch zu niedrig, um ein sofortiges Anwachsen zu ermöglichen. Nach Ende Juli ist zumindest bei langsam wachsenden Arten die Verwurzelung im Substrat bis zum Herbst für eine sichere Überwinterung zu schwach. Getopfte Röhrichtpflanzen können auch noch bis weit in den August hinein problemlos gepflanzt werden. Die Einbringung von Seerosen ohne Ballen ist dagegen nur bis Mitte Juni zu empfehlen. Einige Sorten zeigen schon ab Juli keinen wesentlichen Wurzelzuwachs mehr.

Bepflanzungsbeispiele

Neben ökologischen Kriterien, wie Belichtung, Wasserqualität, Substrat oder Klima, spielen bei Auswahl und Kombination der Bepflanzung auch ästhetische Gesichtspunkte eine Rolle.

Höhenstaffelung, ansprechende Farbkombinationen und eine ausgeglichene Blütezeitabfolge sind die klassischen Regeln der Staudenverwendung. Ausgesprochene Frühjahrsblüher werden bevorzugt in den Hintergrund gestellt. Durch vorgepflanzte Sommer- oder Herbstblüher läßt sich ihr oft unansehnlicher Sommeraspekt kaschieren. Es ist nicht einfach, harmonische Farbkombinationen, wie Gelb-Blau- oder Rot-Violett-Kontraste auf einer differenzierten Gesamtpflanzung optimal zu verwirklichen. Farblich ungünstige Benachbarungen kann man durch eingestreute weiße Blüten geschickt „entschärfen". In schattigen Partien bringen weiße Blüten oder panaschierte Blätter eine gewisse Aufhellung. Neben der Blüte setzen auch bunte Früchte und herbstliche Laubverfärbungen Akzente, die beim Gestalten von Pflanzungen zu berücksichtigen sind.

Sehr unterschiedliche Wuchsformen und Laubtexturen kann man geschickt miteinander kombinieren. Zu großlaubigen Pflanzen bilden gefiederte Blätter oder Gräser gute Kontraste. Neben schmal-aufrechten Sträuchern gesellen sich breitrunde Gewächse oder überhängende Formen. Für den winterlichen Eindruck einer Pflanzung spielen Sträucher mit attraktiven Zweiggerüsten, Stauden mit dekorativen Fruchtständen, stabile Gräser und Immergrüne eine wichtige Rolle.

Der richtige Pflanzabstand erfordert viel Einfühlungsvermögen in die weitere Entwicklung der verwendeten Arten auf dem jeweiligen Standort. Pauschale Empfehlungen sind hier problematisch. Der Durchmesser von Hochstauden wie *Asclepias incarnata, Eupatorium cannabinum* oder *Filipendula rubra* kann in wenigen Jahren einen Meter erreichen. Der Abstand zu ähnlich großen Pflanzen sollte wenigstens 60 bis 80 cm betragen. An ihrer Basis weisen die genannten Arten aufgrund ihres trichterförmigen Wuchses aber noch genug Platz für eine niedrigere Unterpflanzung auf, die man näher heranrücken darf. Bei Frühjahrsblühern, die im Sommer einziehen, ist eine enge Benachbarung mit spätaustreibenden Arten möglich. Ausläufertreibende Wasserpflanzen können auch als Einzel-Individuum in kurzer Zeit ganze Teiche durchwuchern, während extrem schwachwüchsige Streuwiesenpflanzen sogar bei einer Bestandsdichte von 20 Stück pro Quadratmeter nach Jahren noch keine volle Flächendeckung erzielen.

Hinweise und Empfehlungen zu Pflanzabständen sind aus den folgenden Bepflanzungsbeispielen abzuleiten. Die Vorschläge sind losgelöst von der jeweiligen Umgebung dargestellt. Da diese aber in jeder Planung einbezogen werden muß, können die folgenden Beispiele nur als Anregung, aber nicht als „Kochrezept" verstanden werden. Der individuelle Zuschnitt auf die aktuelle Gartensituation wird gewisse Abwandlungen und Anpassungen erforderlich machen. Ziel aller Bepflanzungsbeispiele ist es, unter Berücksichtigung allgemeiner Verwendungsregeln auf kleiner Fläche eine möglichst große Artenvielfalt zu etablieren.

Architektonischer Teich mit zum Teil exotischer Bepflanzung.

Das geometrisch gestaltete Becken besitzt 3 unterschiedliche Tiefenzonen. Das Wasser soll weich und nährstoffreich sein. An der nur 2 m messenden Schmalstelle kann das Becken über 3 Trittsteine passiert werden. Im flachen Bereich wird von einer direkten Bepflanzung der 5 bis 10 cm überstauten Sumpfzone ausgegangen. Die 2 tieferen Zonen sind mit bepflanzten Körben bestückt. Näheres zu dieser Pflanzweise ist auf Seite 117 zu finden. Da jede Pflanze für sich allein wirken und ein allzu starkes Ineinanderwachsen verhindert werden soll, sind Symbole und Abstände relativ großzügig ausgelegt. *Hottonia palustris* kann nur bei weichem Wasser eingesetzt werden. Bei höheren Härtegraden dient *Callitriche palustris* als Ersatz.

Zone 5: Seerosenzone; 22 m²
70 cm tief; mit 20 cm hohen Körben.
Unterwasserpflanzen:
3 *Fontinalis antipyretica*
3 *Nitella flexilis*
3 *Utricularia vulgaris*

Zone 4: Flachwasser; 18 m²
60 cm tief, mit 20 bis 40 cm hohen Körben bestückt.

Zone 3: Sumpfbeet; 7,5 m²
40 cm tief mit 30 cm Substratfüllung.

- 4 *Gratiola officinalis*
- 3 *Caltha palustris*
- 3 *Thelypteris palustris*
- 2 *Iris laevigata*
- 2 *Iris laevigata* 'Alba'
- 3 *Alisma lanceolatum*
- 1 *Cyperus longus*
- 1 *Pontederia cordata*
- 1 *Typha gracilis*
- 4 *Menyanthes trifoliata*
- 3 *Orontium aquaticum*
- 1 *Sagittaria trifolia* 'Plena'
- H 3 *Hottonia palustris*
- 1 *Hippuris vulgaris*
- 1 *Scirpus lacustris* 'Albescens'
- N1 1 *Nymphaea* 'Moorei'
- N2 1 *Nymphaea* 'Froebelii'

Naturnaher Kleinteich mit Mooranlage; Bepflanzung mit heimischen Arten.

Das Beispiel zeigt einen nur 28 m² großen Gartenteich mit randlicher Feuchtzone. Fehlt die notwendige gleichmäßige Feuchtigkeit, so kann sie durch ein Folienbecken im direkten Anschluß an den Teich gestaltet werden. Das Wasser ist nur mäßig nährstoffreich und von mittlerer Härte.
Das Bepflanzungskonzept berücksichtigt ausschließlich heimische Arten. In einigen Fällen ist in Klammern ein möglicher Ersatz mit teilweise fremdländischer Herkunft genannt. Es wurden nur Arten ausgewählt, die einen geringen Ausbreitungsdrang aufweisen. Dadurch läßt sich auf engstem Raum eine große Artenvielfalt unterbringen und weitgehend naturgemäß vergemeinschaften. Die genannten Sorten versamen sich meist weniger stark als ihre Wildformen. Ein stärkeres Auslichten wird am ehesteten bei *Butomus* von Zeit zu Zeit nötig werden.
Nördlich des Teiches steht frischer Gartenboden an, der im Sommer oberflächlich abtrocknet. Die am Südsaum der Gehölze angesiedelten Stauden sind relativ lichthungrig und entsprechen den zunächst noch vollsonnigen Verhältnissen nach der Pflanzung. Im Lauf der Jahre dürfen sie von den Gehölzen mehr und mehr verdrängt werden. Vom Hintergrund her gewinnen dann Immergrün *(Vinca)*, Maiglöckchen *(Convallaria)* und Wald-Erdbeere *(Fragaria)* die Oberhand, da sie die stärkere Beschattung ertragen.
Die direkte Umsäumung des Teiches besteht am Nordrand aus dominanten, horstförmigen Hochstauden mit Unterwuchs. Südwestlich mündet die Hochstaudenflur in eine streuwiesenartige Zone. Den Übergang bilden *Filipendula, Trollius, Iris sibirica* und *Salix* 'Wehrhahnii'. Das Substrat ist hier locker aber feuchtigkeitsspeichernd, humos und etwas kalkhaltig (siehe Seite 122).
Von der Terrasse im Süden ist die gesamte Anlage aufgrund dieses niedrigen Bewuchses gut einsehbar. Die Zwergseggen *Carex davalliana* und *Carex flava* bilden den optischen Zusammenhalt zwischen eingestreuten Blütenschönheiten. Die südöstliche Randabpflanzung stellt eine Synthese zwischen den Themen "Hochstaudenflur" und "Streuwiese" dar. Aus beiden Bereichen wurden Arten zusammengestellt, die sich gegenseitig nicht bedrängen und auf mäßig nährstoffreichem Boden gedeihen.
Die Flachwasserzone des Teiches setzt im Norden die Hochstaudenflur des Außenbereiches fort. Bei der sehr artenreichen Randgestaltung ist die Bepflanzung der Tiefenzone bewußt dezent gehalten.

Zone 5: Seerosenzone; 14 m² 80 cm tief, Seerosenpflanzung auf Substrathügel.
Unterwasserpflanzen:
3 *Utricularia vulgaris*
3 *Chara* spec.
2 *Ceratophyllum demersum*

Zone 3–4: Flachwasserzone; 14 m²
5 bis 20 cm Wasserstand über 5 bis 20 cm Substrat (Gesamttiefe 25 cm).

Zone 2: Feuchtzone mit Streuwiesencharakter; 12 m²
ständig feuchter Boden. Zusätzlich zu den Symbolen werden verwendet:
30 *Carex davalliana*
10 *Carex flava*
20 *Primula farinosa (P. frondosa)*
15 *Parnassia palustris*
15 *Gladiolus palustris*
15 *Tofieldia calyculata (Zigadenus elegans)*

Zone 2: Feuchtzone mit Hochstauden; 6 m².
Zusätzlich zu den Symbolen werden verwendet:
8 *Ajuga reptans*
15 *Lysimachia nummularia*
25 *Leucojum vernum*

Zone 2: Feuchtzone mit Elementen von Hochstaudenflur und Streuwiese; 12 m².
Zusätzlich zu den Symbolen werden im Randbereich verwendet:
12 *Carex davalliana*
12 *Carex flava*
10 *Primula farinosa (P. frondosa)*
15 *Gladiolus palustris*
neben den Folienrand:
5 *Lysimachia nummularia*
15 *Leucojum vernum*

Zone 1: Frischer Gartenboden für den Hintergrund bildenden Gehölzgürtel; 24 m².
Zusätzlich zu den Symbolen werden verwendet:
10 *Vinca minor*
10 *Convallaria majalis*
10 *Fragaria vesca*
10 *Aquilegia vulgaris*
50 *Scilla bifolia*
30 *Galanthus nivalis*

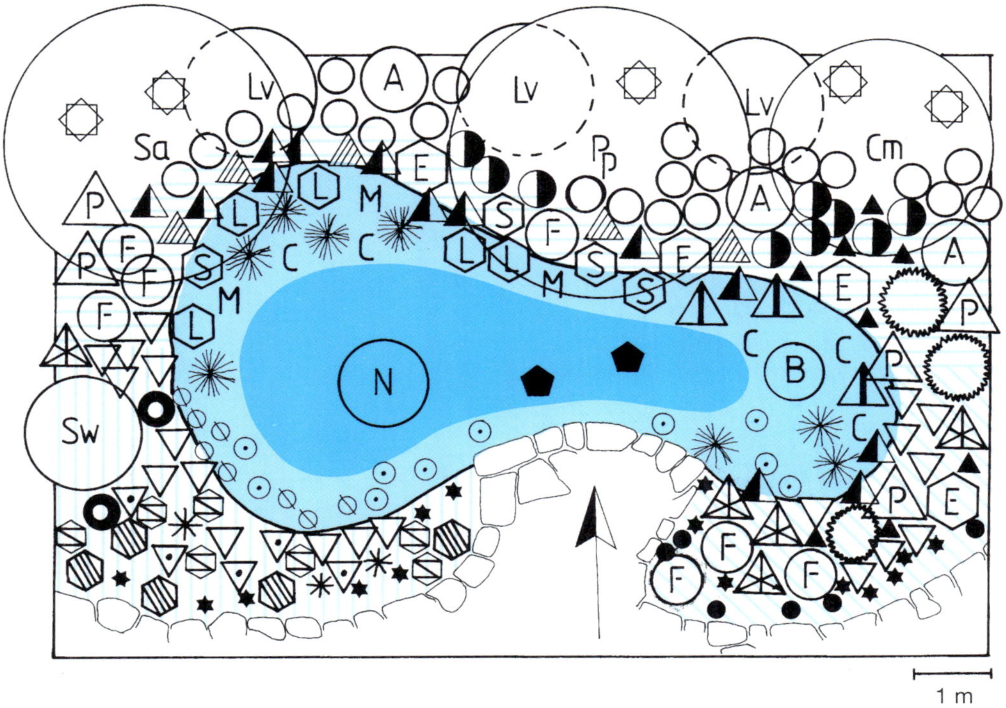

- Sa 1 *Sorbus aucuparia* *(S. decora)* Hochstamm
- Pp 1 *Prunus padus* *(P. maackii)* Hochstamm
- Lv 3 *Ligustrum vulgare* 'Compactum'
- Cm 1 *Cornus mas*
- Sw 1 *Salix hastata* 'Wehrhahnii'
- 5 *Dryopteris filix-mas*
- 23 *Geranium sylvaticum* *(G. himalayense)*
- 9 *Thalictrum aquilegifolium* 'Album'
- (A) 3 *Aconitum vulparia* *(Ligularia dentata)*
- (P) 5 *Polygonum bistorta*
- (F) 7 *Filipendula ulmaria* 'Plena'
- 13 *Caltha palustris*
- 5 *Cardamine amara*
- (E) 4 *Eupatorium cannabinum* 'Plenum' *(Asclepias incarnata)*
- (L) 5 *Lythrum salicaria* 'Rakete'
- (S) 3 *Senecio paludosus*
- M 3 *Mentha pulegium* *(Myosotis palustris)*
- C 5 *Callitriche palustris* *(Crassula recurva)*
- 8 *Carex diandra* *(C. elongata)*
- 3 *Iris pseudacorus*
- 4 *Iris sibirica (I. versicolor)*
- (B) 1 *Butomus umbellatus*
- 10 *Baldellia ranunculoides*
- 8 *Eriophorum latifolium*
- 20 *Trollius europaeus* *(T.*-Hybriden)
- 5 *Dactylorhiza majalis* *(D. praetermissa)*
- 5 *Molinia caerulea*
- 5 *Molinia caerulea* ssp. *arundinacea*
- 2 *Epipactis palustris* *(E. gigantea)*
- 5 *Gentiana pneumonanthe*
- 7 *Succisa pratensis*
- 2 *Stratiotes aloides*
- (N) 1 *Nymphaea candida* ('Candidissima')
- 10 *Primula elatior* *(P. denticulata)*
- 15 *Allium suaveolens* *(A. angulosum)*
- 15 *Fritillaria meleagris* (je 2–3 Zwiebeln)

Naturnaher Teich mit wüchsiger Randbepflanzung.

Der Pflanzplan zeigt eine Teichbepflanzung mit wüchsigen Vertretern des Standardsortimentes. Die Artenauswahl ist für nährstoffreiches, hartes Wasser geeignet. Der abgebildete Ausschnitt des insgesamt über 100 m^2 großen Teiches grenzt nach Süden an eine Rasenfläche an. Der Folienrand wurde, wie auf Seite 106 beschrieben, zwischen Sumpfzone und anstehendem Gartenboden als Kapillarsperre wenige Zentimeter über den Boden geführt. Als Übergang zum Rasen wird außerhalb der Folie ein Saum von *Ajuga reptans, Myosotis palustris* und *Lysimachia nummularia* gepflanzt. Sie sind schnittverträglich und überwachsen den Teichrand so stark, daß er bald nicht mehr zu sehen ist. Im Nordwesten ist der Übergang zu einem Hochstaudensaum angedeutet.

Die im Sumpf- und Flachwasserbereich verwendeten Stauden besitzen zum Teil einen starken Ausbreitungsdrang. Entsprechend groß sind die Abstände gewählt. *Typha, Hippuris, Sagittaria* und *Veronica beccabunga* werden sich schon nach zwei Jahren zu großen Beständen entwickelt haben und mit der übrigen Bepflanzung zu einem dichten Röhricht verzahnt sein. *Primula rosea* und *Caltha palustris* können sich als Frühjahrsblüher darin halten, wenn sie gelegentlich etwas freigestellt werden.

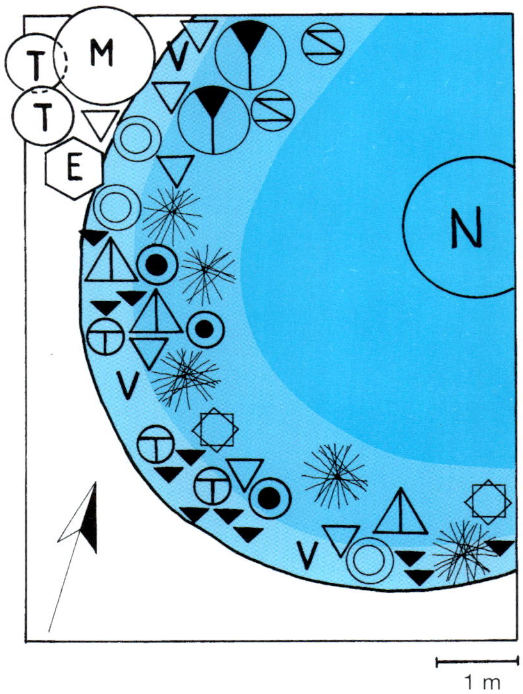

Zone 5: Seerosenzone; abgebildet 18 m^2
70–100 cm tief, Seerosenpflanzung auf Substrathügel.
Unterwasserpflanzen:
3 *Ceratophyllum demersum*
3 *Myriophyllum verticillatum*
3 *Potamogeton crispus*

Zone 4: Flachwasserzone; ca. 12 m^2
5 bis 30 cm Wasserstand über 10 bis 35 cm Substrat (Gesamttiefe 40 cm).

Zone 3: Sumpfzone; ca. 5 m^2
0 bis 5 cm über dem Wasserspiegel, 20 bis 25 cm Substrat bei 25 cm Gesamttiefe.

Zone 1: Gartenboden, nährstoffreich und frisch. Überwiegend Extensivrasen, 2 bis 3mal wöchentlich gemäht. Als Übergang zwischen Rasen und Folie werden gepflanzt:
10 *Lysimachia nummularia*
10 *Ajuga reptans*
10 *Myosotis palustris*

- (M) 1 *Macleaya microcarpa*
- (T) 2 *Telekia speciosa*
- (E) 1 *Eupatorium cannabinum*
- ▽ 1 *Caltha palustris* 'Auenwald'
- V 3 *Veronica beccabunga*
- 2 *Typha laxmannii*
- 2 *Sagittaria latifolia*
- ◎ 3 *Mimulus ringens*
- △ 3 *Iris pseudacorus*
- 5 *Carex elata*
- ▼ 11 *Primula rosea* 'Gigas'
- ⊙ 3 *Alisma lanceolatum*
- 3 *Typha minima*
- 2 *Hippuris vulgaris*
- (N) 1 *Nymphaea* 'Gladstoniana'

Sumpftrog mit Dauerblüte.

Das Substrat dieses Troges muß nährstoffreich sein. Eine jährliche Nachdüngung ist erforderlich. Die Oberfläche ist nicht überstaut. Zur Wasserstandskontrolle ist etwa in der Mitte der Vorderwandung ein halbierter Kunststofftopf mit 30 cm Durchmesser eingesenkt, in den ein Igelschlauch *(Baldellia)* gepflanzt wurde. Die zwei weiteren Baldellien sollen nur im ersten Jahr nach der Frühjahrspflanzung zieren, später wird ihr Platz von *Lysimachia* eingenommen. Im Frühjahr zieren *Caltha* und *Myosotis,* die in Gelb und Blau blühen. Von Sommer bis Herbst stehen die beiden *Mimulus*-Arten und *Baldellia* in Flor. Die Überwinterung sollte an einem geschützten Platz erfolgen.

- 1 *Scirpus mucronatus*
- 1 *Mimulus cardinalis*
- 1 *Caltha palustris* 'Multiplex'
- 3 *Baldellia ranunculoides*
- 4 *Lysimachia nummularia*
- 4 *Primula rosea*
- 3 *Myosotis rehsteineri*
- 2 *Mimulus tilingii* ssp. *caespitosus* oder *M. primuloides*

Das „Hochmoor“ im Trog.

Anstelle des Troges kann die Pflanzung auch von einer auf einem Regenwasser schwimmenden Styroporkiste mit gleicher Fläche und 10 cm Höhe (siehe auch Seite 103) aufgenommen werden. Als Substrat sollte reiner Hochmoortorf ohne Düngerzusatz Verwendung finden. Die Bepflanzung ist voll winterhart. Regelmäßiges Übersprühen mit weichem Wasser verhindert die Anreicherung von Salzen an der Oberfläche.

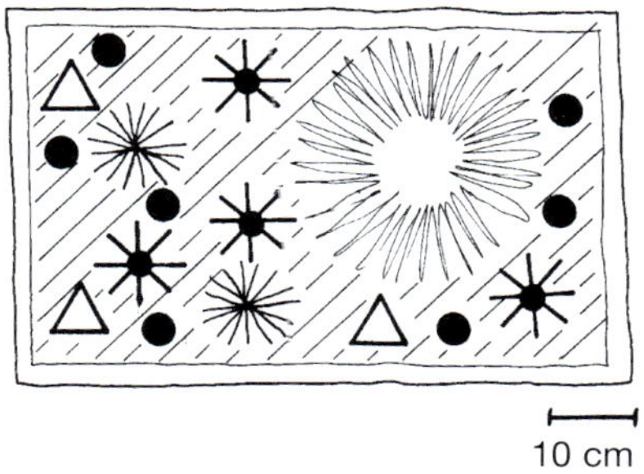

- 1 *Eriophorum vaginatum* 'Goldrausch'
- 4 *Rhynchospora alba*
- 2 *Trichophorum alpinum*
- 7 *Drosera anglica*
- 3 *Oxycoccus quadripetalus*
- Substratabdeckung mit *Sphagnum palustre*

Naturnaher Bachlauf mit vielen ostasiatischen Arten.

Von der Quelle bis zur Mündung ist ein Höhenunterschied von 60 cm zu überwinden. Über vier Stufen aus Bruchsteinen fällt das Wasser jeweils 10 bis 20 cm. Die Zwischenzonen des Bachlaufs sind bis zu 20 cm überstaut und werden randlich bepflanzt. Auch in die Fugen der Bruchsteine am Bachufer können punktuell Primeln, Bodenseevergißmeinnicht und Kopfbinsen eingebracht werden. Im sickerfeuchten Bereich gedeihen weiterhin empfindliche Arten der subalpinen Flachmoore und Quellfluren, wie Fettkraut *(Pinguicula)*. Simsenlilie *(Tofieldia)* oder Sumpfherzblatt *(Parnassia)*. Am Rand des anschließenden Teiches dominieren Japanische Sumpf-Schwertlilien *(Iris*-Kaempferi-Hybriden), die naß, aber nicht überstaut stehen dürfen. Bei hartem Wasser ist *I. versicolor* besser geeignet. Nordwestlich schließt sich mit China-Bambus *(Fargesia)*, Zierkirsche *(Prunus subhirtella)* und Fächerblatt-Ahorn *(Acer palmatum)* eine Gruppe ostasiatischer Gehölze an. Die Stauden der Unterpflanzung sind überwiegend asiatischer oder nordamerikanischer Herkunft. Das exotische Gepräge läßt sich durch ein im Hintergrund des Plan-Ausschnittes anzusiedelnden Bambushain aus *Phyllostachys bissetii* unterstreichen. Hinter der Quelle empfiehlt es sich, einen Pagoden-Hartriegel, *Cornus controversa,* mit seinem malerischen Kronenaufbau zu plazieren.

Im Plattenbelag östlich des Bachlaufes müssen etwa vier Stufen verlaufen, um den Höhenunterschied zu überwinden. Die Randabpflanzung zum Teich ist von halbhohen, zum Bachlauf von niedrigen Arten geprägt.

Zone 5: Seerosenzone

Zone 3–4: Flachwasserzone; 5 bis 20 cm Wasserstand

Zone 2–3: Ufersaum, zum Teil zwischen Steinen

Zone 1: Frischer Gartenboden. Nordwestlich des Bachlaufes können zusätzlich tuffweise unter die Gehölze verteilt werden:
20 *Omphalodes verna*
20 *Viola sororia* 'Albiflora'
50 *Eranthis hyemalis*
30 *Leucojum vernum*

1 m

- Ps — 1 *Prunus subhirtella* 'Accolade'
- Ap — 1 *Acer palmatum* 'Dissectum Viridis'
- Sh — 1 *Salix helvetica*
- Fs — 1 *Fargesia spathacea*
- 1 *Osmunda regalis*
- 8 *Carex morrowii* 'Variegata'
- 3 *Lilium pardalinum*
- 3 *Hosta*-Hybride 'Halcyon'
- 1 *Anemone*-Jap.-Hybride 'Honorine Jobert'
- 5 *Anemone*-Jap.-Hybriden 'Pamina'
- 30 *Alchemilla subsericea*
- 3 *Hemerocallis*-Hybriden 'Corky'
- 3 *Gillenia trifoliata*
- 1 *Polygonum weyrichii*
- 1 *Thalictrum dipterocarpum*
- 3 *Boltonia asteroides* 'Snowbank'
- 11 *Primula denticulata*
- 12 *Geum coccineum* 'Feuermeer'
- 10 *Tradescantia* – Andersoniana-Hybr. 'Zwanenburg Blue'
- 3 *Hosta plantaginea* 'Japonica'
- 1 *Hibiscus moscheutos*
- 3 *Iris*-Kaempferi-Hybr. 'Tinted Cloud'
- C — 3 *Crassula recurva*
- 4 *Cardamine pratensis* 'Plena'
- 8 *Caltha palustris* 'Mulitplex'
- 3 *Iris*-Kaempferi-Hybr. 'Pink Frost'
- 5 *Dianthus superbus*
- 10 *Trollius pumilus*
- 10 *Carex ornithopoda*
- 10 *Schoenus ferrugineus*
- M — 7 *Myosotis rehsteineri*
- 8 *Primula rosea*
- 7 *Primula florindae*
- 2 *Lythrum salicaria* 'Robert'
- 1 *Darmera peltata*

Pflegemaßnahmen

Nachfüllen von Wasser

In einem gut abgedichteten Teich mit Kapillarsperre ist ein Wasserverlust nur durch Verdunstung möglich. Diese ist um so größer, je dichter der Teich bepflanzt ist. Bei wenig bepflanzten Ufern und großer freier Wasserfläche bleibt die verdunstende Oberfläche gering, so daß nicht oder nur selten während der Sommer- und Herbstmonate Wasser nachgefüllt werden muß. Ein Absinken des Wasserspiegels um 20 cm kann man kurzzeitig tolerieren, sofern nicht bestimmte Uferzonen dadurch trockenfallen. Reine Sumpfbeete mit Hochstauden dagegen weisen sehr hohe Transpirationsraten auf und müssen daher regelmäßig bewässert werden. Zur Kontrolle sollte man einen kleinen „Miniteich" oder ein Pegelrohr einlassen, wie in der Abbildung auf Seite 98 dargestellt.

Die Wasserqualität

Je mehr Wasser nachgefüllt werden muß, um so wichtiger ist dessen Qualität. Eine Aufgliederung verschiedener chemischer Wassertypen zeigt die Tabelle auf Seite 11. Häufiges Zuführen von hartem, nährstoffreichem Leitungswasser steigert den Hydrogencarbonatgehalt des Teiches und fördert dadurch die Fadenalgen, wie ab Seite 136 näher erläutert. Typische Weichwasserarten, wie die Wasserfeder *(Hottonia)*, erleiden durch hartes Wasser Wachstumsdepressionen. Regenwasser gilt in diesem Fall der Vorzug. Vorsicht mit Regenwasser ist vor allem in städtischen Ballungszentren und Industriegebieten geboten. Durch Schadstoffimmissionen auf den Dächern kommt es zu einer stärkeren Verunreinigung der aufgefangenen Niederschläge. In solchen Lagen sollte man nicht gleich den ersten Regen nach einer längeren Schönwetterperiode auffangen, sondern erst einmal einige Stunden lang den angesammelten Staub vom Dach abspülen lassen.

In reinen Sumpfbeeten ohne freie Wasserfläche mit starkwüchsiger Bepflanzung ist die Qualität des zugeführten Wassers von untergeordneter Bedeutung. Fadenalgen haben hier keinen Lebensraum, und überschüssige Nährstoffe werden von Hochstauden rasch verwertet, so daß sogar eine Nachdüngung erforderlich sein kann. Nur bei schwachwüchsiger Bepflanzung, zum Beispiel mit Arten der oligotrophen Moore und Kleinseggenrieder, ist auf nährstoffarmes Wasser zu achten. Hochmooranlagen sollten darüber hinaus mit sehr weichem Wasser versorgt werden.

Härtesenkung durch Ansäuern

Wer nur hartes Wasser zur Verfügung hat, kann durch Ansäuern eine Enthärtung vornehmen. Dazu kann man zum Beispiel das harte Wasser in einen großen Behälter füllen und einen Jutesack mit zuvor gut durchfeuchtetem Weißtorf hineinlegen. Eine ausreichende Durchtränkung des Torfes dürfte nach etwa zwei Wochen erreicht worden sein. Aus dem Vorratsgefäß füllt man dann nach Bedarf Wasser in den Teich nach.

Auch mit Oxalsäure aus der Apotheke ist ein Enthärten möglich. Die jeweils benötigten Mengen lassen sich nach der Faustregel errechnen.

Faustregel für die Wasserenthärtung mit Weißtorf:
30 Liter Weißtorf (dicht gepackt) pro 1 m^3 Wasser bewirken eine Härtesenkung um 10 bis 15° deutsche Härte.
22,5 g Oxalsäure pro 1 m^3 Wasser bewirken eine Härtesenkung um 1° deutsche Härte.

Automatischer Wassernachschub

Wasserstandsschwankung an Stillgewässern sind in gewissen Grenzen auch in der Natur normal. Der Pegel muß nicht immer 100prozentig konstant bleiben. Das Nachfüllen kann über Schwimmerschalter und Pumpe aus einem Reservoir oder mit Magnetventil am Wasserhahn automatisiert werden.

Ist das Auffüllwasser wesentlich kälter als das Teichwasser, so verhindert oberflächliches

Verrieseln lokale Temperaturschocks. Diese Zuführung verbessert auch die Einbindung von Sauerstoff und Kohlendioxid.
Belüften und Umwälzen des Wassers ist nur bei einem übermäßigen Fischbesatz nötig. Auch bei sehr starken Algenproblemen könnte sich über eine CO_2-Zufuhr durch Belüften eine Verbesserung erreichen lassen (siehe Seite 139).

Unkrautbekämpfung

Vor allem im frischen, feuchten und flach überstauten Uferbereich tritt „unerwünschter Begleitbewuchs“ auf. Um diese Bezeichnung etwas zu verkürzen, soll hier – aktuellen Trends zum Trotz – von „Unkraut“ geredet werden. Definiert sei „Unkraut“ als eine Pflanze, die an einem Platz wächst, an dem sie der Mensch nicht haben will. Der aktuelle Unkrautdruck ist abhängig von der Konkurrenzkraft der Bepflanzung. Bei sehr niedrigwüchsigen Arten ist eine häufige Kontrolle anzuraten, vor allem, wenn diese in nährstoffreichem Milieu wachsen.

Unkräuter der Ufer- und Flachwasserzone

In der frischen Zone um den Gartenteich sind es vor allem das Einjährige Rispengras *(Poa annua)*, die Sumpfkresse *(Rorippa sylvestris)* und die Große Brennessel *(Urtica dioica)* sowie viele sonstige Gartenunkräuter, die Probleme bereiten.
Im sumpfigen Bereich und im Flachwasser sollte besonders auf folgende Arten geachtet werden: Knick-Fuchsschwanz *(Alopecurus aequalis)*, Zweizahn *(Bidens* sp.*)*, Weidenröschen *(Epilobium* sp.*)*, Gift-Hahnenfuß *(Ranunculus sceleratus)*. Als typische Naßbodenpioniere kommen sie schnell zum Fruchten und produzieren immense Samenmengen (siehe Seite 16). Eine chemische Bekämpfung läßt sich im Sumpf- und Wasserbereich nicht durchführen. Auch im übrigen Hausgarten ist sie heute in einigen Bundesländern gesetzlich untersagt. Es bleibt nur die Bekämpfung durch Ausreißen von Hand. Dazu sollte man bereits jüngere Teiche mit noch größeren unbewachsenen Sumpf- und Flachwasserzonen häufig auf unerwünschten Fremdbewuchs kontrollieren. Die Unkräuter sind dann im richtigen Reifezustand zu entfernen: Sie sollten so weit entwickelt sein, daß die Wurzel sich aus dem Substrat ziehen läßt, ohne abzureißen. Andererseits sollten die Pflanzen noch keine Samen ausgebildet haben.
Die wichtigste und sicherste Unkrautbekämpfungsmaßnahme ist vor der Bepflanzung durchzuführen: Das verwendete Substrat sollte frei von Fremdkräutern und deren Saatgut sein. Außerdem ist der Nährstoffgehalt der Bepflanzung anzupassen. Schwachzehrende Pflanzen gehören auf nährstoffarme Standorte, da sie in aller Regel auch schwachwüchsig und von geringer Konkurrenzkraft sind. Übertriebene Düngung bedeutet für die Bepflanzung einen Luxuskonsum, der zu keiner nennenswerten Wachstumsförderung führt. Durch die Düngung werden aber Unkräuter gefördert, die erst durch diesen Nährstoffschub den gepflanzten Stauden ernsthafte Konkurrenz bieten. Nur eine wirklich mittel- bis starkzehrende, meist durch entsprechende Hoch- bzw. Starkwüchsigkeit ausgezeichnete Bepflanzung benötigt tatsächlich nährstoffreiche Substrate und gelegentliche Nachdüngung.
Auch einige bewußt angesiedelte Stauden können unkrautartig zu wuchern beginnen. Dieses Phänomen wurde bereits auf den Seiten 114 bis 116 erläutert. Die richtige Pflanzenauswahl ist somit ebenfalls eine Maßnahme zur Pflegeminimierung.

Unkräuter der Seerosenzone

Im tiefen Wasser können Wasserlinsen *(Lemna-*Arten) lästig werden. Sie bilden schwimmende Teppiche auf der Oberfläche und blockieren dadurch den Lichteinfall ins Gewässer sowie die Erwärmung des Wassers. Wasserlinsen sind auf hohe Stickstoffgehalte im Wasser angewiesen. Bei übermäßigem Besatz sollte man sie in regelmäßigen Abständen abfischen. Der Ursache – zu hoher Stickstoffgehalt – ist nur durch Ver-

Knick-Fuchsschwanz *(Alopecurus aequalis)*
Höhe bis 30 cm

Zweizahn *(Bidens tripartitus)*
Höhe bis 100 cm

Weidenröschen *(Epilobium parviflorum)*
Höhe bis 60 cm

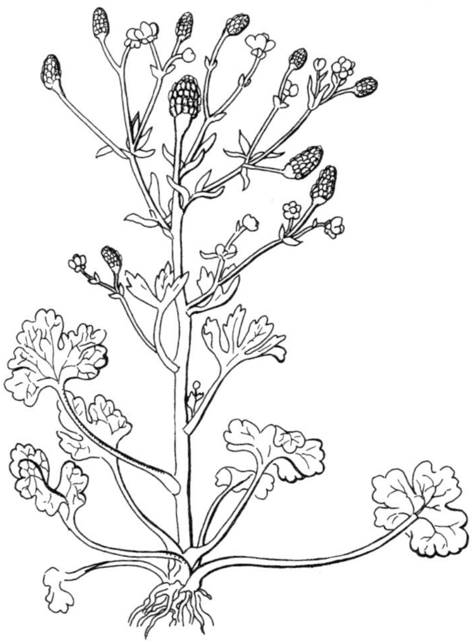

Gift-Hahnenfuß *(Ranunculus sceleratus)*
Höhe bis 50 cm

Samenunkräuter, die auf nassen Böden lästig werden können (nach Rothmaler 1995).

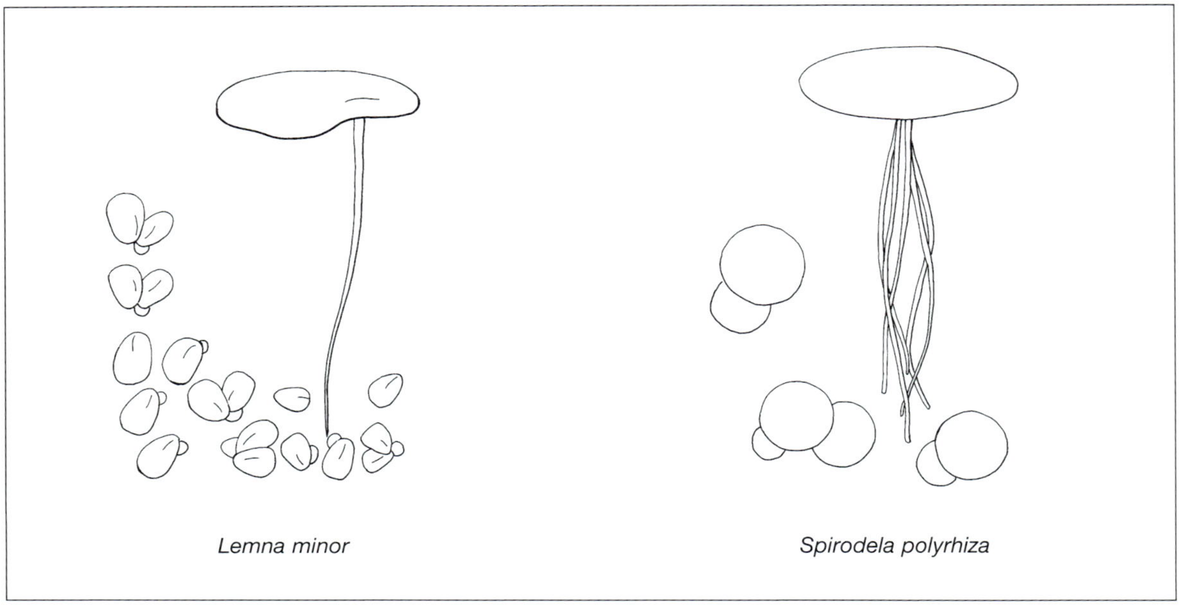

Die häufigsten Wasserlinsenarten (nach Rothmaler 1995).

wendung möglichst nährstoffarmer Substrate und Wasserqualitäten zu begegnen. Auch bei den bewußt eingesetzten Schwimmblattstauden ist die Neigung zum Wuchern zu berücksichtigen. Vor Seekanne und Schwimm-Knöterich in kleinen Teichen sei gewarnt, da ihr Ausbreitungsdrang kaum zu bändigen ist.
Von den untergetaucht lebenden Pflanzen bereitet vor allem die Wasserpest *(Elodea canadensis)* Probleme. Auf Seite 116 finden sich Hinweise zu ihrer Bekämpfung. Noch gefürchteter als alle bisher besprochenen Unkräuter sind Algen. Ihnen widmet sich daher ein eigenes Kapitel.

Das Algenproblem

Ein Gartenteich kann perfekt in die Umgebung integriert und optimal bepflanzt sein – und dennoch wirkt er unästhetisch, wenn das Wasser von dicken Algenwatten durchzogen ist. Im Teich sind es vor allem Einzeller sowie Zellverbände und Zellfäden bildende Algen, die zum Problem werden können.

Schwebealgen

Neu angelegte Teiche zeigen meist wenige Tage nach dem Einfüllen des Wassers eine grüne Trübung. Diese sogenannte Algenblüte wird durch schwebende Blau-, Kiesel- oder Grünalgen, entweder als Einzeller oder Zellverbände, erzeugt, die sich in dem zunächst sehr nährstoffreichen Wasser massenhaft entwickeln. Mit der Entfaltung natürlicher Feinde – insbesondere Wasserflöhe – und der Verarmung an Nährstoffen wird ein Großteil dieser Algen dezimiert, und das Wasser klart wieder auf.
Gegen Ende des Winters kann es auch in älteren Teichen zur Algenblüte kommen. Durch die im Herbst abgesunkene organische Substanz hat sich der Nährstoffgehalt erhöht, und bei ansteigender Wassertemperatur finden Schwebealgen optimale Entwicklungsbedingungen. Doch auch hier kommt es nach einiger Zeit zum Aufklaren, wenn sich unter weiter steigenden Temperaturen genügend Wasserflöhe und andere „Algenfresser" aus ihren Eiern und sonstigen Überwinterungsstadien entwickelt haben.

Wird den „Algenfressern" nun ihrerseits die Nahrung knapp, so sterben viele von ihnen ab und werden am Teichgrund mineralisiert. Die freiwerdenden Nährstoffe sorgen für eine abermalige Algenblüte. Diese Zyklen zwischen Trübung und Aufklaren des Wassers können sich mehrmals wiederholen. Wenn kein nährstoffreiches Substrat im Teich verwendet wurde und nur selten Leitungswasser nachgefüllt wird, so stellt sich nach spätestens zwei Jahren ein ökologisches Gleichgewicht ein. Eine ausreichend hohe Bepflanzungsdichte fördert dies durch kontinuierlichen Nährstoffentzug. Die periodisch wiederkehrenden Trübungen schwächen sich nun immer mehr ab und das Wasser bleibt meistens klar.

Faden- und Netzalgen

Wesentlich unansehnlicher und hartnäckiger als Schwebealgen sind Arten, die lange Zellstränge ausbilden. Bei starkem Aufkommen kann die gesamte Teichoberfläche von ihren grünen Geflechten überzogen sein.
Man kann drei wesentliche Gruppen von Fadenalgen unterscheiden:
Wattealgen (Gattung *Cladophora*) sind für die gelbgrünen, dichten Geflechte verantwortlich, die bei starkem Algenbesatz auf der Wasseroberfläche am meisten ins Auge fallen. Sie sind von Kalkkrusten überzogen und fühlen sich daher hart und rauh an.
Jochalgen aus der Familie der *Zygnemaceae* bilden schleimige, tiefgrüne bis blaugrüne Zellstränge aus. Sie fassen sich seifig an. Ihre Fäden sind nie so dicht verflochten wie die der Wattealgen. Will man sie mit der Hand aus dem Wasser ziehen, so gleiten sie größtenteils zwischen den Fingern ab.
Das **Wassernetz** *(Hydrodictyon reticulatum)* besteht aus langen Zellen, die sich maschenbildend zusammenlagern. Es tritt nur in besonders warmem Wasser mit gleichzeitig sehr hohem Nährstoffgehalt auf, der bereits über dem Optimum von Joch- und Wattealgen liegt. *Hydrodictyon* ist selten anzutreffen und stört im Teich kaum.

Ein gewisser Besatz an Fadenalgen ist in einem Teich normal, solange diese sich nur im tiefen Wasser oder als leichter Wattebelag an der Folie befinden. Als sehr effiziente Sauerstoffproduzenten sind sie auch durchaus nützlich für das Ökosystem Teich. Erst bei Störungen des Gleichgewichts im System, oft gefördert durch Einleiten von Wasser ungünstiger chemischer Beschaffenheit, kommt es zu den unschönen und abstoßend wirkenden Fasergeflechten im Oberflächenbereich des Wassers. Welche Faktoren für solche starke Algenentwicklung verantwortlich sind, wird im folgenden erläutert.

Algenfördernde Faktoren

Prinzipiell beeinflußt eine Vielzahl von Faktoren das Algenwachstum: Die Temperatur des Wassers und deren Schwankungen, Belichtungsintensität, Spektralzusammensetzung des Lichtes, Belichtungsdauer und -zyklen, gelöste Gase, Salzgehalt und -zusammensetzung, Wasserhärte, pH-Wert und andere Parameter müssen für eine definitive Prognose der Algenentwicklung immer als Gesamtheit bewertet werden. Dazu kommen noch die individuellen Ansprüche einzelner Algenarten und die Einflüsse der im Teich aktiven Gefäßpflanzen, Tiere und Mikroorganismen. Es ist noch recht wenig über die spezifischen Ansprüche von Algen bekannt, geschweige denn eine exakte Prognose nach allen genannten Kriterien möglich. Die folgenden Ausführungen gründen daher im wesentlichen auf meinen eigenen Beobachtungen und Erfahrungen. Temperatur und Licht lassen sich im Gartenteich kaum beeinflussen, daher beziehe ich mich vor allem auf die chemische Beschaffenheit des Wassers.
Eine ganz wesentliche Grundvoraussetzung für ein Massenaufkommen von Grünalgen klang bereits in den Ausführungen über die Schwebealgen an: das Gleichgewicht der Nährstoffe zueinander. Egal ob auf niedrigem oder hohem Gesamtniveau – die einzelnen gelösten Stoffe sollten in einem harmonischen Verhältnis zueinander vorhanden sein. Sobald etwa einzelne Salze in wesentlich höheren Konzentrationen

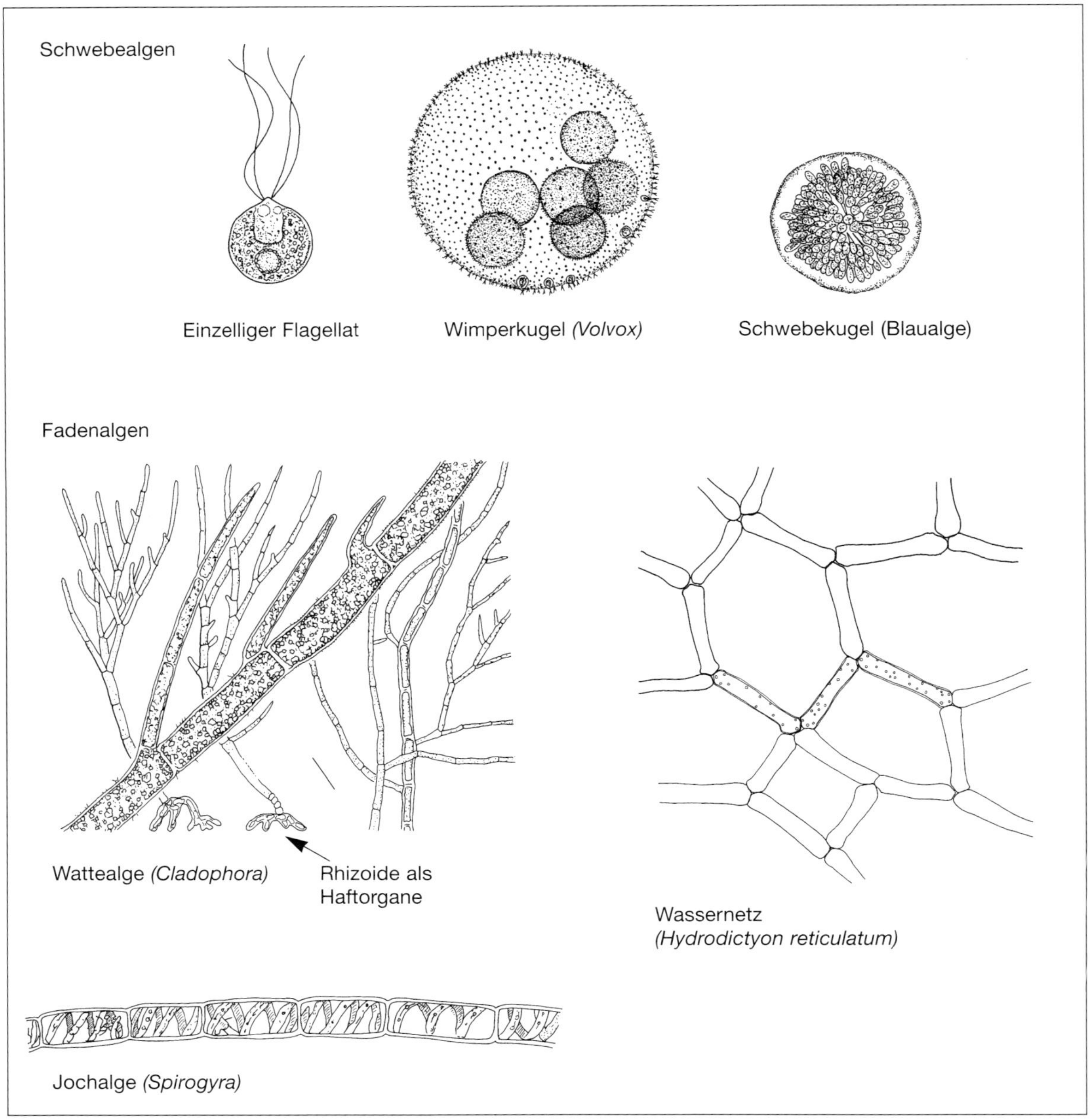

Algen unter dem Mikroskop (nach Streble und Krauter 1988, verändert und ergänzt)

auftreten als es dem Gleichgewichtszustand entspräche, kommt es sehr schnell zu einer „Bevölkerungsexplosion“ von Organismen, die unter diesen Bedingungen besonders gut gedeihen können. Meist sind dies bestimmte Grün- oder Blaualgen, die als klassische Pionierpflanzen in der Lage sind, instabile Verhältnisse schneller und effizienter zu nutzen als viele Gefäßpflanzen. Ist der übermäßig angereicherte Stoff durch diese Organismen wieder auf das Gleichgewichtsniveau abgebaut worden, so nimmt auch der Besatz an Algen wieder ab. Bei permanentem Zuführen solcher „Störstoffe" mit dem Nachfüllwasser muß man sich über ein dauerhaftes Algenproblem nicht wundern. Auch übertriebene Fischfütterung oder durch Bodeneintrag angeregte Umsetzungsvorgänge können für eine andauernde Gleichgewichtsstörung verantwortlich sein.

Während massive Trübungen durch Schwebealgen meist eine Übergangsphase nach dem Einfüllen des Teiches darstellen und sich nach Erreichen eines ökologischen Gleichgewichtszustandes wieder verlieren, sind Fadenalgen auch langfristig zu beobachten. Solange sie nur vereinzelt auftreten, ist dies durchaus normal. Fadenalgen benötigen zur Entwicklung zunächst eine feste Unterlage, an der sie mit Basalscheiben haften. Von hier aus entwickeln sie die bis zur Oberfläche reichenden, grünen Matten. Als wesentlichste chemische Faktoren für das Massenaufkommen von Fadenalgen sind nicht etwa die Stickstoffgehalte des Wassers, sondern Phosphatkonzentration, pH-Wert und Wasserhärte zu nennen. Besonders bei Jochalgen wurde eine sehr effiziente Phosphataufnahme festgestellt. Hohe Konzentrationen führen zu entsprechend massivem Wachstum. In der Bundesrepublik Deutschland darf dem Trinkwasser bis zu 6,7 mg/l Phosphat zugemischt werden; dadurch wird ein gewisser Korrosionsschutz der Wasserrohre erreicht. Derart massive PO_4^{2-}-Konzentrationen bewirken eine ausgesprochen hypertrophe Wasserqualität.

Je höher die Wasserhärte und damit verbunden der Gehalt an Hydrogencarbonat des Wassers, um so eher kommt es zu extremer Algenentwicklung. Um mögliche Gründe hierfür zu erläutern, soll als nächster Punkt ein Ausflug in die Chemie unternommen werden.

Algen und die „biogene Entkalkung"

Um ihren Körper aufbauen zu können, benötigen alle Lebewesen Kohlenstoff (C). Grüne Pflanzen entnehmen diesen Kohlenstoff aus dem Kohlendioxid (CO_2) der Luft, untergetaucht lebende Arten aus im Wasser gelöstem CO_2.

Hartes Wasser enthält oft wenig Kohlendioxid, da es zu einem großen Teil mit Kalk ($CaCO_3$) und Wasser (H_2O) zur Bildung von Calciumhydrogencarbonat (= Calciumbicarbonat, $Ca(HCO_3)_2$) übergeht. Dieses spaltet sich in Calcium- (Ca^{2+}) und Hydrogencarbonationen (HCO_3^-):

$$CaCO_3 + CO_2 + H_2O \rightarrow Ca(HCO_3)_2$$
$$Ca(HCO_3)_2 \rightarrow 2\,HCO_3^- + Ca^{2+}$$

Im Wasser besteht ein Gleichgewicht zwischen CO_2, HCO_3^- und Carbonat (CO_3^{2-}). In welchen Verhältnissen zueinander diese drei Verbindungen gelöst sind, hängt vom pH-Wert ab: bei pH < 4 ist nur CO_2 vorhanden, bei pH 7 bis 10 fast nur HCO_3^-, ab pH 11 überwiegend CO_3^{2-}. In hartem Wasser ist meist die Hydrogencarbonatphase dominant.

Viele Wasserpflanzen sind in der Lage, nicht nur CO_2, sondern auch Carbonat (CO_3^{2-}) und vor allem Hydrogencarbonat (HCO_3^-) als Kohlenstofflieferant für die Photosynthese verfügbar zu machen. Dadurch sind sie auch in hartem Wasser mit geringem CO_2-Gehalt lebensfähig.

$$HCO_3^- \rightarrow \underset{\substack{\downarrow \\ \text{Photosynthese}}}{CO_2} + OH^- \Rightarrow \text{pH-Anstieg}$$

Als „Abfallprodukt" dieses als **biogene Entkalkung** bezeichneten Prozesses bleiben OH^--Ionen zurück. Diese sorgen tagsüber für einen starken Anstieg des pH-Wertes in der Umgebung dieser Pflanzen. Zusammen mit Calcium-Ionen kann es durch den CO_2-Entzug auch zu einer Ausfällung von Kalk kommen:

$$2\,HCO_3^- + Ca^{2+} \rightarrow \underset{\substack{\downarrow \\ \text{Kalkkruste}}}{CaCO_3} + H_2O + \underset{\substack{\downarrow \\ \text{Photosynthese}}}{CO_2}$$

Viele typische Hartwasserpflanzen, wie Tausendblatt, einige Armleuchteralgen und Wattealgen, erhalten dadurch graue, krustige Kalküberzüge.

Hinsichtlich der Aufnahmeeffizienz für HCO_3^-

bzw. CO_2 lassen sich drei Gruppen von submersen Pflanzen unterscheiden:

1. Das Brunnenmoos *(Fontinalis)* nimmt nur CO_2 auf, auch andere Wassermoose dürften sich so verhalten.
2. Bei submersen Blütenpflanzen *(Elodea, Myriophyllum* u. a.) wird zwar Hydrogencarbonat assimiliert, die CO_2-Aufnahme verläuft jedoch etwa fünfmal so schnell als die von HCO_3^-.
3. Viele Grünalgen verwerten bevorzugt HCO_3^-. So wurde bei der Alge *Scenedesmus* eine 25mal höhere Aufnahme gemessen als von Kohlendioxid (CO_2).

Es ist daher leicht einzusehen, wenn in sehr hartem Wasser, das viel Hydrogencarbonat und wenig Kohlendioxid enthält, Algen besonders gute Entwicklungsmöglichkeiten vorfinden. Der oben beschriebene Anstieg des pH-Wertes kann im Lauf des Tages auf Bereiche bis pH 11 klettern. Nachts kommt es durch die Atmung zwar wieder zu einem Absinken des pH-Wertes, doch viele typische Weichwasserpflanzen ertragen die extremen Schwankungen schlecht (siehe auch Schwoerbel, J. 1993).

Vorbeugende Maßnahmen gegen Algen

Einer dauerhaften Trübung durch Schwebealgen und einem übermäßigen Aufkommen von Fadenalgen kann durch Beachtung folgender Empfehlungen vorgebeugt werden:

1. Es sollte möglichst weiches Wasser Verwendung finden, am besten unter etwa 10° deutsche Härte (Carbonathärte). Auch bei höheren Härtegraden kann sich sehr wohl im Lauf der Zeit ein stabiles ökologisches Gleichgewicht und völlig klares Wasser einstellen. Dennoch scheint die Anfälligkeit für Gleichgewichtsstörungen in Verbindung mit starkem Algenwuchs in sehr hartem Wasser besonders groß zu sein. Wem kein Regenwasser oder weiches Leitungs- bzw. Brunnenwasser zur Verfügung steht, der kann auch Maßnahmen zur Härtesenkung ergreifen, wie auf Seite 133 beschrieben.
2. Kalkhaltige Substrate und Steinschüttungen sollten nicht im Teich eingesetzt werden. Wenn die Verwendung von kalkhaltigem Kies oder Schotter nicht vermeidbar ist, so sollte man eine möglichst grobe Körnung wählen. Dadurch wird die Reaktionsfläche zwischen Stein und Wasser minimiert, und es geht weniger Kalk in Lösung.
3. Die Konzentration der im Wasser gelösten Nährstoffe sollte möglichst niedrig sein. Die Substratempfehlungen ab Seite 120 sind deshalb immer auf möglichst magere Varianten hin ausgelegt. Die Aufdüngungsempfehlungen sind so ausgerichtet, daß möglichst wenig Nährstoffe ins Wasser gelangen, sondern direkt den Pflanzenwurzeln zur Verfügung stehen. Ganz besonders ist darauf zu achten, daß nicht einzelne Nährstoffe in größeren Mengen ins Wasser gelangen.
   Zur Nährstoffminimierung soll auch der Einsatz sogenannter Zeolithe beitragen, wie sie in jüngerer Zeit empfohlen werden. Es handelt sich dabei um kristalline, wasserhaltige Alkali- bzw. Erdalkali-Alumosilikate mit extrem hohem Porenvolumen, das für eine starke Adsorptionskapazität bestimmter Nährstoffionen sorgt. Die Zeolithe Klinoptilolith und Mordenit sollen insbesondere Ammonium-Ionen in hohem Maße adsorbieren. Den Angaben eines Anbieters zufolge werden die dem Wasser entzogenen Nährstoffe durch die Wurzeln von Schwimmblatt- und Röhrichtpflanzen wiederum gezielt aufgenommen.
4. Eine ausreichende Bepflanzung der Sumpfzone und das Einbringen von Unterwasserpflanzen entzieht den Algen Nährstoffe, Licht und Lebensraum. Als wirksame Konkurrenten gegen Fadenalgen können alle mehr oder weniger schnellwüchsigen Blütenpflanzen gelten. Der Nadelsimse *(Eleocharis acicularis)* und der Krebsschere *(Stratiotes)* sagt man eine algenverdrängende Wirkung nach. Schwimmblattarten mit guter Deckung, wie Wasserhyazinthe *(Eichhornia)*, Froschbiß *(Hydrocharis)* oder auch Seerosen, entziehen den Algen Licht. Schnellwachsende Unter-

wasserpflanzen, insbesondere *Ceratophyllum*, machen den Algen ihren direkten Lebensraum, die submerse Zone, streitig.
Es gibt kaum Tiere, die Fadenalgen fressen. Selbst die sonst so gefräßigen Spitzhornschnecken verschmähen sie, wenn sie Schmackhafteres finden. Nur für Kaulquappen scheinen Fadenalgen eine Delikatesse zu sein. Graskarpfen eignen sich nur in sehr großen Teichen. Ihr Einsatz birgt außerdem die Gefahr, daß ihnen auch solche Wasserpflanzen zum Opfer fallen, die man bisher mühevoll gepflanzt und gepflegt hat. Aber auch andere Fische machen den Algen das Leben schwer: Wenn sie am Teichgrund Bewegung hervorrufen, sorgen sie zwar durch Aufwirbeln von Schwebstoffen für Trübungen, verhindern aber auch wirksam das Festsetzen von Fadenalgen. Übertriebene Fischfütterung muß allerdings vermieden werden, da dies zu Eutrophierung und damit zur Förderung nachhaltiger Algentrübungen führt.

Die Bekämpfung von Fadenalgen

Man sollte nicht gleich zu Bekämpfungsmaßnahmen schreiten, wenn die Wandungen des Beckens dicht von Wattealgen besetzt sind. Immerhin sieht eine algenbewachsene Teichwand wesentlich natürlicher aus als eine schwarze Folie. Doch auch der naturverbundendste Gartenfreund wird beim Anblick eines großflächig von Algenwatten überzogenen Teiches an Gegenmaßnahmen denken. Von Zeit zu Zeit sollte man die grünen Matten von Hand oder mit Hilfe eines Rechens herausziehen. Sie ergeben ein wertvolles Kompostiermaterial. Vorher sind sie aber nach zwischen den Algenfasern sitzenden Tieren, Amphibienlaich oder Unterwasserpflanzen abzusuchen.
Die bekannteste „biochemische" Bekämpfungsmethode ist das Einlegen eines Torfballens in den Teich. Neben der oben beschriebenen Härtesenkung tritt durch die Humin- und Fulvosäuren eine direkte algenbekämpfende Wirkung ein. Zur Dosierung kann auf die Tabelle von Seite 133 verwiesen werden. Bevor man einen 250-Liter-Ballen als Ganzes in den Teich legt, sollte man sich aber bewußt machen, wie schwer er in vollgesaugtem Zustand wieder aus dem Wasser herauszubringen ist! Besser ist es, den Torf in drei bis vier Säcke aus feinmaschigem Gewebe zu verteilen. Die Durchdringung mit Wasser wird dadurch auch wesentlich verbessert. Das Absinken in den Teich läßt sich durch einen mit in den Sack gepackten Stein begünstigen.
Aus England kam vor wenigen Jahren die Kunde, in Wasser liegendes Stroh bringe bei der Zersetzung eine Substanz hervor, die das Algenwachstum verhindere. Besonders wirksam sei Gerstenstroh, das in einer Menge von nur 100 g pro 10 m^3 Wasser auszubringen sei. Erste Versuche bestätigen diese These durchaus.
Eine gewisse Verbesserung der Situation im veralgten Teich ist auch durch Belüftungsmaßnahmen möglich. Dadurch löst sich mehr Kohlendioxid im Wasser, und es tritt eine Verbesserung des Verhältnisses zwischen CO_2 und HCO_3^- ein.
Chemische Bekämpfungsmaßnahmen sind im Ökosystem Teich mit größter Vorsicht zu genießen. Das oft empfohlene Kupfersulfat schädigt zum Beispiel nicht nur Algen, sondern die gesamte Mikroflora und -fauna. Eine etwas weniger bedenkliche Mittelgruppe enthält einen Farbstoff, der für die Algen essentielle Spektralbereiche des Lichtes ausfiltert. Laut Herstellerangabe sind keine Nebenwirkungen auf die Bepflanzung zu befürchten.

Düngung

In den bisherigen Ausführungen wurde immer wieder auf die Bedeutung nährstoffarmen Wassers hingewiesen, um Algen, Wasserlinsen und sonstige Unkräuter in Schach zu halten. Wer die entsprechenden Empfehlungen konsequent durchführt, wird möglicherweise bei einigen Starkzehrern Nährstoffmangelsymptome feststellen müssen. In der Phase des Einwachsens,

also im ersten Jahr nach der Pflanzung, sind gelbe Blätter und zurückhaltendes Wachstum noch kein Grund zur Beunruhigung: Das junge Wurzelsystem ist noch nicht intensiv genug entwickelt, um den im Wachstum befindlichen Sproß optimal ernähren zu können. Ein solcher zurückhaltender Start ist im Hinblick auf die Wasserqualität eher positiv zu werten; er zeigt, daß noch wenig Nährstoffe ins Wasser gelangt sind. Eine Startdüngung (ab Seite 120) hilft, die genannten Symptome zu vermeiden.
Erst mit den folgenden Jahren sollte man dauerhafte Mangelerscheingungen, wie Wachstumsdepressionen, Chlorosen (Vergilbungen) und extreme Krankheitsanfälligkeit, zum Anlaß für Nachdüngungsmaßnahmen nehmen.

Nährstoffmangelsymptome gehen in erster Linie auf Stickstoff-Unterversorgung zurück. Typische Symptome sind:

- Blattvergilbungen (Chlorosen)
- schnelles Absterben der Blätter
- schwaches Gesamtwachstum
- gesteigerte Krankheitsanfälligkeit
  bei *Alisma* und *Sagittaria*: Froschlöffelbrand
  bei *Carex pseudocyperus*: Rostpilze
  bei *Iris*: Fäulnispilze an der Blattbasis
- speziell bei *Butomus* Blühfaulheit
- höchstens schwaches Aufkommen von Wasserlinsen, jedoch unter Umständen reichlicher Wattealgenbesatz

Gründe für Nährstoffmangel im Teich und im Sumpfbeet

Der Gartenteich als abgeschlossenes System bietet den Wurzeln wesentlich weniger Volumen als ein Standort in der Natur. Die Folie begrenzt die Wurzelausbreitung, dadurch stehen den Pflanzen im künstlichen Teich auch bei gleichen relativen Konzentrationen von Nährstoffen (pro Liter Substrat) absolut gesehen weniger Nährstoffe (pro erschließbarer Wurzelraum) zur Verfügung als im Naturteich. Dünne Substratschichten, Gefäße und Tröge werden im Lauf der Zeit so intensiv durchwurzelt, daß die enthaltenen Nährstoffe um ein Vielfaches schneller aufgebraucht werden, als sie aus der Umgebung nachfließen können. Besonders bei zum Wuchern neigenden Pflanzen besteht diese Gefahr, wenn sie in Gefäße eingesperrt werden. Durch die Entnahme abgestorbener Pflanzenmasse wird die Rückführung von Nährstoffen in den Wurzelraum unterbunden. Ein Stoffkreislauf wie in der Natur kann sich im Garten nur sehr unvollständig ausbilden. Beim völlig unbewegten Wasser des Teiches ist ein Austausch von nährstoffverarmten und nährstoffreicherem Wasser nur langsam über die Molekularbewegung, thermische Strömungen oder Verwirbelungen durch Tiere möglich. Bereits eine kleine Wasserkaskade oder ein Springbrunnen kann hier einen verbesserten Austausch bewirken. An bepflanzten Bachläufen herrscht durch die kontinuierliche Nährstoffnachlieferung kaum Unterversorgung.
Einen ganz wichtigen Faktor für die Stickstoffbilanz in Substraten unter Wasseranstau, also im Teichboden und im Sumpfbeet unter Sauerstoffabschluß, stellen denitrifizierende Baktieren dar. Sie setzen im Wasser gelöstes Nitrat zu elementarem Stickstoff um, der gasförmig an die Atmosphäre entweicht. Dies bedeutet einen kontinuierlichen Stickstoffentzug. Besonders in dicht bepflanzten Sumpfbereichen kann es durch Denitrifikation schnell zu Mangelerscheinungen kommen.

Düngung im Teich

Auch wenn aufgrund der oben genannten Faktoren eine nur geringe Stickstoffverfügbarkeit im Teich herrscht, wirkt sich diese nicht auf alle in den Tabellen ab Seite 62 als nährstoffbedürftig eingestuften Arten gleichermaßen stark aus. Viele der grasartigen Röhrichtpflanzen, wie *Carex*-Arten, Rohrkolben und Teichsimse, zeigen bei Unterversorgung lediglich ein entsprechend schwächeres Wachstum, was bei ausläufertreibenden Formen durchaus erwünscht sein kann. Empfindlich gegenüber Stickstoffmangel reagieren besonders die in der Tabelle genannten Arten. Bei ihnen kann es zu intensiven Vergilbungen, zu vorzeitig absterbendem Laub und zu sehr starkem Krankheitsbefall kommen. *Alisma* zeigt beispielsweise besonders bei Unterernährung den berüchtigten Froschlöffelbrand-Befall und steht dann zur Zeit der Blüte völlig blattlos im Teich.

Bei *Butomus* ist Stickstoffmangel die Hauptursache für Blühfaulheit. Es gilt aber auch zu bedenken, daß Blätter prinzipiell einer Alterung unterliegen und nach gewisser Zeit absterben. Einige alte, vergilbte Blätter sind somit noch kein Anzeiger für Unterernährung. Man muß immer den Zustand der Gesamt-Blattmasse bewerten.

Gegen Nährstoff-Mangelsymptome anfällige Sumpf- und Wasserpflanzen

Alisma-Arten	Froschlöffel
Aponogeton distachyos	Wasserähre
Butomus umbellatus	Blumenbinse
Calla palustris	Sumpf-Calla
Carex pseudocyperus	Zyperngras-Segge
Eichhornia crassipes	Wasserhyazinthe
Hydrocharis morsus-ranae	Froschbiß
Iris-Arten	Schwertlilien
Lysichiton-Arten	Scheincalla
Myosotis palustris	Sumpf-Vergißmeinnicht
Nymphaea-Hybriden	Seerosen
Orontium aquaticum	Goldkeule
Peltandra virginica	Pfeilaronstab
Pontederia cordata	Hechtkraut
Pontederia lanceolata	Großes Hechtkraut
Sagittaria-Arten	Pfeilkraut
Trapa natans	Wassernuß

Für eine gezielte Nachdüngung sollten Methoden gewählt werden, die die Pflanzen direkt erreichen, ohne das freie Wasser wesentlich zu beeinflussen. Alle im Untergrund verwurzelten Arten kann man mit stickstoffbetonten Dauerdüngern versorgen, die in Lehmkugeln oder in zusammengeknülltes Zeitungspapier verpackt wenigstens 10 cm tief in den Wurzelraum gedrückt werden. Aufliegender Kies ist vorher punktuell zu entfernen. Empfehlenswert ist zum Beispiel die Verwendung von etwa 20 g Osmocote oder Plantacote (5 bis 6 Monate) plus 20 g grobe Hornspäne pro größere Pflanze, am besten auf mehrere Portionen verteilt. Osmocote enthält alle Kernelemente, während Hornspäne als reine Stickstofflieferanten fungieren.

In der Seerosenzone ist es oft kaum möglich, diese Methode zu praktizieren. Freischwimmende und nur schwach verwurzelte Schwimmblattpflanzen *(Eichhornia, Hydrocharis* und *Trapa)* lassen sich überhaupt nicht über das Substrat ernähren. Hier kommt nur eine Flüssigdüngung über die Blätter in Frage. Stickstoff wird vom Laub nicht nur in Form von Salzen, sondern auch als gelöster Harnstoff, einer organischen Verbindung, absorbiert. Ein gezieltes Übersprühen von Blättern mit 1prozentiger Harnstofflösung (10 g pro Liter Wasser) ist eine wirkungsvolle Maßnahme zur Stickstoffversorgung. Bei Bedarf kann man dies dreimal im Jahr wiederholen. Werden solche Flüssigdüngungen mit Volldüngern durchgeführt, so muß die Konzentration niedriger, maximal 0,3prozentig, gewählt werden. Da es sich hierbei um anorganische Salze handelt, können bei höherer Dosierung Verbrennungen an den Blättern entstehen. Es sollte natürlich möglichst wenig Dünger auf die freie Wasserfläche gelangen; also sollte man nur bei beständiger Wetterlage und am besten morgens düngen.

Die Ausbringung von Dauerdünger wirkt am effektivsten im Frühjahr. Spätestens bis Mitte Juli sollte diese Art der Düngung durchgeführt worden sein, da sonst der Triebabschluß zum Herbst verzögert und die Winterhärte negativ beeinflußt werden kann. Bei Bedarf kann bis Ende August noch eine Blattdüngung erfolgen. Abschließend sei nochmals betont, daß alle Düngungsmaßnahmen im Teich auf das notwendigste zu begrenzen sind und gezielt nur den merklich von Mangelerscheinungen betroffenen Pflanzen zugute kommen sollen.

Düngung in Sumpfbeet und Trog

Dicht bewachsene Sumpfbeete und Tröge sind um so stärker von Stickstoffmangel bedroht, je flacher sie sind. Wenn kein freier Wasserstand existiert, kann man die gesamte Fläche – je nach Nährstoffbedarf der Bepflanzung – nachdüngen. Arten, die für nährstoffreiche Standorte vorgesehen sind, können auch bei guter Startdüngung schon zwei oder drei Jahre nach der Pflanzung deutliche Nährstoff-Mangelsymptome zeigen. Beim Austrieb im Frühjahr kann man nun pro Quadratmeter etwa 20 bis 40 g eines mineralischen Langzeitdüngers (z. B. Triabon oder Nitrophoska permanent) zusammen mit 10 bis 20 g Harnstoff zur besonderen Betonung der Stickstoffkomponente aufstreuen und eingießen. Hornspäne und umhüllte Dauerdünger sind hier nicht angebracht, da sie ins Substrat eingearbeitet werden müßten, um einen optimalen Aufschluß zu gewährleisten. Je später im Jahr eine solche Düngung vollzogen wird, desto niedriger ist die Dosierung zu wählen. Nach Mitte Juli ist nur bei starken Mangelerscheinungen noch eine kurzfristig wirksame Flüssigdüngung ratsam.
Für Pflanzungen mit überwiegend Arten von mäßig nährstoffreichen Standorten reichen im Bedarfsfall etwa die halben Mengen der genannten Dünger aus. Arten nährstoffarmer Standorte kommen im allgemeinen ohne Nachdüngung aus, bei offensichtlichen Mangelsymptomen kann eine schwach konzentrierte Flüssigdüngung verabreicht werden.
Spezielle Hochmoorbeete dürfen keinesfalls gedüngt werden, hier ist extremste Nährstoffarmut Voraussetzung für eine naturgemäße Entwicklung. Eventuell kann an klassischen kalkunverträglichen Moorbeetpflanzen wie *Potentilla palustris*, Rhododendren oder *Viola palustris* eine starke Vergilbung der Blätter zwischen den Adern auftreten. In diesem Fall ist das Mangelsymptom als Eisenunterversorgung zu deuten. Gaben von Eisenchelaten (Sequestren oder Fetrilon) schaffen kurzfristig Abhilfe. Für eine dauerhafte gesicherte Eisenversorgung sind jedoch Maßnahmen zur Senkung des pH-Wertes zu treffen.

Krankheiten und Schädlinge

Wachstumsstockungen können neben einem Nährstoffmangel auch Krankheiten und Schädlinge zur Ursache haben. Besonders sind hiervon die Seerosen betroffen. Im allgemeinen halten sich derartige Schäden jedoch bei standortgerechter Pflanzenauswahl in Grenzen.
Chemische Pflanzenschutzmaßnahmen in Hausgärten sind in manchen Bundesländern durch gesetzliche Reglementierungen eingeschränkt. In Baden-Württemberg dürfen zur Zeit nur Pyrethrum-haltige Präparate, Kaliseifen (zum Beispiel „Neudosan“) und Sommeröle eingesetzt werden. Insektizide auf Pyrethrum-Basis sind nur sehr gering warmblütlertoxisch und damit für den Menschen von relativ geringer Giftigkeit. Auf Kaltblütler wirken sie jedoch recht massiv und unselektiv. Fische und andere Wassertiere sind deshalb von Pyrethrum-Mitteln unbedingt fernzuhalten. Für die Anwendung am Gartenteich ist diese Produktgruppe somit auszuschließen.
Im Hausgarten lassen sich eventuelle Schaderreger oft durch einfache mechanische Maßnahmen unter Kontrolle halten. Man sollte sich jedenfalls durch die Fülle der im folgenden aufgezählten Schädlinge und Krankheiten nicht entmutigen lassen.

Blattläuse *(Rhopalosiphum nymphaeae)*

Die schwarzen Seerosen-Blattläuse treten im Lauf des Sommers oft massenhaft auf Schwimmblättern, aber auch auf weichen Gewebeteilen verschiedener Sumpfpflanzen auf. Besonders die Blattstiele und Sproßbasen von Pfeilkräutern, Froschlöffel, Rohrkolben oder Blumenbinsen sind unmittelbar über der Wasseroberfläche oft dick mit Läusen besetzt. Eine

chemische Bekämpfung sollte unterbleiben, um die vielfältige Fauna des Teiches nicht zu schädigen. Dies gilt auch für Pyrethrum-Präparate, die für alle Kaltblütler, also auch Fische oder Frösche, außerordentlich giftig sind. Man sollte sich also auf ein regelmäßiges Abwischen der Läuse oder ein Abspritzen mit einem scharfen Wasserstrahl beschränken. Da abgespülte Läuse zunächst auf der Wasseroberfläche treiben und von dort aus wieder auf Pflanzen gelangen können, ist diese Maßnahme nicht als Bekämpfung, sondern nur als Bestandskontrolle zu werten.
In hartnäckigen Fällen kann der Einsatz von Kaliseifen empfohlen werden, die zum Beispiel als „Neudosan" im Handel sind. Man darf das Präparat aber nur auf Pflanzenteile sprühen. Auf die freie Wasserfläche sollte möglichst wenig Wirkstoff gelangen, da er die Oberflächenspannung herabsenkt und damit Wasserläufern und anderen Tieren gefährlich wird. Die Seerosen-Blattläuse leben wirtswechselnd und überwintern vor allem an Steinobst.

Wurzelläuse *(Pemphigus* spec.*)*

Im allgemeinen bereiten Wurzelläuse eher auf trockeneren Standorten Probleme. Nahezu regelmäßig wird jedoch ein häufig verwendeter Bodendecker des Teichrandes von den mit weißen Wachsfäden überzogenen Läusen befallen: *Lysimachia nummularia*, das Pfennigkraut. Am Grund der niederliegenden Triebe und entlang der Wurzeln ist ein massiver, watteartiger Belag zu erkennen. Bei näherer Untersuchung entdeckt man in dem Belag die Läuse. Bei guter Nährstoffversorgung, gleichmäßiger Bodenfeuchte und nicht zu heißem Stand wird dieser Befall jedoch keine sichtbaren Schäden nach sich ziehen. Eine Bekämpfung ist daher nicht nötig. Als Winterwirt werden Pappeln befallen.

Seerosen-Zünsler *(Nymphula nymphaeata)*

Der hartnäckigste Schädling an Seerosen und anderen Schwimmblattpflanzen ist der Seerosen-Zünsler. Das erwachsene Tier (Imago) ist ein kleiner, weißer Nachtschmetterling, der im Sommer in den Abendstunden beobachtet wer-

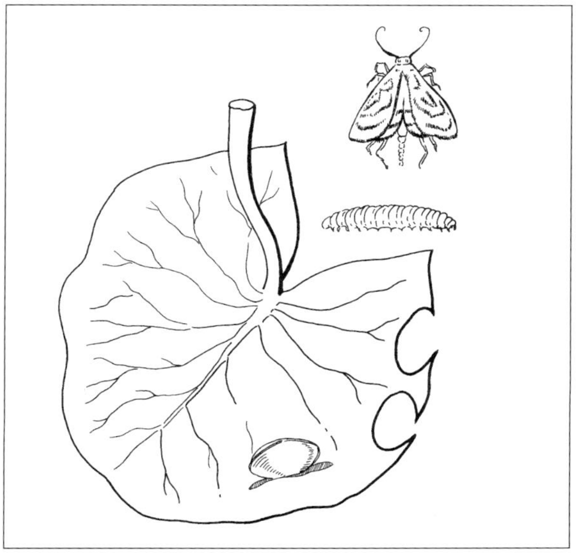

Seerosen-Zünsler *(Nymphula nymphaeata)*: Imago, Larve und typisches Schadbild.

den kann. Seine Raupen schneiden sich ovale Stücke aus den Blättern der Wirtspflanze und spinnen sich zwischen zwei solchen Stückchen ein. In dem entstandenen „Boot" treiben sie auf dem Wasser umher und nagen dabei weitere Blätter an. Während ihrer Entwicklung bauen sie sich – entsprechend dem eigenen Wachstum – immer wieder neue, größere Boote. Im letzten Schiffchen verpuppen sie sich schließlich. Die ersten Befallssymptome sind oft schon im Mai zu erkennen. Während des Sommers können mehrere Generationen entstehen.
Blattstiele von Seerosen und Halme einiger Röhrichtpflanzen, wie Igelkolben oder Blumenbinse, gehören zum Speiseplan der verwandten *Nymphula stagnata.* Sie trennt 2 bis 3 cm lange Stücke im Bereich der Wasseroberfläche ab, in die sich die Raupen einbohren.
In kleinen Teichen läßt sich der Zünsler durch regelmäßiges Absammeln der Boote, die auch unter Schwimmblättern angeheftet sein können, unter Kontrolle halten. In mit Fischen besetzten Teichen kommt es kaum zu größeren Schäden durch Zünsler. Vor allem Goldorfen und Rotfedern fressen die Raupen mit Vorliebe. Auch

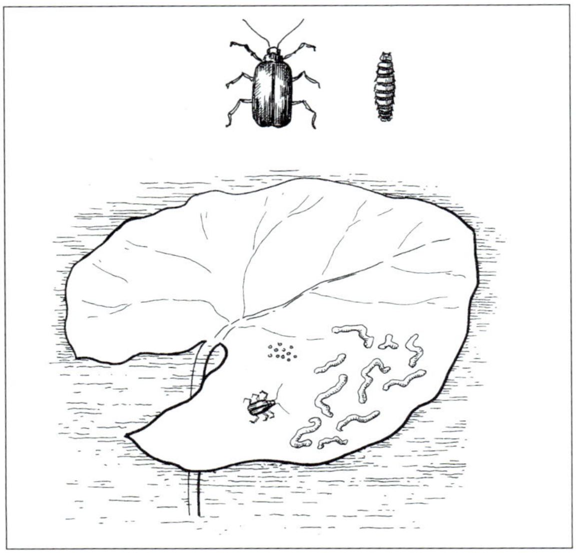

Seerosen-Blattkäfer *(Galerucella nymphaeae)*: Imago, Larve und typisches Schadbild.

diverse Singvögel jagen Zünslerraupen und die erwachsenen Schmetterlinge.
Chemische Mittel sind zur Bekämpfung nicht nur wegen der Beeinträchtigung der übrigen Fauna bedenklich, sondern auch meist unwirksam. Durch das Abkapseln in ihre „Schiffchen" entziehen sich die Zünslerraupen wirksam der Gift-Applikation. Versuche von Staudengärtnern mit *Bacillus thuringiensis* als biologischem Antagonisten (Präparatname z. B. „Dipel" oder „Neudorff-Raupenspritzmittel") zeigten dagegen gute Erfolge. Zweimal in 14tägigem Abstand bei den ersten Befallssymptomen auf die Blätter gespritzt, macht das Bakterium nach bisherigen Erfahrungen den Raupen den Garaus. Allerdings dauert es einige Tage, bis das beim Fressen des Spritzbelags aufgenommene Bakterium im Darmtrakt so aktiv geworden ist, daß die Raupen nicht mehr fressen.

Seerosen-Blattkäfer *(Galerucella nymphaeae)*

Die Larven dieses lästigen Zeitgenossen hinterlassen typische längliche, oft etwas hin und her gewundene Fraßgänge auf den Seerosenblättern. Sie ähneln etwas Marienkäferlarven und sind so fest an der Blattoberfläche verhaftet, daß man sie kaum mit einem Wasserstrahl abwaschen kann. Eine sichere Bekämpfung ist nur durch Abwischen mit der Hand oder eventuell mit Kaliseife möglich (wie im Zusammenhang mit den Blattläusen beschrieben). Diese sollte nur ganz gezielt auf die Blätter ausgebracht werden.
Der Käfer überwintert im Uferbereich zwischen Röhricht und heftet seine Eier ab Juni auf die Seerosenblätter. Bis zur Verpuppung leben die Larven dort.

Wiesenschnakenlarven (*Tipula*-Arten)

Die langbeinigen Zweiflügler legen ihre Eier in feuchte bis staunasse, humose Böden ab. Es werden mehrere Arten unterschieden. Am Teichufer ist besonders die Sumpfschnake vertreten, die man besonders im Spätsommer bei der Eiablage beobachten kann. Ihre Larven entwickeln sich in den oberen Bodenschichten und fressen neben lebenden Pflanzenwurzeln besonders

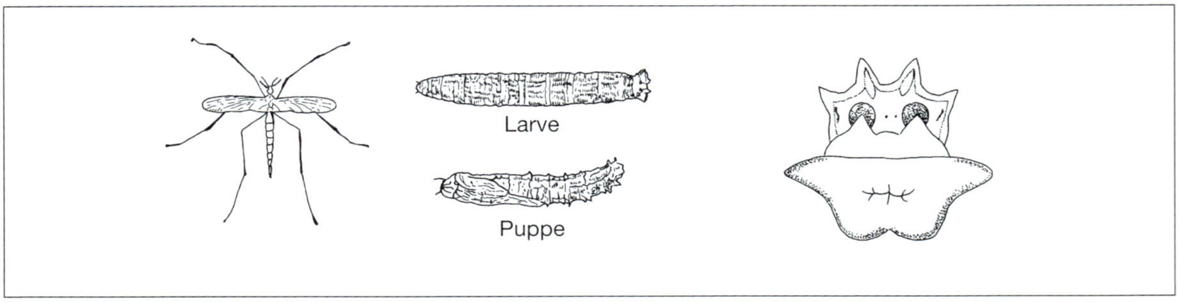

Wiesenschnake (Tipula spec.): Imago, Larve, Puppe und „Teufelsfratze" am Hinterende der Larve.

nachts und an trüben Tagen auch grüne Pflanzenteile dicht über der Erdoberfläche an. Bei Erdarbeiten fallen die grauschwarzen, etwa 3 cm langen, walzenförmigen Larven auf. Sie nehmen dann oft eine Schreckstellung ein, wobei sie an ihrem Hinterende einige Hautfalten aufklappen und damit eine gesichtsähnliche Zeichnung, die „Teufelsfratze" zur Schau stellen. Schäden sind besonders bei Jungpflanzen sowie bei Schwachwurzlern der Sumpfzone, zum Beispiel Primeln oder *Parnassia*, zu erwarten. Im Frühjahr ist die Fraßaktivität der überwinterten Larven am größten. Bei Pflanzarbeiten sollte man den Boden auf Larven kontrollieren und diese entfernen. Natürliche Feinde sind Spitzmäuse und diverse Singvögel.
Auch Drahtwürmer, die gelblich bis rötlichen, knapp 3 cm langen und sehr dünnen Schnellkäferlarven können in feuchten Böden Pflanzenwurzeln schädigen. Sie lassen sich jedoch kaum gezielt bekämpfen.

Wasserschnecken

Gefährlich für Wasserpflanzen werden nur die allgegenwärtigen Spitzhornschnecken *(Limnaea stagnalis)*. Sie schädigen junge Pflanzen oder frisch austreibende Pflanzenteile. Besonders Schwimmblätter und Blüten der Südafrikanischen Wasserähre *(Aponogeton)* werden von ihnen arg zerfressen. In gut eingewachsenen Teichen richten die Spitzhornschnecken jedoch kaum ernste Schäden an. Die Eier der Wasserschnecken sind in gallertartigen Bögen an submersen Pflanzenteilen oder auf der Unterseite von Schwimmblättern zu finden.
Will man eventuell überhandgenommene Schneckenpopulationen dezimieren, so kann man über Nacht einen Bund weichblättriger Pflanzenteile, z. B. den Rückschnitt vom Rittersporn oder Salatblätter, ins Becken legen. Am nächsten Morgen sitzen darauf Spitzhornschnecken in Massen, die man nun zusammen mit dem Köder aus dem Teich entfernen kann.
Ungefährlich sind Posthorn- und Sumpfdeckelschnecken. Die amphibischen Bernsteinschnecken, die wie kurze, etwas gedrungene

Laich der Spitzhornschnecke *(Limnaea stagnalis)* auf der Unterseite eines Seerosenblattes

Spitzhornschnecken wirken, sind in der Regel auch zu tolerieren.

Nacktschnecken

Im Uferbereich kann die Braune Wegschnecke *(Arion lusitanicus)* zum Problem werden. Sie wurde aus Südwest-Europa zu uns eingeschleppt und hat sich in den letzten Jahrzehnten vor allem auf intensiven Kulturflächen und in Gärten stark ausgebreitet. Sie überwintert im Eistadium unter Laubstreu und in kleinen Hohlräumen im lockeren Oberboden. Komposthaufen bieten zur Eiablage im Herbst besonders gute Bedingungen. Die im Frühjahr schlüpfenden Jungschnecken beginnen sofort an weichen Pflanzenteilen zu fressen und wachsen im Lauf des Sommers zu über 12 cm langen Exemplaren heran. Besonders günstige Bedingungen finden sie in feuchten, aber nicht überstauten Uferpartien, wo genügend weichlaubige Kräuter als Nahrungspflanzen gedeihen. Da Nacktschnecken nachtaktiv sind, kann man tagsüber nur die Fraßschäden, vor allem an Blatträndern, sowie Schabefraß an Stielen und Sproßachsen sehen. Die typischen Schleimspuren sind der sichere Beweis für die Anwesenheit dieser unliebsamen Gäste.
Zur Bekämpfung ist Schneckenkorn im naturnahen Garten nicht zu empfehlen. Auch wurden

gegen einen oft enthaltenen Wirkstoff, das Metaldehyd, bereits Resistenzen beobachtet. Die wirksameren Präparate mit Mercaptodimethur sind auch für Igel und Lurche gefährlich. Besser ist es, in den frühen Morgenstunden die noch auf den Pflanzen sitzenden Schnecken abzusammeln. Als Köder kann man zum Beispiel Salatblätter auslegen. Die gesammelten Schnecken kann man z.B. durch Übergießen mit heißem Wasser abtöten. Auch mit den bekannten Bierfallen lassen sich Erfolge erzielen. Ebenerdig in den Boden eingesenkte Becher, mit Bier aufgefüllt, locken die Tiere an. In der vermeintlichen Delikatesse ertrinken sie schließlich. Leider werden immer wieder auch Laufkäfer und andere Nützlinge Opfer dieser Fallen. Die in Gartencentern angebotenen Schneckenzäune sind nicht sehr dekorativ und mehr für den Nutzgartenbereich gedacht.
Eine gewisse Vorbeugung vor übermäßigen Nacktschneckenfraß kann man allein durch die Pflanzenauswahl erzielen. Von den besonders gern befallenen Funkien (*Hosta*-Arten) gibt es z. B. Sorten mit harten, oft blau bereiften Blättern, die von den Schnecken gemieden werden. Auch Rodgersien oder das Schildblatt (*Darmera peltata*) werden normalerweise verschont.

Enten

Im Frühjahr landen gelegentlich Wildenten auf der Suche nach Nistmöglichkeiten im Gartenteich. Beim Gründeln reißen sie gern alle möglichen Pflanzen aus und verzehren mit Genuß Seerosenrhizome und Knollen des Pfeilkrautes. Um sie fernzuhalten, genügt es, Schnüre kreuz und quer über die Wasserfläche zu spannen. Um dies möglichst unauffällig erscheinen zu lassen, sollte man durchsichtiges Kunststoffmaterial verwenden.

Froschlöffel-Brand

Froschlöffel-Arten zeigen häufig im Sommer, etwa zum Höhepunkt der Blüte, eine dunkle Punktierung der Blätter, die schnell dichter wird. Die Ränder der Punkte färben sich zunehmend gelb; schließlich stirbt das ganze Blatt ab. Das ganze kann so weit gehen, daß am Ende der Blütezeit die Pflanze völlig laublos dasteht. Verursacht wird dies durch einen Brandpilz, der als Schwächeparasit allgegenwärtig zu sein scheint und um so stärkere Symptome hervorruft, je nährstoffärmer die Wirtspflanzen stehen. Eine Nachdüngung, wie oben beschrieben, am besten zu Beginn der Blütenstandsentwicklung, kann die Abwehrkraft der Pflanzen so weit stärken, daß die Blätter kaum in Mitleidenschaft gezogen werden.
Alisma-Arten reagieren unterschiedlich auf den Befall: Die stärksten Symptome sind bei der nordamerikanischen Art *Alisma subcordatum* zu beobachten. Die heimischen *A. plantago-aquatica* und ganz besonders *A. lanceolatum* sind dagegen robuster.
Auch Pfeilkräuter können vom *Alisma*-Brand befallen werden. Sie färben sich aber auch als völlig gesunde Pflanzen schon zeitig im Sommer gelb und ziehen vorzeitig ein, wenn sie unter nährstoffarmen Verhältnissen gehalten werden.

Rostpilze

Besonders bei Sauergräsern, namentlich *Carex pseudocyperus*, können während des Sommers entlang der Blätter längliche, rotbraune Pusteln entstehen, die staubfeine Sporen entlassen. Dieser Rostpilzbefall tritt nur dann massiv in Erscheinung, wenn die Zyperngras-Segge zu wenig Nährstoffe vorfindet und daher ohnehin schon Chlorosen aufweist. Als Starkzehrer ist sie auf gute Ernährung angewiesen. Die beste Gegenmaßnahme ist ein Rückschnitt in Verbindung mit lokaler, stickstoff- und kalibetonter Nachdüngung. Die abgeschnittenen, befallenen Blätter sollten vernichtet werden. Auch an *Iris* und *Acorus* kann es gelegentlich zu Rostpilzbefall kommen.

Echter Mehltau

Im Spätsommer zeigt sich an vielen breitblättrigen Pflanzen ein weißlicher, mehliger Belag auf der Belaubung. Auch Blattstiele und jüngere Bereiche der Sproßachse können betroffen sein. Dieser abwischbare Belag besteht aus Myzel und Fruchtkörpern echter Mehltaupilze. Im Gegensatz zu vielen anderne Pilzkrankheiten treten sie bevorzugt bei warmer, trockener Witterung auf. Besonders Sumpfdotterblume, Mädesüß und viele Hochstauden werden befallen. Gegenmaßnahmen erübrigen sich um so mehr, je später im Jahr die Symptome auftreten. Im Herbst sollten die befallenen Triebe abgeschnitten und vernichtet werden. Ist bereits im Juli ein massiver Befall zu erkennen, so kann man auch sofort zurückschneiden und düngen, wodurch ein gesunder Neutrieb entsteht. Spätsommer- und Herbstblüher können dann jedoch oft keine Blütenknospen mehr ausbilden. Wenn gesichert ist, daß keine Abdrift auf die offene Wasserfläche erfolgt, kann bei starkem Befall auch ein gegen echte Mehltaupilze wirksames Fungizid gespritzt werden.

Knollenfäule der Seerose

Die heimtückischste Krankheit bei Seerosen dürfte die Knollen- oder Kronenfäule der Seerose sein. Als Ursache wird ein pilzlicher Erreger aus der Gattung *Phytophthora* angesehen. Der Pilz dürfte über Verletzungen vom Boden oder vom Wasser her in die Pflanze eindringen. Die Blätter färben sich ohne erkennbaren Grund zunehmend gelb und sterben schließlich ab. Untersucht man das Rhizom, so zeigt sich eine blauschwarze Verfärbung der Spitze („Krone“). Die Erkrankung kann besonders bei empfindlichen Sorten, wie ‘Attraktion’, ‘Marliacea Chromatella’ oder ‘Sioux’ zum Totalverlust ganzer Bestände führen.

Meist wird der Pilz bereits beim Kauf der Seerose latent eingeschleppt. Bei der Vermehrung durch Rhizomspitzen kann der Erreger leicht über die großflächigen Schnittstellen eindringen. Die Verwendung steriler, rein mineralischer Substrate – also ohne Zuschlag organischer Substanz – nennen Gärtner, die sich mit der Seerosenkultur befassen, als die einzige Gegenmaßnahme.

Winterschutz

Die Tabellen ab Seite 62 enthalten Hinweise zur Winterhärte. Die weitaus meisten Arten sind zuverlässig winterhart, einige sollten jedoch bei besonders flachem Wasserstand einen leichten Schutz erhalten. Wichtig ist, immer möglichst luftdurchlässiges Material zu verwenden. Im nicht überstauten Bereich (Zone 1 und 2) kann Reisig locker über die Pflanzen gebreitet werden.

Immergrüne, die im Randbereich des Teiches (vor allem in Zone 1) stehen, benötigen eher einen Licht- als einen Kälteschutz. Bei gefrorenem Boden und voll besonntem Laub wird sonst Wasser verdunstet, das aus dem Eiskern im Wurzelraum nicht nachgeliefert werden kann, und es kommt zu sogenannten Frosttrocknisschäden. Schutzmaßnahmen sind erst bei unmittelbar bevorstehendem Frost durchzuführen. Die kritischste Phase des Jahres liegt etwa zwischen Mitte Januar und Anfang März, wenn stabile Hochdruckwetterlagen für strengen Frost und gleichzeitig für intensive Sonneneinstrahlung sorgen. Eine Beschattung mit Reisig mildert die gefährlichen extremen Temperaturschwankungen zwischen Tag und Nacht.

Einige Seerosensorten aus der Tabelle von Seite 83 ertragen es nicht, wenn ihre Rhizome einfrieren. Bei 80 cm Wassertiefe ist dies nicht zu befürchten. Besonders flach stehende Seerosen und andere empfindliche Arten der Zonen 4 und 5 können durch schwimmende, gegen Abdrift gesicherte Styroporplatten geschützt werden.

Freistehende Tröge mit Seerosen sind besonders zu schützen. Vor allem *Nymphaea tetragona* und Sorten von *N. pygmaea* werden normalerweise in so kleine Kübel gepflanzt, daß man diese problemlos vor der ersten Frostperiode bis etwa Ende März in einen kühlen Keller räumen kann. Da die Blätter einziehen, darf der Überwinterungsplatz auch dunkel sein. Kann der gesamte Trog nicht transportiert werden, so sollten die

Seerosen in Körbe gepflanzt und den Winter über in eine Wanne an einem kühlen, frostfreien Platz gestellt werden. Um den Ballen naß zu halten, genügt es, die Körbe in feuchtes Laub einzufüttern und gelegentlich zu übergießen.

Eichhornia und *Pistia* können als tropische Gattungen auch mit dem besten Schutz nicht im Freien überwintern. Sie müssen in einer Wasserschale schwimmend an ein Südfenster oder in den Wintergarten bei mindestens 10 °C gestellt werden, und selbst dann leiden sie in der lichtarmen Jahreszeit sehr.

Das Tierleben im Winter

Milde Winter können für Fische im Teich lebensbedrohlicher sein als strenge: Ihre Stoffwechselaktivität und der Nahrungsbedarf steigen mit der Temperatur. Nur bei längeren frostfreien Winterperioden empfiehlt es sich, die Fische gelegentlich zu füttern. Da sie sich in dieser Jahreszeit jedoch kaum an die Oberfläche wagen, sollte man ein Futter verwenden, das im Wasser sinkt.

In großen, wenigstens 1 m tiefen Teichen ist auch unter einer dicken Eisschicht genug gelöster Sauerstoff für überwinternde Fische vorhanden. In kleinen, flachen Teichen kann es dagegen zu Engpässen in der Sauerstoffversorgung kommen, besonders bei hohem Fischbesatz. In Gartencentern werden Eisfreihalter aus Styropor angeboten, die auf dem Wasser schwimmen und selbst bei extremem Frost lange Zeit ihren Zweck erfüllen. Ähnliche Wirkungen lassen sich aber auch mit umgestülpt auf der Oberfläche schwimmenden Styroporschalen (z. B. Verpackungsmaterial) erreichen. Auch durch Einblasen von Luft mit Hilfe einer Pumpe läßt sich ein Teilbereich des Wassers am Zufrieren hindern. Ist der Teich einige Zentimeter tief eingefroren, kann man an einer vor Vereisung geschützten Stelle eine dünne Wasserschicht entnehmen. Der entstandene Luftraum zwischen Eis und neuer Wasseroberfläche wirkt als Isolierung, verhindert stärkeres Weitervereisen und versorgt die Fauna des Wassers mit Sauerstoff.

Unter der Bezeichnung „Oxydator“ wird im Fachhandel eine Vorrichtung zur winterlichen Sauerstoffversorgung angeboten. Sie wird mit Wasserstoffperoxid gefüllt und auf dem Teichgrund aufgestellt. Nach und nach erfolgt die Abspaltung von Sauerstoff und dessen Anreicherung im Wasser. Ist die Füllung verbraucht, so schwimmt der Oxydator an die Oberfläche und kann neu befüllt werden.

Wenn die im Spätherbst absterbenden Sprosse und Blätter des Röhrichts erst nach dem Winter abgeschnitten und entfernt werden, bewirken sie im allgemeinen einen ausreichenden Frostschutz für Tiere und Pflanzen. Durch die Durchlüftungsgewebe der Sproßachsen und Blätter wird der Gasaustausch durch die Eisschicht hindurch ganz wesentlich verbessert.

Kröten und Molche überwintern gern in Laub- und Reisiganhäufungen, unter Holzstämmen oder locker geschichteten Steinhaufen. Solche Strukturen kann man leicht in die unmittelbare Teichumgebung einbringen.

Durch größere Bäume neben dem Teich geraten große Mengen Fallaub ins Wasser. Abhilfe läßt sich durch Vogelschutznetze schaffen, die zur Zeit des Laubfalls über den Teich gespannt werden.

Rückschnitt und Auslichten

Ganz unterschiedliche Gründe lassen Schnitt- und Auslichtungsmaßnahmen notwendig werden. Die wichtigsten Aspekte bei der Teichpflege sind in den folgenden Punkten zusammengetragen.

Rückschnitt zur Vermeidung von Samenansatz

Es wurde bereits warnend auf Arten hingewiesen, die durch Versamung lästig werden können. Ein rechtzeitiger Rückschnitt der Blütenstände vor der Samenreife verhindert dies am zuverlässigsten. Allerdings entfernt man bei *Alisma* und *Typha* damit auch einen attraktiven Winterschmuck. Einen Vorteil bringt das Entfernen

des Fruchtansatzes in jedem Fall: die Stärkung der vegetativen Bestockung, und damit verlängert sich die Lebensdauer.
Manche Stauden der Zone 1 reagieren auf einen Totalrückschnitt nach der Blüte mit Remontieren, das heißt einem zweiten Flor. Vor allem trifft dies auf etliche Beetstauden für frischen (keinesfalls nassen) Boden zu, wie *Delphinium*-Hybriden, *Erigeron* oder viele *Achillea*-Arten. Für die Pflege dieser Zone außerhalb des Teiches gelten die üblichen Regeln der Staudenverwendung, deren nähere Erläuterung den Rahmen dieses Buches sprengen würde.

Rückschnitt als Pflanzenschutzmaßnahme

Die Bekämpfung von Krankheiten und Schädlingen ist – wie bereits erwähnt – im Teich besonders heikel. Es kommt vor allem darauf an, Befallsherde zu begrenzen. Blätter und Sprosse, die mit Mehltau, Rost, Brandpilzen oder auch mit Läusen besetzt sind, sollten vorsichtig entfernt werden. Bei starkem Befall nährstoffbedürftiger Arten kann ein Totalrückschnitt in Verbindung mit einer gezielten Nachdüngung in den Wurzelballen Wunder wirken.

Pflegerückschnitt von Sumpf- und Röhrichtzone

Die alljährlich im Herbst absterbenden Sprosse und Blätter sinken den Winter über und besonders zu Beginn der folgenden Vegetationsperiode ins Wasser ab. Besonders in der Röhrichtzone häuft sich dadurch sehr viel organische Substanz an. Dies beschleunigt die Verlandung und kann zur Bildung von Faulgasen führen. Dieser Aufwuchs sollte daher jährlich entfernt werden. Mit dem Schnitt des gesamten Röhrichtgürtels sollte man aber bis Ende März warten, da er im Winter noch wichtige Funktionen als Frostschutz, für den Gasaustausch zwischen Wasser und Atmosphäre und als Überwinterungsquartier vieler Tiere übernimmt. Auch kann es durchaus ein ästhetischer Genuß sein, wenn die alten Halme von Zyperngras oder Rohrkolben im Rauhreif glitzern. Höchstens ein sehr hoher Befallsdruck durch Seerosen-Blattkäfer rechtfertigt einen Rückschnitt des Röhrichts schon im Herbst. Keinesfalls darf unter der Wasseroberfläche geschnitten werden, dadurch könnten Pilzkrankheiten in das Pflanzengewebe eindringen.
Auch in Sumpfbeeten empfiehlt sich ein Totalrückschnitt im ausgehenden Winter. Ausgenommen sind hiervon Gehölze und extrem früh blühende oder immergrüne Stauden, wie *Eriophorum vaginatum* und *Cladium mariscus*. Sumpfbeetpflanzungen im Charakter von Streuwiesen, also mit Kleinseggen, Wollgräsern und Kopfbinsen als wesentliche Gräser, sollten wie an ihrem Naturstandort im November kurz abgemäht werden. Um die Kleinseggen wirklich kurz zu halten und deren Selbstaussaat zu verhindern, empfiehlt sich ein zusätzlicher Rückschnitt dieser Gräser kurz vor dem Samenfall, etwa Anfang Juli.

Verhindern übermäßigen Wucherns

Überhandnehmende Unterwasser-, Schwimmblatt- und Röhrichtpflanzen mit freischwimmenden Ausläufern lassen sich relativ leicht entfernen. Während des ganzen Frühjahrs und Sommers kann man sie, ähnlich wie Fadenalgen, nach Bedarf einfach aus dem Wasser ziehen. Einzelne Austriebe von im weichen Schlamm- oder Kiesboden wuchernden Pflanzen lassen sich bei vorsichtigem Ziehen mit den Wurzeln ausreißen. Bei starkwurzelnden Arten wird man mit diesen Versuchen kaum Erfolg haben, schwächer wurzelnde, wie zum Beispiel Pfeilkräuter, lassen sich damit aber unter Kontrolle halten.
Wer solche Pflanzen vermehren will, kann bewurzelte Teilstücke mit austriebsfähigen Knospen eintopfen und in wasserdichte Kisten unter Anstau aufstellen. Von Mai bis Ende Juli sind sie oft schon nach vier bis acht Wochen gut durchwurzelt.

Renovieren verlandeter Bereiche

Im Mai und Juni sollten die Eingriffe vorgenommen werden, die den Teichboden oder Sumpf betreffen. Wenn direkt bepflanzte Bereiche allzusehr durchwuchert sind und sich ihr Bewuchs unaufhaltsam in Richtung Teichmitte vortastet, ist ein Entfernen des Substrates, einschließlich Faulschlamm, Wurzeln und Rhizomen, angesagt. Solche radikalen Eingriffe sollten mit Rücksicht auf die Fauna nur alle zwei bis drei Jahre und immer nur in Teilbereichen der Anlage vorgenommen werden. Man wird dazu den Wasserstand im Teich etwas senken müssen.

Dies ist einer der wenigen Fälle, in denen es sinnvoll ist, einen Teich auszupumpen. Veralgungen und ähnliche Symptome einer Störung des Nährstoffgleichgewichts im Teich lassen sich durch Austausch des Wassers meist nicht auf Dauer beseitigen. Bei Beachtung der in den vorherigen Kapiteln gegebenen Empfehlung zu Wasserqualität und Bepflanzung kann man von einer mittel- bis langfristig ausreichenden Selbstreinigungskraft des Gartengewässers ausgehen.

Sumpf- und Wasserpflanzen als Nutz- und Funktionspflanzen

In den letzten Jahren wird zunehmend der Nutzwert von Sumpf- und Wasserpflanzen wiederentdeckt. Viele Arten eignen sich als Arzneipflanzen oder gar als Wildgemüse, wie auf Seite 113 ausgeführt.
Noch wenig erforscht ist die wasserklärende Wirkung mancher Röhrichtarten. Bei *Iris pseudacorus* wurden z. B. bakterizide Wurzelausscheidungen nachgewiesen. *Scirpus lacustris* ist in hohem Maße in der Lage, Schwermetalle dem Wasser zu entziehen und in ihren Sprossen zu akkumulieren. In Pflanzenkläranlagen wird allerdings vor allem ein indirekter Effekt der Sumpfpflanzen genutzt: Mit ihren Wurzeln und aerenchymreichen (Aerenchym = Durchlüftungsgewebe) Rhizomen schaffen sie optimale Bedingungen für abbauende Bakterien, die bei der Wasserreinigung die wesentlichste Rolle spielen.
Weiterhin werden Röhrichtarten, besonders Schilf, bei Renaturierungs- und Ufersicherungsmaßnahmen eingesetzt. Pflanzen, die zu Reinigungs-, Sicherungs-, Renaturierungs- und ähnlichen Zwecken verwendet werden, bezeichnet man heute als Funktions- oder Repositionspflanzen.
In Schwimmteichen macht man sich diese Reinigungswirkung der Wasserpflanzen zunutze: Sie bestehen aus einer tiefen Schwimmzone und einer flachen Regenerationszone mit Repositionspflanzen, die mindestens die gleiche Fläche einnehmen soll wie der Schwimmbereich. Auch wenn ein solcher Teich hygienisch einwandfrei funktioniert, wird man kaum mit völlig klarem Wasser rechnen dürfen. Auch der Besuch von Lurchen, Libellenlarven und anderen Tieren entspricht nicht unbedingt dem Standard einer öffentlichen Badeanstalt. Dafür kommt man ohne chemische Klärungsmittel aus!
Für weitere Informationen zu diesem Themenkreis der Nutzanwendung von Sumpf- und Wasserpflanzen muß auf spezielle Literatur verwiesen werden. Einige Empfehlungen sind im Literaturverzeichnis genannt.

Einige Repositionspflanzen für Feuchtstandorte und deren Einsatzbereiche

Acorus calamus	Ufersicherung
Alnus glutinosa	Ufersicherung, vor allem an Fließgewässern
Bolboschoenus maritimus	Pflanzenkläranlagen, Ufersicherung auch in Küstennähe
Carex acuta	Ufersicherung
Carex acutiformis	Pflanzenkläranlagen, Ufersicherung
Carex riparia	Ufersicherung
Iris pseudacorus	Pflanzenkläranlagen, Ufersicherung
Petasites hybridus	Hang- und Ufersicherung
Phalaris arundinacea	Ufersicherung, vor allem an Fließgewässern
Phragmites australis	Pflanzenkläranlagen, Ufersicherung auch in Küstennähe
Salix alba	Ufersicherung
Salix purpurea	Hang- und Ufersicherung
Salix viminalis	Hang- und Ufersicherung
Scirpus lacustris	Pflanzenkläranlagen, Ufersicherung
Scirpus lacustris ssp. *tabernaemontani*	Pflanzenkläranlagen, Ufersicherung auch in Küstennähe

Verzeichnisse

Bezugsquellen

Augustin, A. und C.
Neunkirchener Straße 15
91090 Effeltrich bei Nürnberg

Friesland Staudengarten
Husumer Weg 16
26441 Jever–Jahrdum
Spezialitäten: *Iris, Hosta, Hemerocallis*

Stauden Junge
Seeangerweg 1
31787 Hameln

Kohle, R. und P.
Wiesen 4
82549 Königsdorf

Lintner, J.
35315 Homberg/Ohm

Maier, E.
Hansell 155
48341 Altenberge bei Münster
Spezialität: Moorpflanzen

Oldehoff, E.
Sieglmühle 2
94051 Hauzenberg/Bayerischer Wald

Gartencenter Radloff
Schnieglinger Straße 54
90419 Nürnberg

Rieser Staudenkulturen
E. Schimana
86738 Deiningen bei Nördlingen

Schuster, E.
19065 Augustenhof bei Schwerin

Wachter, K.
Rollbarg
25482 Appen-Etz

Eine Übersicht über die im Bund deutscher Staudengärtner (BdS) organisierten Betriebe versendet die Bildungsstätte des deutschen Gartenbaus, Gießener Straße 47, 35305 Grünberg. Die Liste enthält die Anschriften aller etwa 130 Mitgliedsbetriebe, deren Leistungsschwerpunkte und Vermarktungswege. Einige Betriebe versenden auch Pflanzen an Privatkunden.

Literaturverzeichnis

zitierte Literatur

Ellenberg, H. et al.: Zeigerwerte von Pflanzen in Mitteleuropa. Scripta Geobotanica, Vol. 18. Goltze, Göttingen 1991.

ISU (Internationale Staudenunion): Namen der Stauden. PI-Pflanzen-Informationen GmbH, Marktheidenfeld 1990.

Encke, F., Buchheim, G., Seybold, S.: Zander-Handwörterbuch der Pflanzennamen. 15. Auflage, Verlag Eugen Ulmer, Stuttgart 1994.
Erhardt, A. u. W., PPP-Index – Pflanzeneinkaufsführer für Europa. 2. Aufl., Verlag Eugen Ulmer, Stuttgart, 1995.

Pietsch, W.: Makrophytische Indikatoren für die ökochemische Beschaffenheit der Gewässer. In: Breitig, G. und Tümpling, W. v.: Ausgewählte Methoden der Wasseruntersuchung II. Fischer, Jena 1982.

Rothmaler, W.: Exkursionsflora Band 3: Atlas der Gefäßpflanzen. 9. Aufl., Fischer, Berlin 1995.

Schwoerbel, J.: Einführung in die Limnologie. 7. Aufl., Fischer, Stuttgart 1993.

Streble, H. und Krauter, D.: Das Leben im Wassertropfen. 8. Aufl., Franckh-Kosmos, Stuttgart 1988.

Gewässer in der Natur

Hutter, C.-P. (Hrsg.), Kapfer, A. und Konold,

W.: Seen, Teiche, Tümpel und andere Stillgewässer. Weitbrecht, Stuttgart 1993.

Succow, M. und Jeschke, L.: Moore in der Landschaft. Deutsch, Thun 1986.

Pflanzenverwendung/Anlage von Teichen

Compo GmbH (Hrsg.), Stapeley Water Gardens: Seerosen und andere Wasserpflanzen. Münster 1990.

Fessler, A.: Naturnahe Pflanzungen. Verlag Eugen Ulmer, Stuttgart 1988.

Hagen, P.: Teichbau und Teichtechnik. Ulmer, Stuttgart 1994.

Niesel, A.: Bauen mit Grün. 2. Aufl., Blackwell, Berlin 1995. (Fachbuch für den Garten- und Landschaftsbau)

Schimana, W.: Wassergärten, Franckh-Kosmos, Stuttgart 1993.

Wachter, K.: Der Wassergarten. 7. Aufl., Verlag Eugen Ulmer, Stuttgart 1993.

Repositionspflanzen

Bahlo, K. und Wach, G.: Naturnahe Abwasserreinigung. 2. Aufl., Ökobuch, Staufen 1993.

Wissing, F.: Wasserreinigung mit Pflanzen. Verlag Eugen Ulmer, Stuttgart 1995.

Bildquellen

L. Denkewitz, Hamburg: Seite 43 unten.
W. Kircher, Hohenerxleben: Seite 19, 20 (3), 21 (3), 22 (3), 23 (3), 24 (3), 25 Mitte und unten, 26 (3), 27 links, 28 (3), 29 (3), 30 (3), 31 links, 32 oben und unten, 33 Mitte, 34 (3), 35 Mitte und unten, 36 Mitte und unten, 37 (3), 38 (3), 39 Mitte und unten, 40 (3), 41 (3), 42 (3), 43 oben und Mitte, 44 oben, 45 unten, 46 (3), 47 (3), 48 unten, 49 oben und unten, 50 (2), 51 oben und unten, 52 (3), 53 oben und Mitte, 54 Mitte und unten, 55 oben und Mitte, 56 (3), 57 oben und Mitte, 58 (3), 59 oben, 60 oben und unten.
E. Morell, Dreieich: Seite 28 oben.
MTI-Press, Humberg: Seite 32 Mitte.
H. Reinhard, Heiligkreuzsteinach: Titelbilder (4), Seite 27 rechts, 31 rechts, 35 oben, 44 unten, 48 oben und Mitte, 51 Mitte, 59 unten, 60 Mitte.
Schimmitat, J., München: Seite 55 unten.
S. Seidl, Altdorf: Seite 33 oben und unten, 39 oben, 44 Mitte, 45 oben und Mitte, 49 Mitte, 53 unten, 57 unten, 59 Mitte.
D. Smit, NL-Haarlem: Seite 36 oben.
J. Stiglmayr, Erlangen: Seite 54 oben.
S. Ziepke, Bensheim: Seite 25 oben.

Die Zeichnungen fertigten Malgorzata und Piotr Gusta, Stuttgart, und Artur Piestricow, Stuttgart, nach Vorlagen des Autors. Die Pflanzpläne zeichneten Katja Toeppe, Bernburg und Wolfram Kircher, Hohenerxleben.

Register

* verweisen auf Abbildungen